바이마르 독일국립극장 앞 괴테 동상

바이마르 독일국립극장 앞에 있는 괴테와 실러 동상 중 괴테의 모습.

KB191981

괴테국립박물관

1782년 칼 아우구스트의 청원으로 작위를 얻게 된 괴테는 프라우엔플란에 있는 저택에서 살게 된다. 처음에는 임대 형식으로 지내다가 1792년 칼 아우구스트가 이 집을 구입하여 괴테에게 선물로 주었고, 괴테는 삶을 마감하기까지 이 집에서 50년을 살았다. 지금은 '괴테국립박물관'으로 사용되고 있다. '하얀 백조 여관'이라는 이름의 레스토랑은 이미 1560년대부터 괴테국립박물관 건물 바로 앞에 있었다. 괴테는 이곳에서 송아지 삶은 요리를 즐겨 먹었다고 한다. 지금도 이 요리를 맛볼 수 있다. 뿐만 아니라 자신을 찾는 손님이 이곳에 머물도록 하기도 했다. 1827년 2월 18일 첼터에게 보내는 편지에 이렇게 쓴다. "하얀 백조가 두 날개를 활짝 펴 항상 그대를 환영합니다."

쉘렌넨 협곡

『파우스트』제2부 『험준한 산악 지대』에서 메피스
토펠레스는 파우스트가 서 있는 곳을 이렇게 묘사
한다. "이런 무시무시한 곳 한 가운데, / 흉측하게 아
가리를 벌리고 있는 바위산에 내리다니요? / 내가
잘 알지만, 여기는 그럴 만한 데가 아니오. / 이건 원
래 지옥의 바닥이었으니 말이오." (10070-72행) 이
대사는 괴테가 고트하르트에 오르기 위해 세 번 통
과했던 쉘렌넨 협곡에 대한 묘사이기도 하다. 괴테
가 일기에 기록한 것처럼 쉘렌넨 협곡은 "압도적이
고 무시무시한" 분위기를 만들어내지만, 아마추어
의 사진에는 잘 담기지 않는다. 모든 소리를 단숨에
삼켜버리는 계곡의 위력적인 물소리, 협곡의 양 옆
으로 삐죽삐죽 솟아있는 바위산 앞에 서면 세상의
끝을 고하는 지옥문을 마주한 것 같다.

❶ 프랑크푸르트 독일
시인으로 태어나다

괴테의 생가를 둘러보면 그가 경제적으로 얼마나 풍요롭게 자랐는지 알 수 있다. 어린 시절 괴테는 "시적으로 모방하는 것"을 "가장 큰 기쁨"으로 느꼈다. 괴테 생가의 '시인의 방'에서는 그가 『젊은 베르터의 슬픔』 등 초기 작품을 집필했던 흔적을 볼 수 있다.

❷ 라이프치히 독일
'작은 파리'에서 만난 파우스트

16살이 된 괴테는 당시 '작은 파리'라고 불리던 라이프치히로 유학을 떠난다. 괴테는 학교보다는 아우어바흐 지하 술집에 가는 것을 즐겼다. 이곳에서 괴테는 파우스트 박사에 관한 그림을 보게 된다. 이곳에서의 경험은 『파우스트』제1부의 「라이프치히 아우어바흐 지하 술집」장면에 담겨 있다.

❸ 슈트라스부르크 프랑스
천재와 사랑 노래

이곳에서 괴테는 비교적 성공적으로 법학공부를 마친다. 천재 미학에 관심을 갖게 된 괴테는 슈트라스부르크 대성당, 셰익스피어에 관한 글을 쓴다. 근교에 있는 제센하임에서 프리데리케 브리온을 만나 사랑에 빠진 괴테는 「들장미」처럼 사랑을 담은 일련의 시를 발표한다.

❹ 베츨라 독일
로테를 만나다

변호사 자격을 취득한 괴테는 베츨라에 있는 제국대법원에서 실습을 한다. 이곳에서 보낸 4개월이 채 되지 않는 짧은 시간은 괴테에게 결정적 경험이 된다. 로테를 만났기 때문이다. 로테를 향한 사랑의 슬픈 결말은 『젊은 베르터의 슬픔』의 작가가 탄생할 것에 대한 예고이다.

❺ 괴테의 집 이탈리아 로마
다시 태어남

괴테는 1786~1788년에 이탈리아 여행 중 이 집에 머물렀다. 지금은 작은 박물관이다. 괴테는 바이마르에서 첫 10년을 정치인으로 활동한다. 그 결과로 존재의 위기에 맞닥뜨리게 되자, 위기를 벗어나기 위해 이탈리아로 향한다. 로마에 도착한 괴테는 '삶을 이제야 비로소 시작한다'고 고백한다.

❻ 괴테등산로 독일 일메나우
그는 그가 걸었던 곳에 존재한다

일메나우와 슈튀처바흐에 걸쳐 있는 괴테등산로는 약 20km에 달하며 꽤 높은 산 두 개를 넘어야한다. 곳곳에 괴테의 방문의 의미를 기념하기 위해 13개의 장소를 지정해 놓았다. 괴테가 82번째 생일이자 삶의 마지막 생일인 1831년 8월 28일을 이 등산로의 가장 높은 곳인 키켈한에서 보냈다.

❼ 고트하르트 스위스
근원적 체험

괴테 당시에는 유럽에서 가장 높은 곳으로 여겨지던 곳이다. 괴테는 이곳을 모두 세 번 오른다. 『파우스트』제2부의 「험준한 산악지대」에 묘사되어 있듯이, 그 길은 지옥의 바닥이 거꾸로 솟아올라 만들어진 봉우리처럼 험준하다. 그리고 이곳에 오르는 것은 괴테에게 가장 근원적인 것에 대한 체험이다.

❽ 바이마르 독일
거장의 탄생과 끝

1775년 칼 아우구스트의 초청으로 이주한 후, 괴테의 모든 활동의 중심이 되었던 곳이다. 프라우엔플란에 있는 괴테국립박물관은 괴테가 1782년부터 세상을 떠날 때까지 살았던 집이다. 바이마르 독일국립극장, 괴테 실러 아카이브, 일름 강변의 정원집 등 괴테와 연관된 수많은 유적이 있다.

일러두기

— 단행본, 잡지 등 책으로 간주할 수 있는 것은 겹낫표(『 』)로, 책의 일부나 단편소설,
　　신문 등은 홑낫표(「 」)로, 미술, 음악, 연극 등의 작품명은 홀화살괄호(〈 〉)로 표기했다.
— 외래어 표기는 국립국어원 외래어표기법을 따랐으나, 관습적으로 굳은 표기는
　　그대로 허용·했다.

괴테

×

주일선

괴테, 삶을 쓰다

arte

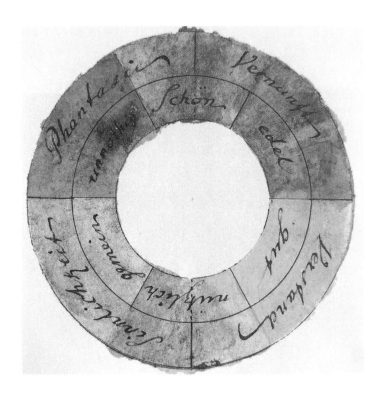

보색관계의 색채환

보색관계를 보여주는 색채환이다. 1809년 11월 22일 일기에 괴테는 "원으로 된 색채들의 도
식을 개선하였다"고 기록하고 있는데, 이 기록은 바로 이 색채환의 완성을 가리킨다. 이 색채
환은 두 개의 원을 통해 각각의 색채들이 서로 맺고 있는 관계를 표현할 뿐만 아니라, 각각의
색채가 인간의 정신적 특성과 힘에 대해서 어떤 관계를 갖고 있는지를 표현하고자 했다. 바
깥 원에는 왼쪽 위로부터 시계방향으로 '환상, 이성, 지성, 감성'이라고 쓰여 있고, 안쪽 원에
는 위쪽 가운데로부터 시계방향으로 '아름다운, 고상한, 선한, 유용한, 평범한, 불필요한'이라
고 쓰여 있다.

사진 출처: J. W. von Goethes Beiträge zur Optik und die Entwicklung der Farbenlehre, hrsg. v.
Gisela Maul und Ulrich Giersch, Klassik Stiftung Weimar 2015, 24쪽

CONTENTS

괴테라는 이름의 '집단 존재'

"그대가 직접 걸었던 곳에서만 그대는 실제로 존재했다." 괴테가 이렇게 말한 것은 자신이 직접 걸었던 바로 그곳에서 자신의 존재를 확인할 수 있었기 때문이리라. 그렇다면 그의 삶의 흔적을 느끼고 알기 위해서는 그가 자신의 존재를 확인했던 곳을 직접 걸어보는 것도 하나의 방법이 아닐까? 이런 생각을 하며 나는 2018년 7월의 마지막 토요일 이른 아침 바이마르의 숙소를 나섰다. 튀링겐 숲에 있는 괴테등산로Goethewanderweg를 걷기 위해서이다. 괴테가 이 등산로에 오른 것은 기록으로만 따진다 해도 스무 번이 훨씬 넘는다. 열차로 일메나우Ilmenau에 도착하여 괴테 등산로가 시작되는 괴테 동상 앞에 도착하니 오전 10시. 괴테의 동상은 벤치에 앉은 모습이다. 권위를 한껏 덧씌워 놓아 근엄해 보이는 여느 동상들과 달리 친근하게 느껴졌다. 나는 벤치 한쪽 끝에

일메나우 괴테 동상

약 20km에 이르는 괴테등산로는 일메나우라는 작은 도시에 있는 괴테박물관 앞에서 시작된다. 이곳에서는 벤치에 앉아서 방문객들을 맞아주는 친근한 모습의 괴테 동상을 만나게된다.

자리 잡은 괴테와 사진을 찍은 후 곧바로 괴테등산로를 걷기 시작했다. 점심 먹는 시간을 빼고는 부지런히 걸었지만, 등산로의 종점인 슈튀처바흐Stützerbach에 있는 괴테하우스에 도착했을 때는 이미 해가 뉘엿뉘엿 지고 있었다. 전체 길이가 20킬로미터에 달하고 큰 산 두 개를 넘어야 하는 여정이어서 종점에 도착했을 때는 한 걸음 한 걸음이 모두 또렷하게 의식될 정도로 지쳐 있었다. 출발할 때부터 직접 걷고 싶었던 마음이 가장 컸던 곳은 키켈한Kickelhahn이었다. 키켈한은 이 등산로의 가장 높은 지점으로 괴테가 특별히 애정을 보였던 장소이다. 중간중간 쉬며 좁고 가파른 길을 힘들게 걸어 올라가자, 나무와 수풀 사이로 어두운 색깔의 자그마한 나무집이 보였다. 키켈한에 대한 괴테의 애정과 분리할 수 없는, 이른바 괴테오두막Goethehäuschen이라고 불리는 작은 수렵용 별장이었다. 키켈한 정상에 도착한 것이다. 그 오두막을 지나자마자 그동안의 힘든 노정을 보상해 주듯이 오른편 산 아래로 아름다운 풍경이 펼쳐졌다. 키켈한의 정상에서 지친 몸을 벤치에 기댔다. 땀을 식히며 아름다운 광경을 내려다보는데 드는 생각. 괴테도 이런 느낌이었을까?

1831년 8월 27일 괴테도 이곳에 있었다. 이날 키켈한에 오른 괴테는 눈앞에 펼쳐진 아름다운 광경을 바라보며 말했다. "아, 훌륭하신 칼 아우구스트 대공께서 이 아름다운 광경을 다시 한번 보실 수 있으시다면 얼마나 좋겠는가!" 3년 전에 세상을 떠난 바이마르 공국의 영주 칼 아우구스트Carl August(1757~1828)에 대한 애잔한 그리움이 담겨 있다. 괴테에게 키켈한은 젊은 시절 자신과 함께 직

괴테오두막

여든 두 살의 괴테는 1831년 8월 28일 자신의 마지막 생일을 이곳에서 보냈다. 괴테가 건강이 그리 좋지 않았음에도 불구하고 노구를 이끌고 키켈한의 정상에 있는 이곳을 방문한 것은 괴테오두막에 대한 그의 애정이 얼마나 컸는지 말해준다.

접 걸어서 이곳에 올랐던 영주의 존재를 확인할 수 있는 곳이었다. 그뿐만 아니라 젊은 시절의 자신을 확인할 수 있는 곳이기도 했다. 수렵용 오두막에 도착한 괴테는 자신의 젊은 시절의 흔적을 찾는다. 50여 년 전 이 오두막의 벽에 연필로 써 놓았던 자신의 시다.* 이 시를 찾아서 다시 한번 직접 눈으로 읽은 괴테는 눈물을 흘렸다. 키켈한에 다녀온 후 첼터Carl Friedrich Zelter(1758~1832)에게 보낸 편지에서 괴테는 이날의 경험에 대해 "지속하는 것"은 무엇이고 "소멸한 것"은 무엇인지 알게 되었다(1831년 9월 4일 자 편지)고 썼다. 존재에 대한 앎이다.

나는 이 일화에서 괴테의 삶이 지닌 중요한 특징을 발견한다. 괴테가 이날 키켈한에 오른 것은 자신의 여든두 번째 생일을 기념하기 위해서였다. 그곳에 직접 올라 본 나는 의문이 생겼다. 왜 이 팔순의 노인은 자신의 생일을 기념하기 위해 이렇게 험한 곳에 올랐을까? 그것은 아마도 인생의 종반부에 도달한 괴테가 자신의 존재와 자신을 그렇게도 아껴주었던 칼 아우구스트의 존재를 직접 확인하고 싶어서였을 것이다. 보다 근본적으로는 존재는 활동에 달렸다고 확신했기 때문일 것이다. "직접 걸었던 곳에서만 실제로 존재한다."라는 말도 존재와 활동에 관한 그의 이러한 생각

---

* 「나그네의 밤 노래」
"모든 산꼭대기에는 / 정적이 깃들어 있고, / 모든 나뭇가지 끝에서 / 그대는 거의 느끼지 못하지 / 그 어떤 숨결도 / 자그마한 새들은 숲속에서 침묵한다. / 기다리기만 하게! 곧 / 그대도 고요해지리니."
(이 시는 1780년 9월 6일 키켈한에 오른 괴테가 수렵용 오두막에서 밤을 보내며 벽에 연필로 쓴 것이다.)

과 무관하지 않다. 실제로 괴테는 평생 활동하기를 멈추지 않았다. 일중독이었다고 말하는 사람도 있다. 1829년 2월 4일 에커만 Johann Peter Eckermann과의 대화에서 괴테는 "우리가 지속한다는 사실에 대한 확신은 활동성이라는 개념으로부터 생겨난다."라고 말한다. 우리의 존재가 지속되는 것은 활동 덕분에 가능하다는 것이다. 그가 세상을 떠나기 며칠 전까지 활동을 계속했던 것도, 그리고 중단 없는 활동을 통해 엄청난 양의 결과물을 생산해 낸 것도 그렇게 하는 것만이 자기 존재를 지속하는 방법이라고 확신했기 때문이다.

괴테는 세상을 떠나기 몇 주 전인 1832년 2월 17일 소레Soret에게 자신이 평생 이루어 낸 일에 대해서 다음과 같이 말한다.

"가장 위대한 천재라도 만일 모든 것을 자기 내면으로부터만 창조해 내려고 한다면 아무런 진전을 이루지 못할 것입니다. 천재에게 자신이 주목하는 모든 대상을 활용할 수 있는 재능이 없다면, 그러한 천재는 도대체 무엇이란 말입니까? [...] 저 자신은 그러면 무엇입니까? 제가 만들어 낸 것은 무엇입니까? 저는 제가 들은 것, 본 것, 감각한 것을 모두 다 수집했고 활용했습니다. 저의 작품들은 수천의 개별 존재들이 기여한 결과입니다. [...] 제가 일생에 걸쳐 이루어 낸 모든 것은 그러므로 집단 존재의 작품입니다. 그런데 이 작품이 괴테라는 이름을 가지고 있는 것입니다."

괴테는 자기 작품들을 혼자서 만들어 낸 것이라고 말하지 않는다. 수많은 개별 존재와의 만남이 작품을 가능하게 해 주었고, 그렇기에 자신의 이름으로 생겨난 모든 작품은 사실상 집단 존재가 만들어 낸 작품이라는 것이다. 물론 개별 존재는 인간만을 가리키는 것은 아니다. 그가 만난 다양한 부류의 수많은 사람은 물론 그가 그렇게도 세심하게 관찰했던 모든 자연 대상을 포함한다. 이 개별 존재들과의 만남이 바로 그가 존재의 지속을 위한 조건이라고 끊임없이 강조했던 활동의 구체적 내용이다. 죽음을 맞이하기 직전까지 활동을 중단하지 않았던 그의 삶은 개별 존재들과 끊임없이 만남으로써 이어졌다. 그리고 이 만남이 쌓여서 괴테의 이름으로 된 집단 존재의 작품이 생겨났다. 이런 의미에서 부단한 활동의 기록인 그의 작품들은 곧 그의 삶의 결과이다. 괴테는 삶을 쓴 것이다.

2018년 여름과 2020년 겨울, 나는 괴테가 이렇게 써놓은 삶의 흔적을 찾아 독일을 여행했다. 괴테가 태어난 프랑크푸르트, 아름답고 아픈 사랑을 나누며 청년의 삶을 살았던 라이프치히, 슈트라스부르크, 제센하임, 베츨라, 그리고 그에게 존재의 시초에 대해 생각하게 했고 이후 『파우스트*Faust*』의 지옥 장면의 모티브가 된 알프스의 고트하르트 협곡, 그가 평생 머물며 무한한 활동력으로 작품 대다수를 집필했고 삶을 마감했던 바이마르, 그가 작품 집필에 집중하기 위해 그리고 바이마르의 재무장관으로서 임무를 충실히 수행하기 위해 수도 없이 올랐던 괴테등산로 등을 직접 걸었다. 괴테가 걸었던 곳을 걷고 나니 이제까지 내가 갖고 있던 괴테에 대한 이해가 마른 뼈와 같았음을 깨달았다. 이번 여행은 이 마른 뼈에 힘줄을 연결하고 살을 붙여 피가 돌게 하는 계기가 되었다. 괴테의 시, 소설, 희곡 등 거의 모든 장르를 아우르는 문학 작품들, 다양한 분야와 연관된 이론적인 글들, 자연과학에 관한 저서들, 그가 집필한 글은 양도 많지만, 분야도 정말 다양하다. 그런데 이런 글들이 그냥 한 천재의 머리에서 만들어져 나온 것이 아니라, 구체적인 삶의 여정 속에서 그가 눈으로 보고 손으로 만지고 발로 밟고 지나간 것들로부터 생겨난 것임을 확인할 수 있었다.

이 책은 괴테가 자신의 삶을 써 가는 과정을 좇으려는 시도다. 이 책은 모두 23개의 장으로 구성되어 있고, 괴테의 삶의 여정은 21개 장에 담았다. 그의 인생 여정은 그가 경험한 중요한 변화를 기준으로 크게 네 부분으로 나누어 볼 수 있다. 첫 번째 부분은 그가 태어나서 1774년 『젊은 베르터의 슬픔Die Leiden des jungen Werthers』으로 일약 스타가 되기까지를 다룬다. 라이프치히와 슈트라스부르크에서 보낸 유학 생활, 베츨라에서 보낸 법원 인턴 생활과 결정적 사랑의 경험, 그리고 이러한 삶이 문학 작품으로 남겨지게 되는 과정이다. 이 책의 1장부터 8장까지가 여기에 해당한다. 두 번째 부분은 바이마르의 영주 칼 아우구스트의 초대로 1775년 하이델베르크에서 출발하여 바이마르로 이주하게 되는 과정에 대한 서술로 시작한다. 이어서 바이마르에 정착한 후 그곳에서 보낸 삶에 염증을 느낀 괴테가 도피하듯이 이탈리아로 여행을 떠나기까지 10여 년의 삶과 이탈리아 여행에서 새롭게 태어나는 경험을

다룬다. 9장부터 11장에 해당하는 이 부분에서는 괴테가 정치가
로서 어떻게 살았는지, 정치가의 문학적 삶은 어떠했는지, 그리고
그의 예술관이 어떤 변화를 겪게 되는지를 서술한다. 세 번째 부
분은 이른바 바이마르 고전주의라고 불리는 시기로, 12장부터
16장에 서술되어 있다. 1788년 이탈리아 여행에서 돌아온 것으로
부터 시작해서 1805년까지 다룬다. 1805년이 기준이 된 이유는,
이 해에 괴테의 인생에서 너무도 충격적인 일이 생겼기 때문이다.
실러Friedrich Schiller(1759~1805)의 죽음이다. 실러와 영원히 이별한
괴테는 그 아픔을 첼터에게 보내는 1805년 6월 1일 자 편지에서
"이젠 내 친구를 잃었으며 그 안에 있는 내 존재의 절반을 잃었습
니다."라고 썼다. 이 시기에는 독일 고전주의의 대표적인 작품들
과 이론적인 글들이 쓰였다. 실러와의 교류가 지닌 의미도 함께
다룬다. 17장부터 마지막 장에 해당하는 네 번째 부분에서는 실러
의 죽음이 가져다준 아픔을 딛고 일어선 괴테가 1832년 3월 22일
세상을 떠나기까지 어떤 삶을 살았는지 서술한다. 이 부분에서는
『파우스트』, 『친화력Die Wahlverwandtschaften』과 같은 그의 중요한 문
학 작품뿐만 아니라 『색채론Zur Farbenlehre』처럼 이탈리아 여행을 계
기로 본격화된 그의 자연과학적 저술들에 관해서도 다룬다. 특히
그의 자연과학적 연구가 어떻게 인문학과 다리를 놓는 역할을 담
당하는지도 이 부분의 중요한 관심사다.

01

시인으로
태어나다

"1749년 8월 28일 정오, 12시를 알리는 종소리와 함께 나는 마인 강 변에 있는 프랑크푸르트에서 태어났다."(FA 14, 15)

괴테는 자신의 출생 순간을 이렇게 기록했다. 간명한 서술과는 달리 그의 출생 과정은 간단하지 않았다. 산파의 미숙함 때문에 탯줄이 목에 감겼고, 결국 그는 숨을 쉬지 않는 상태로 태어났다. 삶의 시작 순간에 죽음이라는 끝과 마주한 것이다. 이 순간 어린 생명을 살리기 위한 다급하고 절박한 노력이 있었고, 다행히 그는 세상의 빛을 보게 되었다. 나중에 예순 살이 넘은 괴테는 이 모든 과정을 그날의 좋은 별자리 덕분에 누리게 된 행운으로 설명한다. 괴테가 경험한 절박한 위기는 다른 사람들에게 행운의 계기가 되었다. 당시 프랑크푸르트의 시장이었던 괴테의 외할아버지 요한 볼프강 텍스토어Johann Wolfgang Textor는 손주의 출생을 계기로 시의 조산원제도를 개선할 필요성을 절감했고, 시에서는 산부인과 의사를 고용하여 산파 교육을 시행했다. 이렇게 개선된 정책의 결과

괴테 생가(상), 괴테 가문의 문장(하)

괴테는 1749년 8월 28일 프랑크푸르트에서 태어났다. 괴테의 생가는 상당한 재력을 지녔던
조부모가 1733년 구입했다. 괴테의 아버지 요한 카스파 괴테는 1755년에 이 집을 수리하면서
수금 세 개를 그려넣은 문장을 직접 고안하여 정문 위에 설치했다. 수금은 시문학의 신 아폴
로와 예술에 대한 상징이다.

로 이후에 태어난 많은 아기가 실제로 보다 안전한 출산이라는 혜택을 입게 되었다.

프랑크푸르트에 있는 괴테의 생가에 도착하면 가장 먼저 정문 위에 달린 괴테 가문의 문장紋章을 마주하게 된다. 이 문장을 도안한 사람은 괴테의 아버지 요한 카스파 괴테Johann Caspar Goethe다. 이 문장의 아랫부분에는 사선으로 새겨진 세 개의 수금이 있다. 수금은 시문학의 신 아폴로와 예술에 대한 상징이었다. 이 문장이 괴테의 삶에 대한 예언이었을까? 요한 카스파 괴테가 왜 수금을 문장에 그려 넣었는지에 대해서는 알려진 바가 없다. 아마도 음악과 미술, 그리고 문학에도 적지 않은 관심을 보였던 자신의 성향을 반영한 것은 아닐까, 추측해 볼 수 있을 뿐이다. 이 집은 당시 이 세 개의 수금 때문에 '세 개의 수금이 있는 집'이라고 불렸는데, '세 개의 수금'은 이 문장을 만든 아버지보다는 아들 괴테의 삶을 더 직접적으로 가리킨다. 물론 '세 개의 수금과 함께하는' 삶이 아버지가 아들에게 바랐던 삶은 아니었겠지만 말이다.

계단을 걸어 올라 우리 식으로 2층에 도달하면 정면으로 보이는 방이 있는데, 여기가 괴테가 태어난 곳으로 알려진 '출생의 방'이다. 이 방의 벽은 짙은 녹색으로 칠해져 있는데, 그 방에도 황금색으로 된 별과 수금이 걸려 있다. 걸려 있는 곳은 출생의 방이지만 이 별과 수금은 실은 괴테의 출생이 아닌 죽음과 직접적으로 관련 있다. 1832년 3월 26일 바이마르의 프라우엔플란Frauenplan에 있는 괴테의 집에서 그의 장례 의식이 치러질 때 그의 머리맡에는 황금색으로 된 세 개의 별이 장식되어 있었다. 세 개의 별은 지혜,

출생의 방

괴테가 태어난 방으로 괴테 생가 2층에 있다. 녹색의 벽에 걸려 있는 별과 수금은 1832년 3월 26일 거행된 괴테의 장례식에서 사용된 것이다.

아름다움 그리고 강인함을 상징했다. 이후 세 개의 별 중 하나를 프랑크푸르트에 있는 괴테 생가로 가져와 그가 태어난 방에 걸어 놓은 것이다. '출생의 방'에 걸린 황금빛 별과 수금을 보고 있으면 '세 개의 수금과 함께하는' 삶을 살았던 짧지 않은 괴테 인생의 시작과 끝을 함께 보고 있는 듯하여 숙연해진다.

　괴테 집안이 프랑크푸르트에 정착하게 된 것은 할아버지 때부터다. 할아버지 프리드리히 게오르크 괴테Friedrich Georg Goethe는 튀링엔에서 이주해 온 재단사였다. 그는 귀족 여인들의 옷을 만드는 일로 프랑크푸르트 상류사회의 사교계에서 크게 인기를 끌었고, 이 일로 큰돈을 벌었다. 아내가 세상을 떠나자 그는 남편과 사별한 여성과 재혼하는데, 이 여성은 상당히 규모가 큰 호텔을 경영하고 있었다. 그는 결혼 후 재단사 일을 그만두고 호텔 경영에 집중하였다. 여기에 포도주 판매업까지 함께하면서 엄청난 재산을 모았다. 괴테의 할아버지는 1730년 세상을 떠났는데, 이로부터 3년 후 괴테의 할머니 코르넬리아 괴테Cornelia Goethe는 이 호텔을 매각하고 이주하면서 괴테가 태어난 집을 매입했다. 괴테의 조부모가 물려준 엄청난 유산 덕분에 아들, 그러니까 괴테의 아버지 요한 카스파 괴테는 연금 생활자로서 평생 경제적으로 여유로운 삶을 영위할 수 있었다. 손자 괴테가 먹고살기 위해 직업을 가져야 할 필요가 없었던 것도 이 유산 덕분이었다. 괴테의 아버지는 자신의 어머니 코르넬리아 괴테가 세상을 떠난 후 괴테가 여섯 살가량 되었을 때 이 집을 전체적으로 새롭게 고쳤다. 아버지 요한 카스파 괴테가 그 집의 정문 위에 달려 있는 문장을 직접 고안해 새로 만든 것이 바로 이때였다.

괴테에게 '요한 볼프강'이라는 이름을 붙여준 사람은 외할아버지 요한 볼프강 텍스토어였다. 자신의 이름을 외손자에게 준 것이다. 외할아버지는 귀족계급으로 신분 상승할 기회가 없었던 것은 아니었지만, 시민계급을 그대로 유지했다. 그럼에도 시민공동체의 가장 높은 지위의 공무원인 시장으로서 그에 걸맞은 권력과 명망을 누리고 있었고, 제국 도시 프랑크푸르트에서 황제의 대리인 역할을 담당하고 있었다. 아버지와 어머니에 대해서 괴테는 어떤 생각을 지니고 있었을까? 괴테는 한 시에서 다음과 같이 쓰고 있다.

"아버지로부터 나는 외모를,
삶을 진지하게 이끌어가는 방식을,
엄마로부터는 쾌활한 성격을,
상상력을 발휘하여 이야기를 지어내려는 욕망을 물려받았다."
— Zahme Xenien VI

괴테의 기억에 따르면, 어머니 카타리나 엘리자베트 괴테Catharina Elisabeth Goethe는 실제로 "항상 밝고 쾌활한"(FA 14, 19) 여인이었다. 어머니는 괴테와 누이 코르넬리아Cornelia Schlosser에게 동화를 들려주는 것을 좋아했는데, 이때 어머니는 괴테가 시에서 노래하고 있는 것처럼 상상력을 발휘하여 스스로 지어낸 이야기를 원래의 스

괴테 생가의 부엌

괴테 생가 지상층에 있는 부엌은 당시 다른 집들의 부엌보다 훨씬 넓다. 사진 오른편에 길게 설치되어 있는 시설이 물을 긷는 펌프인데, 당시 프랑크푸르트에서 이런 시설을 갖춘 집은 손에 꼽을 정도였다고 한다. 부엌의 규모뿐만 아니라 상수도 시설을 갖추고 있었다는 것은 괴테의 집안이 경제적으로 매우 풍족했음을 말해준다.

시인으로 태어나다

토리에 섞어 넣곤 했다. 어머니가 1807년 10월 6일에 쓴 편지를 보면 어머니 스스로도 자신의 이러한 성향을 잘 알고 있었던 것 같다. "하느님이 나에게 주신 재능은 내가 알게 된 것 모두를 생동감 있게 묘사할 수 있다는 거야. 큰 것이든 작은 것이든, 진실이든 꾸며낸 이야기든 내가 어떤 모임에 가서 이야기하면 모두 밝고 쾌활해져. 왜냐하면 내가 이야기하기 때문이지." 카타리나 엘리자베트의 이러한 성향이 괴테에게 깊이 영향을 미쳤던 것 같다. 남편보다 21살이나 어렸던 그녀는 남편보다는 두 아들딸과 더 가까이 지냈고, 특히 아이들은 엄격한 규칙을 강조했던 아버지와는 다른 성향을 지닌 어머니를 좋아했다. 괴테는 아버지가 엄격한 교육원칙을 관철하려 하면 할수록 어머니 그리고 누이와 함께 "현재의 즐거움"(FA 14, 250)을 누리고 싶은 소망을 더욱더 포기할 수 없었다고 고백했다. 그러니 괴테가 여동생과 함께 어머니 편에 서는 것은 자연스러운 일이었다. 어머니가 들려주는 이야기를 듣고 자란 괴테는 이미 일곱 살쯤 되었을 때 전해 내려오는 동화를 일인칭으로 가공해서 "모든 것이 마치 오늘이나 어제 일어난 것인 양" 친구들에게 이야기해 주곤 했다. 그러면 친구들은 이 이야기를 듣고 즐거워했는데, 그것은 "내가 친구들을 기만했기 때문이라기보다는 친구들이 스스로 자신을 속였기" 때문이라고 괴테는 말한다. 이러한 설명은 괴테가 어린 시절 자신이 어떻게 이야기를 만들어 내야 하는지를 알고 있었음을 보여 준다. 괴테는 이렇게 말한다. "만일 내가 이러한 가상의 인물들과 허풍을 나의 타고난 본성에 걸맞게 점차 예술적 표현으로 가공해 내는 것을 배우지 않았다면,

뽐내면서 시작한 그러한 이야기는 분명히 나에게 나쁜 결과가 되고 말았을 것이다."(FA 14, 58) 늘 상상력을 발휘하여 이야기를 만들어 들려주곤 했던 어머니에게서가 아니라면 일곱 살짜리 괴테가 이야기를 예술적으로 가공하는 방법을 어디에서 배울 수 있었겠는가?

어머니 카타리나 엘리자베트 괴테가 오래전부터 프랑크푸르트에 자리 잡고 있던, 시민계급으로서는 최고의 지위에 오른 법률가 집안 출신이었던 반면, 아버지 요한 카스파 괴테는 튀링엔에서 이주해 온 재단사의 아들이었다. 그 때문에 할아버지 프리드리히 게오르크 괴테는 아들이 법학을 공부해서 사회적 지위를 갖게 되기를 바랐다. 이러한 기대에 부응하기 위해 요한 카스파 괴테는 라이프치히와 기센에서 법학을 공부했다. 이어서 법학박사 학위를 취득하고 베츨라에 있는 제국법원에서 실습도 했지만, 그는 법률과 연관된 직업을 갖거나 공직에 오르지는 못했다. 그는 박사학위를 취득한 지 1년쯤 후인 1740년부터 2년에 걸쳐 이탈리아를 여행했다. 요한 카스파 괴테는 이 여행에서 경험한 바를 오랜 시간에 걸쳐 기록하여 『이탈리아 기행*Viaggio in Italia*』이라는 책을 남겼는데, 괴테도 아버지가 "대부분의 시간을 이탈리아어로 여행기를 서술하는 데 사용했던 것"(FA 14, 19)으로 기억한다. 이 여행에서 수집해 온 동판화는 괴테가 태어난 프랑크푸르트의 집에 걸려 있었다. 괴테는 『시와 진실』에서 이 동판화들에 대해서 다음과 같이 썼다. "집 안에서 가장 내 시선을 끈 것은 아버지가 응접실에 장식해 놓은 로마 모습이 그려진 그림들이었다. […] 나는 포폴로 광장, 콜로세움, 성 베드로 광장, 성 베드로 성당의 외부와 내부 모습, 엥겔스부르크와 그 밖의 많은 것을 매일 보았다. 이 모습들은 나에게 깊은 인상을 주었다."(FA 14, 19) 뿐만 아니라 여행을 즐겼던 아버지에 대해서는 "아버지는 여행을 좋아하셨고 자유로운 세계에 머무는 것을 좋아하셨으므로 함께 살던 프랑크푸르트의 시민들 사이에서 흔히 볼 수 있는 것보다 더 우아하고 더 자유로운 삶의 방식을 배우신 것 같았다."(FA 14, 83)라고 회고한다. 동판화로 인해 어린 괴테의 내면에 생겨난 이탈리아에 대한 깊은 동경은 이후 여러 차례 시도한 끝에 1786년 마침내 이탈리아 여행을 실행함으로써 『이탈리아 여행Italienische Reise』를 집필할 수 있도록 해 준 원동력이 되었다.

아버지 요한 카스파 괴테는 이탈리아 여행에서 돌아온 후 낮은 직급의 관리직이라도 얻으려 했지만 실패한다. 결국 급여가 없는 명예직인 프랑크푸르트시의 '황실고문관'이라는 자리를 돈을 주고 샀다. 이 자리를 얻은 덕분에 시장의 딸인 카타리나 엘리자베트와 결혼할 수 있게 된다. 그런데 프랑크푸르트 시장 딸과의 결혼은 요한 카스파 괴테가 공직에 진출하는 것을 더욱 어렵게 만들었다. 왜냐하면 당시 프랑크푸르트에는 공직에 있는 사람들의 친족이 공직에 진출하는 것을 금하는 규정이 있었기 때문이다. 그는 결혼 후 오히려 황실고문관의 자리에서도 물러나야 했고, 결국 서른두 살이라는 이른 나이에 은퇴하여 연금 생활자의 삶을 시작해야 했다.

하지만 이러한 상황은 요한 카스파가 큰 기대를 걸고 있던 아들

교육에 집중할 수 있는 여건을 만들어 주었다. 요한 카스파 괴테는 아들을 위해서라면 아무것도 아끼지 않았다. 특히 그는 교육에 관심이 깊었다. 자신이 직접 가르쳤을 뿐만 아니라 과목별로 여러 명의 가정교사를 두어서 성경, 라틴어, 문학, 글쓰기, 음악, 미술 등 다양한 분야를 가르치도록 했다. 괴테는 자신이 어린 시절에 받은 교육과 관련하여 이렇게 말한다. "자신이 이루지 못한 것을 자식들에게 실현해 보겠다는 것은 모든 아버지의 진지한 바람이다. 그것은 마치 사람이 인생을 두 번 살게 된다면 첫 번째 삶에서 얻은 인생 경험을 이제야 비로소 제대로 활용해 보려는 것과 같은 것이다. 자신의 학식이 주는 직감에서, 성실히 수행할 수 있는 인내력에 대한 확신에서, 그리고 당시의 교사들에 대한 불신에서 아버지는 자녀들을 자신이 직접 교육하기로 결심했고, 다만 필요하다고 여길 경우에만 과목별로 적절한 교사에게 맡기기로 했다."(FA 14, 38) 괴테의 아버지는 많은 재원을 들여서 2천여 권의 책을 사들였는데, 이 장서도 자녀들을 공적인 교육기관에 맡기지 않고 직접 교육하는 데 유용하게 활용되었다. 아버지는 "올바르고 존경받는 시민이 가져야 할 특성 가운데 무엇 하나 부족한 것이 없는 분이었다."(FA 14, 87)라고 기록한 것을 보면, 앞서 인용한 시에서 '삶을 진지하게 이끌어 가는 방식'을 아버지로부터 물려받았다고 말한 것도 무리는 아니다.

하지만 지나치게 엄격한 규율과 철저한 질서를 강조하는 아버지의 교육방식은 괴테에게 점차로 거부감을 불러일으켰다. 괴테는 아버지의 교육방식을 일종의 압박으로 느꼈으며, 심지어 아버지의 교육방식이 자신의 "내적인 발전을 방해하여 후퇴시키고 있다."(FA 14, 45)라고까지 생각했다. 괴테와 아버지 사이의 이러한 갈등은 괴테의 대학 진학을 계기로 더욱 첨예하게 표출되었다. 아버지는 괴테가 열 살이 되기도 전에 두 번째 대학은 어느 대학이 되든 상관없지만 첫 번째로 공부할 대학은 라이프치히 대학이어야 한다고 강조했다. 아버지가 원하는 전공은 법학이었다. 하지만 괴테는 정작 대학 진학을 준비해야 할 시기가 되자 대학 진학에 흥미를 느끼지도 못했고 대학에서 성공적인 생활을 해낼 자신감도 없었다. 괴테는 아버지의 권유를 선뜻 받아들이거나 기꺼이 따르기를 거부했다. 아버지가 자신에게 보여 준 모습 때문이었다. 괴테는 당시의 고민을 이렇게 고백한다. "아버지는 그렇게나 많은 연구와 노력과 여행을 해서 다방면의 교양을 쌓으셨다. 하지만 결국 자신이 쌓아놓은 방화벽 속에서 고독한 삶을 살아가고 있다. 그 모습을 가까이서 보고 있는데, 내가 어떻게 그런 삶을 소망할 수 있었겠는가?" 고민 끝에 괴테는 결론을 내린다. "나는 내 생각 속에서 법학 공부를 없애버렸고, 오로지 언어, 고전학, 역사 그리고 이런 분야로부터 유래하는 것에 몰두했다."(FA 14, 264)

괴테의 이런 결정이 사실 갑작스러운 것은 아니었다. 괴테는 이미 어린 시절부터 시문학에 많은 흥미를 갖고 있었다. 괴테가 일곱 살쯤 되었을 때 할머니로부터 인형극 세트를 선물로 받았는데, 그는 이 인형극 세트를 활용하여 인형극을 연출하고 공연하는 것을 매우 즐겼다. 이 인형극 세트는 지금도 프랑크푸르트 괴테 생가에 남아 있는데, 이것을 보면 어린 괴테가 이 매력적인 도구에 얼마나 매료되었는지 상상할 수 있다. 어린 괴테는 이 인형극 세트를 방과 방을 연결하는 문에 설치해서 활용했다고 하는데, 당시 그가 인형극의 매력에 얼마나 빠져 있었는지는 그가 마흔 살이 넘어 발표한 소설 『빌헬름 마이스터의 수업시대 *Wilhelm Meisters Lehrjahre*』(이후 『수업시대』)의 제1권에 잘 묘사되어 있다. 그뿐 아니다. 괴테는 어린 시절부터 언어능력이 특별히 탁월했다. 또래의 아이들과 비교했을 때 그는 언어의 형식과 활용법을 습득하는 속도가 훨씬 빨랐고, 하나의 개념에 담겨 있는 의미를 해석해 내는 데도 탁월했다. 괴테는 무엇보다 글쓰기와 관련하여 특출한 면모를 보여 주었는데, 아버지가 내주는 다양한 형태의 영어 과제를 한꺼번에 해내기 위해 독특한 형식을 지닌 장편소설을 직접 구상하여 집필하기도 했다. 좀 더 나이가 들어 열 살쯤 되었을 때는 프랑스 희곡 작품과 프랑스 극 이론에 푹 빠져서 지냈다. 라신과 몰리에르의 모든 작품을 다 읽었고, 코르네유의 작품도 거의 다 독파했을 정도다. 나아가 프랑스풍의 희곡 작품을 직접 쓰기도 했다. 괴테는 어린 시절에 보여 주었던 자신의 이러한 문학적 능력을 "시적 운을 맞추고 평범한 대상들에서도 시문학적 특성을 획득해 내는 경쾌함"(FA 14, 260)이라고 설명했다. 어린 시절의 괴테는 시를 짓는 것을 즐겼다. 또래의 친구들이 그냥 지나쳐 버리는 평범한 대상도 힘들이지 않고 시적인 대상으로 만들어 낼 만큼 번득이는 시적 능력을 지니고 있었다. 예순 살이 넘어서 괴테는 당시를 회고하며 "소망할 만한 가치가 있는 행복에 대해서 생각할 때면, 그 행복은 시인을 장식하기 위해 엮은 월계관의 모습에서 가

인형극 세트(상), 시인의 방과 인형극의 방 사이의 문(하)

괴테는 어린 시절 할머니로부터 이 인형극 세트를 선물로 받았다. 이 인형극 세트는 괴테 생가 3층 '시인의 방'과 문으로 연결되어 있는 '인형극의 방'에 있다. 이 인형극 세트를 '시인의 방'과 '인형극의 방' 사이에 있는 문에 설치하고 공연했다. 『빌헬름 마이스터의 수업시대』 제1권 제2장에는 어머니가 주인공 빌헬름에게 인형극 세트를 선물해 준 것으로 되어 있다.

장 매력적으로 나에게 나타났다."(FA 14, 180)라고 말한다. 괴테는 어린 시절부터 시인이야말로 자신이 바라는 가장 큰 행복이라고 생각했다. 라이프치히 대학으로 가서 법학을 공부하라는 아버지의 요구가 현실적으로 더 구체화했을 때, 괴테는 역설적으로 자신의 "가장 큰 기쁨"이 삶 속에서 알게 된 것을 "시적으로 모방하는 것"임을 확신했다. 자신의 "본능"으로부터 솟아오르는 이 기쁨은 너무도 분명했기에 시적 세계에 깊은 관심을 지닌 자신에게 제기되는 "그 어떤 비판도 나를 당혹스럽게 만들지 못했다."(FA 14, 264)라고 괴테는 말한다. 외견상 아버지의 요구대로 법학을 공부하기 위해 라이프치히로 떠났지만, 그곳에서 괴테는 법학 공부를 뺀 다른 것에 거의 모든 관심을 기울였다. 시인으로 태어난 소년에게는 오히려 자연스러운 모습이었다.

'작은 파리'
라이프치히

1765년 9월 29일 이제 막 16살이 된 괴테는 프랑크푸르트를 떠나 라이프치히로 향했다. 춥고 음산한 날씨가 반복되는 시기가 다가오고 있었고 낯선 지방에서 유학 생활을 해야 하는 상황이었지만 이런 것들은 괴테를 우울하게 만들지 못했다. 그는 오히려 죄수가 쇠사슬을 끊고 감옥의 쇠창살에서 벗어날 때 느끼는 기쁨이 프랑크푸르트를 떠나는 자신의 기쁨보다 더 크지 않을 것이라고 말한다. 문학적인 작업을 할 때 가장 큰 즐거움을 느꼈던 괴테는 원래 라이프치히 대학이 아닌 괴팅엔 대학에서 수사학, 시학, 고전학과 같은 분야를 공부하고 싶어 했다. 비록 아버지의 강권에 못 이겨 법학을 공부하기 위해 라이프치히로 떠났지만, 그는 미지의 세계에 대한 염려보다는 "은밀한 기쁨"을 느끼고 있었다. 이 은밀한 기쁨의 원천은 그가 "스스로 만들어 낸 꿈"이었고, 그에게 "행복과 만족"을 약속해 주었던 이 꿈은 법률가가 되길 원하는 아버지의 기대와는 다른 것이었다.(FA 14, 265) 괴테는 이 꿈을 여동생 코르넬리아에게만 알렸을 뿐 다른 누구에게도 알리지 않았다.

여동생 코르넬리아

1772년경 모르겐슈테른이 그린 여동생 코르넬리아 괴테. 리아프치히 유학 시절 괴테는 여동생을 염려하는 편지를 써서 보내곤 했다. "너는 내가 허락한 소설 외에 다른 소설은 읽지 않는 것이 좋겠어." (1765년 12월 6일, 코르넬리아에게 보낸 편지)

사진 출처: Goethe. Sein Leben in Bildern und Texten, Frankfurt/M. u. Leipzig 1998, 50쪽

10월이 되어서 괴테는 마침내 '작은 파리' 라이프치히에 도착했다. 당시 라이프치히는 문화적인 면에서 상당한 수준에 도달해 있었다. 라이프치히에서 활동했던 인물로는 우선 바흐Johann Sebastian Bach(1685~1750)를 꼽을 수 있다. 그는 1723년부터 1750년 세상을 떠날 때까지 토마스교회와 니콜라이교회의 음악감독으로, 오르간 연주자로 그리고 합창단 지휘자로 활동했는데, 이 시기에 무수히 많은 명곡을 작곡하기도 했다. 1409년에 세워진 라이프치히 대학은 독일에서 두 번째로 오래된 대학으로 당시 유럽에서 상당한 명성을 누리고 있었다. 근대 서양의 대표적인 철학자 중 한 명인 라이프니츠Gottfried Wilhelm Leibniz(1646~1716)는 라이프치히에서 태어나 이 대학에서 공부했다. 라이프치히는 독일 출판업의 중심지였고, 경제적인 면에서도 경쟁력을 갖춘 도시였다. 이런 상황은 경제적 능력을 지닌 시민계층과 교양 시민계층 사이의 동맹이 가장 활발히 이루어질 수 있는 조건이 되었다. '작은 파리'라는 별명이 라이프치히를 장난스럽게 부르려는 의도가 전혀 없었다고는 할 수 없겠지만, 상당 부분은 당시 라이프치히가 누렸던 위상을 실제로 반영한 것이기도 했다.

　　내가 라이프치히를 찾은 것은 2020년 2월 초였다. 하룻밤을 보내고 아침을 먹기 위해 습기를 잔뜩 머금은 차가운 공기를 맞으며 빵집으로 들어섰다. 먹음직스러운 다양한 종류의 빵과 햄, 치즈가 나를 행복하게 해 주었다. 자리에 앉아 메뉴판을 손에 든 순간 전혀 생각지도 않았던 것이 내 눈길을 사로잡았다. '작은 파리에서의 아침 식사'라는 문구였다. 배고픔을 달래 줄 맛있는 빵에 대한

요한 세바스티안 바흐

바로크 음악을 정초하고 완성한 바흐의 업적을 기리기 위한 동상이 토마스 교회의 뜰에
있다.

니콜라이교회

니콜라이교회 옆에 세워진 기념비. 동독시절 1982년 11월부터 매주 월요일마다 니콜라이교회에서 기도회가 열렸는데, 이후 월요일마다 평화적으로 열리는 반체제 운동으로 자리 잡았다. 이 평화시위가 격화되다가 1989년 10월 9일에 전기를 맞게 되고 독일 통일의 기폭제가 되었다. 이를 기억하기 위해 기념비를 세웠다.

이 기념비 앞 바닥에는 1989년 10월 9일의 기념하기 위한 현판이 있다. 날짜가 기록되어 있고, 수많은 사람들이 모였음을 보여주기 위해 발바닥을 찍어 넣었다.

기대 못지않게 괴테가 찾았던 그 '작은 파리'와의 만남에 대한 기대가 나를 살짝 흥분하게 만들었다.

라이프치히의 중심가인 옛 상업거래소Alte Börse 앞에 괴테 동상이 있다. 이 동상은 괴테가 1765년 가을부터 1768년 여름까지 이 도시에 머물렀던 것을 기념하기 위해 세운 것이다. 이 동상에는 이곳에서 보낸 괴테의 삶이 함축적으로 잘 담겨 있다. 이 동상은 대개 근엄한 표정과 자세를 취한 일반적인 동상과는 좀 다르다. 곱슬머리 가발을 쓴 대학생 괴테가 당시 유행했던 로코코 스타일의 옷을 입고 어딘가를 향해 자유롭게 걷고 있다. 오른손에 책을 끼고, 머리는 약간 왼쪽으로 향해 있다. 그의 발 모양은 바라보는 방향과는 반대로 오른쪽을 향해 걷고 있다. 동상의 받침대 좌우면에는 두 여인의 상이 부조로 새겨져 있는데, 왼편에는 프리데리케 외저Friederike Oeser의 옆모습이, 오른편에는 아나 카타리나 쇤코프Anna Katharina Schönkopf의 정면 모습이 있다.

곱슬머리 가발과 로코코 스타일의 옷은 괴테가 라이프치히에 도착하자마자 맞닥뜨려야 했던 어려움과 연관이 있다. 새로운 환경은 예기치 못한 일을 경험하게 하는 법이다. 괴테는 라이프치히에 온 지 얼마 지나지 않아서 학교에 갈 때 입은 옷이 놀림거리가 된다는 사실을 알게 되었다. 그가 입은 옷은 프랑크푸르트에서 가져온 것으로 아버지가 구매한 최고급 옷감으로 만든 것이었다. 문제는 옷의 스타일이었다. 아버지의 주문에 따라 제작된 옷은 독일의 유행을 선도하던 이 '작은 파리'에서는 "기묘한 모습"(FA 14, 274)으로 보였다. 놀림의 대상이 된 것을 알게 된 괴테는 자기 옷

작은 파리에서의 아침식사

2020년 2월초 아침을 먹기 위해 습기를 잔뜩 머금은 차가운 공기를 맞으며 빵집에 들어섰다. 달콤한 냄새를 맡으며 탁자에 앉으니, 예쁜 꽃병 옆에 '작은 파리에서의 아침식사'라는 제목의 메뉴판이 앞에 놓여 있다.

괴테 동상

곱슬머리 가발을 쓴 대학생 괴테가 당시 유행했던 로코코 스타일의 옷을 입고 어딘가를 향해 자유롭게 걷고 있다. 오른손에는 책을 끼고, 머리는 약간 왼쪽을 향하고 있다. 하지만 그의 발은 머리의 방향과는 달리 정면을 향한다. 괴테 동상을 기준으로 보면, 바라보고 있는 왼쪽에는 라이프치히 대학이, 정면에는 아우어바흐 지하 술집이 있다. 동상의 받침대 양쪽에는 괴테가 사랑했던 두 여인의 상이 부조로 새겨져 있다. 왼편에는 프리데리케 외저의 옆모습을, 오른편에는 아나 카타리나 쇤코프의 정면 모습을 볼 수 있다.

전부를 단번에 라이프치히의 분위기에 맞는 것으로 바꾸어 버린다. 동상처럼 구두와 비단 스타킹을 사서 신었고, 당시 유행하던 곱슬머리 가발로 헤어 스타일을 바꾸었으며, 머리에는 분가루를 뿌리고 다녔다.

괴테를 당혹하게 만든 또 다른 문제는 바로 언어였다. 어린 시절 아버지가 표준말을 쓰도록 교육했지만, 괴테는 소박한 특성이 좋아서 사투리를 즐겨 사용했다. 라이프치히에서도 괴테의 이런 언어습관은 여전했다. 주변 사람들은 사투리를 쓰는 그를 질책했다. 사투리 사용에 대한 주변의 거부감과 비판적 시각에 대해 괴테는 진지하게 고민했다. 왜냐하면 그는 "사투리는 원래 영혼이 숨 쉬는 영역"(FA 14, 275)이라고 여겼고, 따라서 사투리 사용이 제약됨으로 인해 "자신이 가장 깊은 내면에서 마비됨을 느끼고 사소한 일들에 대해서조차 어떻게 표현해야 할지 모를 지경"(FA 14, 276)이었기 때문이다.

이런 어려움들은 괴테가 원래 의도했던 일에 관심을 집중하는 만큼 점차 사라져갔다. 괴테는 처음엔 외면적으로 내세웠던 목적에 맞게 그리고 주변의 조언에 따라 법학 강의를 들었다. 하지만 큰 흥미를 느끼지 못한 괴테는 라이프치히행을 결정했을 때부터 마음에 두었던 문학, 철학, 수사학과 같은 강의에 집중적인 관심을 보였다. 아버지의 고집에 못 이겨 법학을 공부하기 위해 라이프치히로 왔지만, 프랑크푸르트를 떠나기 전부터 라이프치히에 가면 겔러트Christian Fürchtegott Gellert(1715~1769)의 강의를 듣고 싶다고 생각하던 터였다. 실제로 겔러트가 라이프치히의 젊은 사람들로부터 존경과 사랑을 받고 있음을 확인한 괴테는 그의 강의를 들었다. 자신의 저작을 통해 라이프치히에서뿐만 아니라 독일 전역에서 명성을 얻었던 겔러트의 강의는 거의 항상 만원이었다. 하지만 겔러트가 산문으로 된 글은 중요하게 여기면서도 운문으로 된 시는 "보잘것없는 첨가물"(FA 14, 280) 정도로 여기는 데 괴테는 실망했다. 게다가 자신이 산문으로 쓴 작은 규모의 소설에 대한 겔러트의 평가가 좋지 않다는 사실을 확인한 뒤로 괴테는 겔러트에게 문학에 관한 가르침을 받을 수 있으리라는 기대를 접게 되었다. 글을 쓰려는 욕구마저 점차 시들어 갔다.

라이프치히로 오면서 기대를 많이 했던 강의에서조차 실망하게 되자 괴테의 관심은 다른 곳을 향했다. 바라보는 곳과는 다른 곳을 향해 걸어가는 모습인 괴테 동상에 대해 이런 설명이 있다. '하기야 그는 대학 쪽을 바라보기는 했어. 하지만 그의 걸음은 아우어바흐 지하 술집을 향했지.' 이 동상의 정면에 아우어바흐 뜰 Auerbachs Hof이라는 이름의 건물이 있는데, 바로 근처에 숙소를 얻었던 괴테는 이 건물의 지하에 있던 술집을 즐겨 찾았다. 이곳이 바로 그 유명한 아우어바흐 지하 술집Auerbachs Keller이다. 이 건물에는 백작 집안의 가정교사였던 베리쉬Ernst Wolfgang Behrisch라는 친구가 살고 있었는데, 대학 공부에 흥미를 잃은 괴테는 이 친구와 함께 지하에 있는 포도주 가게를 즐겨 찾았다. 이 지하 술집은 사랑의 설렘과 연인에 대한 질투를 쏟아놓는 곳이었고, 사랑과 시를 이해하지 못하는 인간들을 서슴지 않고 비판하는 곳이었다. 괴테는 자주 찾던 이 술집에서 이후 본인 역작의 모티브가 되는 소중한 경험을 하게 된다. 바로 술집에 그려져 있던 파우스트 박사에 관한 그림을 본 것이다. 그 그림에는 파우스트 박사가 학생들과 함께 실컷 술을 마시는 모습과 삽살개를 앞세우고 포도주 통을 탄 채 지하 술집에서 나오는 장면이 그려져 있었다. 괴테가 학우들과 직접 나눈 경험과 이곳에서 본 파우스트 박사에 관한 그림이『파우스트』1부「라이프치히의 아우어바흐 지하 술집」장면에 담겨 있다. 이 장면에서 라이프치히 대학의 어린 대학생 프로쉬Frosch는 이렇게 노래한다.

"우리 라이프치히는 멋진 곳이야!
작은 파리라고 하잖아. 사람들도 세련되고."(2171-72행)

좀 늦은 점심을 먹기 위해 찾은 아우어바흐 지하 술집은 라이프치히에서 가장 유명한 식당답게 상당히 넓은 공간이었는데도 빈 자리가 거의 없을 정도로 손님이 많았다. 지금의 아우어바흐 지하 술집에는 괴테가 보았던 파우스트 박사의 흔적보다 괴테의『파우스트』의 흔적이 훨씬 더 많이 남아 있었다. 지하로 내려가는 입구 양편에는 두 개의 동상이 세워져 있는데, 하나는 메피스토펠레스가 학생들에게 마법을 거는 장면을, 다른 하나는 메피스토펠레스에 의해 마법에 걸린 학생들의 모습을 묘사하고 있다. 모두 괴테의『파우스트』에 나오는 장면에서 가져온 것이다. 지하로 내려가 식당에 들어가면 왼편 벽면에 포도주 통을 타고 있는 파우스트와 메피스토펠레스를 볼 수 있다. 괴테가 보았던 파우스트 박사에 관

VIVE. BIBE. OBGRÆGARE. MEMOR FAVSTI HVIVS. ETHVIVS.
POENÆ ADERAT CLAVDOHÆC ASTERATAMPLA GRADV 1525.

Verlag von Friedrich Vogel.

DOCTOR FAVSTVS ZV DIESER FRIST AVS AVERBACHS KELLER GERITTEN IST. AVF EINEN FASZ MIT WEIN GESCHWIND. WELCHES GE
SEHEN VIEL MVTTER KIND. SOLCHES DVRCH SEINE SVBTILME KVNST HAT GETHAN VND DES TEVFELS LOHN EMPFANGEN DAVON. 1525.

Verlag von Friedrich Vogel.

아우어바흐 지하 술집에 있었던 그림

괴테는 유학시절에 아우어바흐 지하 술집의 벽에 그려져 있는 두 개의 그림을 봤다. 이 두 개의 그림에는 모두 파우스트 박사가 삽살개와 함께 등장하는데, 위에 있는 그림에는 대학생들과 술을 마시는 모습이 그려져 있고, 아래 그림에는 파우스트 박사가 포도주 통을 타고 지하 술집에서 나오는 모습이 그려져 있다. 위 그림은 1625년에 아우어바흐 지하 술집 벽에 그려졌던 것으로 알려져 있는 그림을 판화로 복제한 것이다. (사진 출처: FA 7/2) 이 그림을 본 경험이 이후 『파우스트』의 「라이프치히의 아우어바흐 지하 술집」 장면을 묘사하는 토대가 된다.

아우어바흐 지하 술집 간판

메들러 아케이드 입구에 걸려 있는 아우어바흐 지하 술집 간판. 지금은 술집이라기보다는 와인과 맥주 등을 포함해서 독일의 전통 음식을 파는 레스토랑이다.
계단을 내려가면 아우어바흐 지하 술집 입구에 붙어 있는 간판을 볼 수 있다.

한 그림을 모형으로 만들어 놓은 것 같았다. 아우어바흐 지하 술집은 1589년에 출판된 민중본『파우스트 박사 이야기*Historia von Dr. Johann Fausten*』에도 이미 언급되어 있기 때문이다.

괴테가 문학과 예술에 대한 깊은 배움을 얻은 것은 화가이자 조각가였던 외저Adam Friedrich Oeser(1717~1799)와의 만남을 통해서다. 외저는 라이프치히의 예술아카데미 학장을 맡고 있었는데, 괴테는 그에게서 미술 개인교습을 받았다. 괴테는 예술사에 관한 그의 가르침을 통해서 다양한 영역의 예술을 서로 관련지어서 관찰하는 습관을 얻게 되었고, 이를 통해 다양한 영역의 예술 사이에 존재하는 차이점을 볼 수 있게 되었다. 또한 괴테는 외저에게서 예술의 본질인 '단순함'에 관하여 배웠다. 괴테는 이렇게 말한다. "그가 우리에게 권하는, 그리고 그가 항상 다시금 되돌아가서 강조하는 최우선인 본질은 단순함이었다."(FA 14, 339)

괴테는 외저를 통해서 빙켈만Johann Joachim Winckelmann(1717~1768)을 알게 된다. 괴테가 외저를 통해 직접적으로 배운 것도 중요하지만 어떤 면에서 보면 그를 통해 빙켈만을 알게 되었다는 사실이 더 중요할지도 모른다. 빙켈만은 괴테의 예술관에 근본적인 영향을 미친 인물이기 때문이다. 외저는 빙켈만에 대한 자신의 존경심을 분명히 드러냈을 뿐만 아니라 자기 제자들에게 빙켈만의 글을 읽도록 했다. 빙켈만은『회화와 조각 예술에서 그리스 작품을 모방하는 것에 관한 견해들*Gedancken über die Nachahmung der Griechischen Wercke in der Malerey und Bildhauer-Kunst*』(1755)에서 그리스 예술의 특성을 서술한다. 이 책에서 빙켈만은 라오콘 상을 묘사하면서 '고귀한 단순성과 고요한 위대함'이라는 표현을 사용하는데, 당시 이 표현은 모든 예술이 모범으로 삼아야 하는 근본 원리처럼 사용되곤 했다. 물론 괴테도 빙켈만의 이러한 생각에 깊은 영향을 받았다. 1768년 늦은 봄 괴테는 외저로부터 빙켈만이 이탈리아에서 돌아오면 자신을 방문하게 될 것이라는 소식을 들었다. 그는 빙켈만을 볼 수 있다는 기대에 들떴다. 그 당시의 마음을 괴테는 다음과 같이 표현한다. "우리는 그와 대화를 나누겠다고 요청할 수는 없었다. 하지만 우리는 그를 보게 되기를 고대했다."(FA 14, 359) 그런데 그해 6월 초 빙켈만의 갑작스런 사망 소식이 "마른하늘에 날벼락"(FA 14, 359)처럼 전해졌다. 괴테는 직접 볼 수 있기를 그렇게도 고대했던 빙켈만을 결국 만나지 못했다.

빙켈만이 괴테에게 결정적인 영향을 미친 것은 분명하지만, 그렇다고 해서 괴테가 그의 견해를 절대화한 것은 아니었다. 하나의 견해나 입장을 절대화하는 것은 전혀 괴테답지 않다. 중년 이후의 성숙한 괴테만이 아니라 십 대 후반의 괴테도 그러했다. 빙켈만의 『회화와 조각 예술에서 그리스 작품을 모방하는 것에 관한 견해들』이 발표된 지 10여 년 후에 레싱Gotthold Ephraim Lessing(1729~1781)은 『라오콘 또는 회화와 시문학의 경계에 관하여Laokoon oder über die Grenzen der Malerei und Poesie』(1766)를 발표한다. 이 책의 핵심 논지는 빙켈만이 주장한 '고귀한 단순성과 고요한 위대함'이라는 예술의 보편적인 이상은 모든 예술 영역에 공통으로 적용될 수 있는 것이 아니라 조형예술이라는 특정한 형식에만 제한되어야 한다는 것이다. 빙켈만이 '문학은 말하는 회화이고, 회화는 침묵하는 문학이다.'라는 당대의 주도적 예술론을 대변했다면, 레싱은 이와 달리 회화와 문학을 체계적으로 구분해야 한다고 주장한다. 회화는 대상이 공간 속에 서로 나란히 놓여 있다는 사실에 근거하지만, 문학은 사건이 시간 속에서 차례로 전개된다는 사실에 근거한다고 보기 때문이다. 따라서 예술의 성격이 서로 다르다면, 서로 다른 예술은 각각 다른 대상과 다른 묘사 방식을 요구한다는 것이다. 레싱이 이러한 주장을 라오콘 상에 관한 서술을 통해서 제기한 것은 특히 라오콘 상에 대한 빙켈만의 묘사를 염두에 두었기 때문이다. 괴테는 레싱의 『라오콘』을 통해 "회화처럼 그렇게 시를'이라는 구절이 오랫동안 만들어 낸 오해가 단번에 제거되었다."(FA 14, 346)고 평가했다. 괴테는 레싱의 주장이 지닌 의미를 잘 알고 있었다. 그런 만큼 1768년 4월 레싱이 라이프치히에 온다는 소식을 듣고 그를 만나고 싶어 했던 것은 당연한 일이었다. 하지만 괴테는 자신이 그를 가까이할 만한 자격이 없다고 생각했고 끝내 만나지 않았다. 괴테는 이 결정을 후회했다. "자신이 가장 높이 평가했던 그 남자"(FA 14, 358)를 결국 한 번도 만나지 못했기 때문이다.

빙켈만과 레싱의 글은 괴테에게 문학과 예술에 관한 이론적 논의에 대한 깊은 관심을 촉구했고, 겔러트의 교육방식은 괴테의 시적 열망을 시들게 했다. 점차 사그라지던 그의 창작 욕구는 의외의 계기를 만나 다시금 일깨워진다. 라이프치히로 온 다음 해인 1766년 4월 한 식사 자리에서 동시에 알게 된 두 사람과의 교류가 바로 그것이다. 그중 한 명이 괴테의 동상 오른편에 정면의 모습

만하임 성의 라오콘 상

괴테는 1769년 만하임 성에 있는 '안티케 홀Antikensaal'을 처음 방문했다. 이곳은 유명한 고대의 조각품의 모조품들이 수집되어 있는 곳으로 당시 유명인들이 많이 방문했다. 괴테는 이곳에서 처음으로 라오콘 상을 봤다. 레싱도 이곳에 전시된 라오콘 상을 봤으며, 실러도 이곳을 방문했었다. 괴테는 1771년 8월 슈트라스부르크에서 유학을 끝내고 프랑크푸르트로 돌아오는 길에 이곳을 다시 들러서 라오콘 상을 감상했다.

라이프치히 대학에 있는 레싱 흉상

레싱도 라이프치히 대학에서 1746년 가을부터 1748년 여름까지 신학과 의학을 공부했다.

으로 새겨진 쇤코프다. 이 여성은 괴테보다 세 살 연상이었는데, 그해 가을쯤부터 이들의 관계는 연인 사이로 깊어졌다. 괴테는 그녀를 아네테Annette 또는 케트헨Kätchen이라는 애칭으로 불렀고, 이 여성과 사랑에 빠졌음을 고향에 있는 친구에게 알린다. "나는 한 아가씨를 사랑하고 있어. […] 지금 나는 난생처음으로 진정한 사랑이 가져다주는 행복을 느끼고 있지. […] 오직 내 마음을 통해서 나는 그녀를 얻었어."(1766년 10월 1일, 모어스Friedrich Maximilian Moors에게 보내는 편지) 본격적인 첫사랑에 빠진 열여섯 살 괴테의 고백이다. 다른 한 사람은 린데나우 백작 아들의 가정교사였던 베리쉬다. 괴테는 그를 "학식이 풍부하고 근대의 여러 언어와 문학에 능통한" 인물로 평가했다. 괴테는 특히 그의 "훌륭한 필체"(FA 14, 325)를 좋아했다. 괴테가 아우어바흐 지하 술집에서 아마도 가장 많은 시간을 함께 보낸 인물이 바로 베리쉬였을 것이며, 그랬기에 괴테는 열한 살이나 위였던 그를 동시에 "친구"(FA 14, 324)로 여겼다. 베리쉬는 얼마 지나지 않아서 문학과 사랑에 관한 괴테의 멘토가 되었고, 괴테는 그에게 쇤코프와의 사랑에 대해 처음부터 허심탄회하게 이야기했다. 이때 베리쉬는 괴테에게 시적 열망을 자극했고, 괴테는 연애 사건을 소재로 한 여러 편의 시로 응답했다. 이렇게 해서 생겨난 여러 편의 시를 베리쉬는 1767년 가을에 자신의 뛰어난 필체로 직접 필사해서 『아네테Annette』*라는 제목의 책

---

* 『시와 진실』에서 괴테는 이 시집이 분실되었다고 서술하고 있지만, 그가 세상을 떠난 지 60여 년이 지난 1895년에 바이마르에서 발견되었다. 베리쉬가 괴테에게 선물한 필사본 외에 몇 개를 더 필사했던 것으로 추정할 수 있다.

으로 묶어 괴테에게 선물했다(제목은 괴테의 연인 쇤코프의 애칭이다).
사랑 이야기를 에로틱한 모티브들을 사용하여 감성적인 어조로
다룬 이 시집은 라이프치히 시절 괴테의 첫 문학적 결실이다.

괴테에게 사랑과 문학의 멘토가 되어 주었던 베리쉬는 1767년
10월 중순 라이프치히를 떠나 드레스덴으로 거처를 옮겼다. 이별
이 가져다준 허전함은 괴테에게 새로운 문학적 생산력의 원천이
된다. 다음 해 초까지 괴테는 20여 통의 편지를 지속해서 보냈는
데, 이 편지들은 마치 일기처럼 기록되어 있다. 물론 이 편지들의
중심에도 쇤코프가 있었다. 괴테는 그녀에 대한 사랑이 어떻게 끓
어오르고 자신의 감정을 휘몰아치는지를 일기 형식의 편지로 베
리쉬에게 알린다. 1767년 11월 10일 자 편지다. "나는 내일 무엇
을 하고 있을까? […] 그녀의 집에 들어서면 내 심장은 두근거리
기 시작할 거야. 그녀가 걸어오거나 말하는 소리를 듣는다면 내
심장은 더 강하게 두근거리겠지. […] 혹여 그녀를 보게 되면 내
두 눈에선 눈물이 날 것 같아. […] 그녀가 나를 사랑하고 있음을
반만이라도 믿을 수 있다면 나는 기쁠 것 같아. 그리곤 다시 가겠
지. 내일도 모레도 그리고 영원히 그러하기를." 11월 7일 자 편지
에서는 사랑의 감정을 촉감과 연결하기도 한다. "그대에게 편지를
쓰기 위해 지금 종이를 만지는 이 손, 이 행복한 손이 그녀를 내 가
슴으로 끌어안았었어." 괴테의 이러한 표현은 그를 일약 스타로
만들어 준 첫 번째 소설의 주인공 베르터를 연상시킨다. 쇤코프를
향한 사랑과 감정에 문학적 특성을 부여하는 작업을 통해『젊은
베르터의 슬픔』은 이미 이때 잉태된 것일지도 모른다. "내 편지에

는 짤막한 작품을 쓰기에 좋은 재료가 들어 있어."(베리쉬에게 보낸 1767년 11월 13일 자 편지)라는 괴테의 고백은 이러한 사실을 뒷받침한다. 괴테는 1768년 4월 26일 베리쉬에게 쓴 편지에서 이 사랑이 끝났음을 알린다. "우리는 사랑으로 시작했고, 이제 우정으로 끝을 맺어가고 있어."

괴테의 라이프치히 시절은 심리적이며 육체적인 위기로 끝난다. 괴테를 어려움에 빠뜨린 것은 사랑을 지속할 수 없었다는 사실만이 아니었다. 자신의 시적 재능에 회의적이었던 그는 1767년 말 "마침내 절망하게" 되었다. 왜냐하면 시적 재능에 대한 회의는 "이제까지 사랑했고, 훌륭하다고 여겼던 모든 것을 포기"할 것을 요구했고, 무엇을 느끼고 사고하는 방식도 "완전히 새롭게 바꾸어야 한다."라는 결론에 도달했기 때문이었다. 이제까지 집필한 자기 작품에 대해서 "극도의 경멸감"마저 갖게 된 괴테는 가지고 있는 자신의 모든 작품을 불태워 버렸다.(FA 14, 282) 게다가 빙켈만의 갑작스러운 죽음을 알고 좌절한 지 얼마 지나지 않은 1768년 7월 괴테는 폐렴에 걸렸고 피를 토할 정도까지 상태가 악화되었다. 이때 주변 사람들이 그를 돌봐주었는데, 특히 외저의 딸이 극진히 간호해 주었다. 괴테의 동상 왼편에 새겨진 프리데리케 외저가 바로 그녀다. 다행히도 생명의 위협하는 위기를 간신히 넘긴 괴테는 어느 정도 회복된 후 열아홉 번째 생일인 1768년 8월 28일에 라이프치히를 떠나 고향 집으로 향한다.

호모 렐리기오수스homo religiosus
— 죽음 앞에 선 청년

라이프치히에서 얻은 병은 프랑크푸르트에 있는 부모의 집으로 돌아온 후에도 계속해서 괴테를 괴롭혔다. 심지어 그해 12월에 그는 다시금 죽음이 눈앞에 있음을 절감할 정도로 위중한 상태에 빠졌다. 다행히 위독한 상태로부터는 어느 정도 회복되었으나 다음 해인 1769년에도 꽤 오랫동안 병세가 지속되었다. 괴테가 독일의 경건주의를 알게 된 것이 바로 이때다. 괴테는 어머니를 통해 친척이자 어머니의 친구였던 클레텐베르크Susanna Katharina von Klettenberg (1723~1774) 부인과 가까워졌다.

당시 대표적인 경건주의 공동체인 헤른후트 형제단에 속해 있던 클레텐베르크 부인은 프랑크푸르트에 있는 작은 경건주의 공동체를 후원하고 있었고, 이 공동체에서 괴테의 어머니가 클레텐베르크 부인과 교류하고 있었다. 괴테는 『시와 진실』에서 이 부인에 관해서 이렇게 쓴다. "어머니의 훌륭한 친구들 중에 클레텐베르크 부인이 있었다. 『수업시대』에 삽입된 「아름다운 영혼의 고백」은 그녀의 담화와 편지로 이루어진 것이다. [⋯] 그녀의 아름다운 복장은 헤른후트파 여인들의 복장을 연상시켰다. 그녀는 웬만한 경우에는 마음의 쾌활과 안정을 잃는 법이 없었다."(FA 14, 369-370) 클레텐베르크 부인은 젊은 괴테에게 깊은 신뢰를 심어주었다. 이 부인 역시 어린 시절부터 병약했는데, 그 점이 아마도 병으로 허약해진 괴테의 마음을 더 끌었던 것 같다. 클레텐베르크 부인과의 만남은 이후 기독교에 대한 괴테의 이해와 관련하여 적어도 두 가지 면에서 중요한 의미를 지닌다.

첫 번째는 이 부인과의 만남을 통해 괴테는 헤른후트파 경건주의 운동을 직접 경험하게 되고, 이 과정에서 그리스도교 역사만큼이나 오래된 하느님과 인간의 관계를 다룬 매우 중요한 신학적 논쟁을 알게 되었다는 점이다. 괴테는 클레텐베르크 부인의 소개로 1769년 9월 21일과 22일 마리엔보른에 있는 헤른후트파 경건주의 공동체의 모임에 참여했다. 아마도 이 시기의 괴테가 그의 생애에 있어서 가장 '종교적 인간'이었을지도 모른다. 괴테는 이 모임에서 이후 기독교를 이해하는 데 꽤 큰 영향을 미친 일을 경험하게 된다. 그때의 경험을 괴테는 『시와 진실』에서 다음과 같이 기록하고 있다.

"나를 형제단이나 기타 존경하는 기독교 신자들에게서 분리한 것은 이제까지 교회가 그것에 관한 논의에서 여러 차례 분열에 빠졌던 것과 같은 맥락이다. 일부 사람들은 주장했다. 인간의 본성은 원죄로 인해 부패해서 가장 내밀한 중심에 이르기까지 최소한의 선함도 발견할 수 없게 되었고, 그렇기에 인간은 **자기 자신의 힘**

을 완전히 **단념**해야만 하고 모든 것을 **하느님의 은총**에 맡기고 하느님의 은총이 작용하기를 기다려야 한다는 것이었다. 다른 일부의 사람들은 인간의 유전적 결함을 기꺼이 인정하기도 한다. 하지만 이 사람들은 인간 본성의 내면에는 **아직 어떤 싹이 있다**고 시인하며, 그것에 하느님의 은총에 의해서 생명이 불어넣어져서 정신적 행복을 결실하는 수목으로 성장할 수 있다고 본다. 나는 입이나 펜으로는 그 반대편의 견해를 인정했지만, 가장 깊은 곳에서는 나도 모르게 **후자의 신념**에 사로잡혔다."(FA 14, 690-691)

기독교의 역사만큼 오래된 이 논쟁의 중심에는 인간 본성에 대한 이해가 놓여 있다. 한편에서는 인간의 본성에 죄악이 깃들어 있다고 본다. 그 죄악은 '최소한의 선함'도 발견할 수 없을 정도로 타락하고 부패한 것이어서, 인간이 죄의 문제를 스스로 해결할 가능성은 없다. 그러므로 '하느님의 은총'을 구하는 것 외에는 아무런 방법이 없다고 주장한다. 인간 본성에 관한 이러한 견해는 아우구스티누스를 통해 이미 오래전에 정식화된 것이었고, 괴테 당시의 기독교적 인간 이해를 담고 있었다. 물론 헤른후트파를 비롯한 경건주의자들도 이러한 입장을 따르고 있었는데 괴테 자신도 이 견해에 동의한다고 생각했다. 하지만 괴테는 자신이 실제로는 반대편의 신념에 사로잡혀 있었다는 것을 뒤늦게 깨달았다.

논쟁의 반대편에 서 있는 의견 역시 인간의 본성에서 죄악을 배제하지 않았다. 이 점에서는 앞의 견해와 유사하다. 하지만 인간의 본성을 앞의 견해가 주장하는 것처럼 '전적인' 타락과 부패로 이해하지는 않는다. 왜냐하면 인간 본성의 내면에는 자그마한 '싹'이 존재한다고 보았기 때문이다. 이 작은 싹이 매우 중요한데, 이 싹의 존재는 좋은 열매를 맺을 가능성이 있다는 것을 의미하기 때문이다. 인간의 본성에 대한 이러한 이해를 대변하는 인물이 바로 (아우구스티누스와의 논쟁 끝에 418년 카르타고 공의회에서 정죄된) 펠라기우스다. 그는 "인간 본성의 선함을 그것을 만드신 분, 즉 하느님에 비추어 평가해야 한다."라고 주장한다. 이 말은 하느님의 절대선과 인간의 전적 타락을 비교하라는 것이 절대 아니다. 아우구스티누스가 인간과 하느님의 비교를 통해 절대적 차이를 강조했다면, 펠라기우스는 오히려 절대선인 하느님은 '인간을 자신의 형상을 닮은 유사한 존재로 만드시기로 설계'했다고 주장한다. 펠라기우스는 하느님의 형상에 따라 만들어진 인간이 선한 본성을 지니고 있다는 자신의 주장이 오해될 수 있음을 알았다. 그래서 그는 자신의 주장이 인간이 악을 행하지 않는다는 것을 의미하는 것이 아님을 강조한다. 하느님의 형상에 따라 만들어진 인간은 (아우구스티누스가 주장하는 것처럼) 전적으로 악한 존재여서 선을 행할 능력이 전혀 없는 것이 아니라, 선과 악 어느 쪽이든 행할 능력이 있다는 것이다. 인간의 본성은 선하므로 악을 행하지 않는다는 주장도 그릇된 것이고, 인간의 본성은 전적으로 타락했기 때문에 선을 행할 수 없다고 하는 주장 모두 잘못됐다는 것이 펠라기우스의 주장이다. 그에게 중요한 것은 '우리의 **의지** 없이는 우리가 선도 악도 행할 수 없다.'라는 사실이다. 다시 말하면 인간은 선과 악 두 가지를 모두 행할 수 있지만, 항상 그중 하나를 선택하여 행하는 '자유'

를 갖고 있다. 만일 인간이 악을 선택할 가능성이 없어서 선을 행했다면 이는 결코 칭찬할 만한 것이 되지 못한다. 악을 선택할 수 있음에도 불구하고 선을 선택할 수 있는 '자유의지'를 지니고 있다는 점에서 인간 본성의 선함을 이야기할 수 있는데, 바로 이 자유의지가 하느님이 인간에게 부여한 은총이라는 것이 펠라기우스의 주장이다.

괴테가 인간의 본성에 관한 이 두 견해의 차이가 얼마나 결정적이고 중요한지 알게 된 것은 논쟁이 벌어진 지 얼마 후의 일이었다. 괴테와 논쟁을 벌이던 사람들이 그의 견해를 "진정한 의미에서 펠라기안주의"라고 명명하면서 이 사상은 "파멸의 근원이 되는 가르침"(FA 14, 691)이라고 강력하게 비난했다. 자신을 이렇게 비판하는 이유를 잘 몰랐던 괴테는 교회사를 공부하면서 펠라기우스가 누구인지 그리고 바로 위에서 서술한 그의 주장이 교회사 속에서 어떤 의미를 지니는지 알게 되었다.

"나는 그 말을 듣고 깜짝 놀랐다. 정말이지 충격을 받았다. 나는 교회사로 되돌아가서, 펠라기우스의 교의와 운명을 상세히 조사해 보았다. 그리고 마침내 하나로 합쳐지는 것이 불가능한 이 두 의견이 수 세기 동안 어떻게 이런저런 방식으로 논의되었는지, 사람들이 **능동적 본성**을 지니고 있느냐 또는 **수동적 본성**을 지니고 있느냐에 따라 그들에 의해 이 이론들이 어떻게 받아들여졌고 그들의 신앙으로 고백하게 되었는지 명확하게 알게 되었다."(FA 14, 691)

앞의 논쟁에서 인간의 본성 속에 있는 작은 '싹'에 대해 주장하는 사람들은 하느님의 은총으로 주어진 자유의지를 사용하여 선을 선택할 수 있다고 여기는 펠라기우스의 견해를 따르고 있음을 알게 된 것이다. 이와는 반대로 인간의 전적인 타락을 주장한 사람들은 선함을 지향하는 모든 가능성을 인간의 본성에서 배제하고 오로지 '하느님의 전적인 은총'만을 강조하는 아우구스티누스의 구상에 근거한 것이었다는 사실도 확인하게 되었다. 괴테는 펠라기우스의 견해를 인간의 '능동적인' 본성에 주목하는 것이라고 여겼다. 그리고 아우구스티누스의 견해는 인간의 본성을 '수동적인' 것으로 여기는 것으로 판단했다. 이때 형성된 펠라기우스에 대한 괴테의 견해는 이후로 노년에 이르기까지 지속되었다. 인간의 본성에 대한 펠라기우스의 이해 방식에 대한 괴테의 긍정적 견해는 『수업 시대』에서 뿐만 아니라 『파우스트』의 제1부와 제2부 등에서도 찾아볼 수 있다.

헤른후트파 공동체와의 만남 외에도 괴테는 클레텐베르크 부인의 영향으로 16~18세기에 종교와 모든 학문을 통합하려던 종교철학 운동인 범지학Pansophie과 연금술의 경향을 띤 문헌들에 깊은 관심을 두게 되었다. 그중에서 클레텐베르크 부인이 미친 두 번째 큰 영향은 이때 읽게 된 한 권의 책과 관련 있다.

"나는 내 손에 들어온 중요한 한 권의 책에 의해 큰 영향을 받았다. 그것은 아르놀트의 『교회와 이단자의 역사』였다. 이 남자는 단순히 깊이 성찰하는 역사가일 뿐만 아니라 동시에 경건하고 감성이 강했다. 그의 신념은 나의 신념과 잘 어울렸다. 그의 저작에서 나를 특별히 즐겁게 해 준 것은, 사람들이 이제까지 나에게 미쳤거나 하느님을 부인하는 자들이라고 소개해 주었던 많은 이단자에 관하여 보다 득이 될 만한 개념을 얻게 되었다는 사실이다. 모순의 정신 그리고 역설에 대한 애호는 우리 모두의 내면에 깊이 뿌리내리고 있다."(FA 14, 382)

괴테가 언급한 책은 아르놀트Gottfried Arnold(1666~1714)가 1699~ 1700년에 발표한 『교회와 이단자에 관한 비당파적인 역사. 신약 성서의 시작부터 주후 1688년까지Unparteiische Kirchen- und Ketzerhistorie von Anfang des Neuen Testaments bis auf das Jahr Christi 1688』이다. 괴테가 이 책에서 주목한 지점은 이단자에 대한 아르놀트의 견해다. 아르놀트에 따르면, 일반적으로 알려진 것과는 달리 이단자는 '미쳤거나 하느님을 부인하는 자들'이 아니라 '모순의 정신'을 내면에 지닌 자들이었고 또한 '역설'을 즐기는 성향을 지닌 자들이었다. 그리고 그들이 지닌 '모순'의 정신이나, 그들이 즐기며 지향했던 '역설'은 우리 모두의 내면에도 깊이 뿌리내리고 있다. 이처럼 이단자들이 극명하게 드러냈고 또 개별 인간의 내면에 깊이 박혀 있는 '모순'과 '역설'이 가리키는 구체적 내용은 무엇일까?

아르놀트는 교회의 역사를 '보이는 교회'와 '보이지 않는 교회'라는 두 개념의 관계로 설명한다. 현재 제도로서 자리잡은 '보이는 교회'는 초기의 참된 교회로부터 타락해 가는 과정 중에 있으며, 궁극적으로 지향해야 할 '보이지 않는 교회'를 왜곡하고 있다고 보았다. 아르놀트가 당시의 경건주의 운동을 대변하고 있음을 생각하면, 교회사에 대한 그의 이러한 이해는 경건주의 운동이 갖고 있던 견해와 크게 다르지 않았다는 것을 짐작할 수 있다. 당시의 경건주의 운동은 이러한 견해를 '십자가교회die Kreuzkirche'와 '성령교회die Geistkirche'라는 개념의 쌍을 사용하여 함축적으로 표현했다. 괴테가 랑어Ernst Theodor Langer에게 보낸 1769년 1월 17일 자 편지에서 이 두 개념을 사용하고 있는 것을 보면 19세의 괴테는 이미 경건주의 사상에 익숙해져 있었던 듯하다. '십자가교회'는 비판의 대상인 '보이는 교회'를, '성령교회'는 궁극적으로 지향해야 할 이상적 교회인 '보이지 않는 교회'를 가리킨다. 아르놀트에 따르면 성령의 작동은 내적으로 이루어지며, 그런 점에서 성령의 본질은 내적 실재성이다. 교회의 역사는 이러한 내적인 본질이 외적으로 드러나는 과정이고, 이 과정에서 교회는 내적 실재로서의 성령을 점차 상실해 갈 수밖에 없다고 본다. 이러한 견해에 따르면, 성령이 충만한 사람이 역사 속에서 고난받는 것은 일견 당연해 보인다. 왜냐하면 내적인 것이 외적으로 드러나는 과정으로 이해된 교회사 속에서 내적 실재인 성령으로 충만한 자들이 자신의 내적 본성을 유지하려고 하면 할수록 교회사의 흐름과 충돌하게 되기 때문이다. 내적 실재인 성령으로 충만한 자들은 결국 제도로 자리 잡은 보이는 교회로부터 핍박받는 고난의 상황에 직면할 수밖에 없을 것이다.

바로 이 지점에서 괴테가 아르놀트의 교회사에 큰 영향을 받았다고 말하는 이유를 알 수 있다. 아르놀트는 교회와 이단자에 관한 자신의 역사를 '비당파적'이라고 명명했다. 비당파적이라는 말의 의미는 자신의 역사 서술이 모든 신앙적 입장으로부터 객관적 거리를 두고 있음을 가리킨다기보다 당대 제도화된 교회의 주도적 견해를 따르고 있지 않다는 사실을 강조하려는 것으로 읽힌다. 즉 어떤 신앙적 시도가 내적 실재로 이해된 성령의 자취를 찾아가려 한다면 그것이 무엇이든 정당하다는 것을 비당파적으로 밝히겠다는 의도의 표현이다. 설령 이단자라고 불리는 사람들에 의해 시도된 것이라 하더라도 말이다. '보이는 교회'가 빠진 타락의 문제를 뛰어넘어 '보이지 않는 교회'라는 성령의 내적 실재에 도달하려는 모든 시도의 정당성을 드러내려는 아르놀트의 비당파적인 시도에서 괴테는 이 책의 위대함을 읽어 냈다.

펠라기우스의 의미에 대한 깨달음과 이단자들이 지닌 모순의 정신에 대한 깨달음은 사실 서로 깊이 연관되어 있다. 왜냐하면 이 둘은 모두 (당대의 제도화된 주류 그리스도교가 주장하던 것과는 달리) 인간에 대한 긍정적 이해에 근거하기 때문이다. 라이프치히에서 프랑크푸르트로 돌아온 괴테가 병약한 상태로부터 회복되는 기간에 체득한 그리스도교 세계에 대한 경험은 괴테가 삶을 마감할 때까지 인간의 현존재에 관한 근본적인 질문을 끊임없이 던지는 계기가 된다.

슈트라스부르크
— 천재와 사랑 노래

라이프치히에서 그랬듯이 괴테는 프랑크푸르트로 돌아온 후 병에서 회복되는 기간에 쓴 모든 작품을 불태워 버렸다. 그러고는 법학 공부를 계속하기 위해 슈트라스부르크로 떠난다. 슈트라스 부르크의 당시 인구는 46,000명 정도로 1681년 루이 14세가 점령 한 이후 프랑스에 속해 있었다. 하지만 독일 문화의 영향은 여전 히 강력하게 남아 있었다. 괴테는 1770년 4월 2일, 슈트라스부르 크의 '가이스트게쎌Geistgässel'이라는 좁은 길가에 있는 한 작은 호 텔 앞에 도착했다. '춤 가이스트Zum Geist'라는 이름의 이 호텔이 정 확히 어디에 있었는지 이젠 정확히 알 수 없지만, 며칠 후 '옛 생선 시장'을 뜻하는 '암 알텐 피쉬마크트Am Alten Fischmarkt' 36번지에 있 는 집으로 옮기기 전까지 이곳에 머물렀다. 이 집의 2층과 3층 사 이 바깥벽에는 괴테가 머물렀음을 알리는 괴테 상이 장식되어 있 다. 괴테가 슈트라스부르크에서 유학하는 동안 머물렀던 이 집이 대성당으로부터 아주 가까운 곳에 있었던 것은 우연이 아니었을 것이다. 대성당의 모습이 처음부터 괴테의 마음을 완전히 사로잡

가이스트게셀

괴테가 슈트라스부르크에 도착했던 1770년 4월 2일 이 작은 거리에 있었던 '춤 가이스트'라는 호텔 앞에 내렸다. 물론 지금은 이 호텔이 정확히 어디에 있었는지 알 수 없다. '암 알텐 피셔마크트' 36번지에 있는 집으로 옮기기까지 괴테는 이 골목을 매일 걸었을 것이다.

암 알텐 피셔마크트

괴테는 슈트라스부르크에서 유학하는 동안 암 알텐 피셔마크트 36번지에서 살았다. 이 집 바로 뒤에 슈트라스부르크 대성당이 있었고, 괴테는 하루에도 여러 번 대성당을 보면서 천재가 만들어낸 작품에 대해 감동했다.

암 알텐 피쉬마크트 36번지

암 알텐 피쉬마크트 36번지에는 괴테가 머물렀던 것을 기념하기 위해 괴테의 얼굴을 부조로 새겨 놓았다.

앉기 때문이다.

이 도시에 도착한 날 괴테는 호텔에 짐을 풀자마자 고딕양식의 슈트라스부르크 대성당을 방문했다. 오는 도중 내내 눈여겨보았던 이 건축물의 모습은 그에게 충격 그 자체였다. 괴테는 당시의 강렬했던 첫인상을 「독일의 건축술에 관하여*Von deutscher Baukunst*」에서 이렇게 표현한다. "내가 성당 앞에 섰을 때 그 광경은 얼마나 예기치 못한 느낌으로 나를 놀라게 했던가! 하나의 온전하고 거대한 인상이 나를 채웠다. 그 인상은 조화를 이루는 수많은 개별 요소로 이루어져 있었기 때문에 나는 그것을 잘 맛보고 즐길 수는 있어도 결코 그것을 인식하거나 설명할 수는 없었다." 괴테가 이 도시에 머무르는 동안 자주 이 대성당을 찾았던 것은 그만큼 자연스러운 일이었다. "이 천상적이고 지상적인 기쁨을 맛보기 위해, 우리 선조의 거인다운 정신을 그 작품 속에서 파악하기 위해, 나는 얼마나 자주 그곳으로 되돌아갔던가. 사방에서, 가까운 곳에서나 먼 곳에서나, 어떤 빛 속에서나 그 위엄과 웅장함을 보기 위해 나는 얼마나 자주 그곳으로 돌아가곤 했던가!"

사실 슈트라스부르크를 걷다 보면 끊임없이 대성당을 마주하게 된다. 괴테처럼 의도한 것이 아닌데도 그렇다. 나는 이 도시를 총 세 번 방문했다. 첫 방문은 독일 유학 시절 어느 화창한 봄날에 이곳에 있는 유럽의회를 견학하기 위해서였고, 두 번째 방문은 2015년 12월 크리스마스 시즌이었다. 그리고 가장 최근의 방문은 2018년 여름이었다. 이 책을 쓰기 위해 괴테의 흔적을 찾아 여행하던 중 이곳에 들렀다. 아름다운 꽃으로 온 도시가 장식된 봄에

슈트라스부르크 대성당
괴테는 이 대성당을 보면서
'천상의 아름다움'과 '하느님의
축복'을 이 땅의 사람들에게
중개해주는 천재의 작품이라고
최고의 찬사를 보냈다.

도, 다양한 모양과 화려한 색깔의 전등으로 장식된 크리스마스의
계절에도, 다양한 모습의 사람들로 가득 찬 여름에도 이 도시의
중심은 항상 대성당이었다. 그 규모가 그러했고, 매시간 규칙적으
로 들려오는 성당의 종소리가 미치지 않는 곳이 없어서 그러했다.
수많은 빌딩이 즐비한 오늘날에도 그러하다면 괴테 시대에는 도
시 어느 곳을 가더라도 대성당에서 벗어날 수 없었을 것이다.

　괴테가 「독일의 건축술에 관하여」를 발표한 것은 슈트라스부
르크에서 유학을 마치고 프랑크푸르트로 돌아온 후인 1772년
11월이지만, 이 글을 쓰기 시작한 것은 슈트라스부르크에 머물고
있던 1771년 초이다. 괴테는 이 글에서 대성당의 내부 공간에 관
하여 서술하지도 않았고, 대성당이 지닌 종교적·신앙적 의미에
대해서는 전혀 언급하지 않았다. 그는 오직 대성당의 정면 모습에
관해서만 서술했는데, 이때 그가 주목한 것은 대성당을 설계한 슈
타인바흐Erwin von Steinbach(1244~1318)이다.

　　"천재에게 본보기보다 더 해로운 것은 원칙이다. 천재가 등장하
　　기 이전에는 개별 인간들이 개별 부분들을 가지고 작업했을지도
　　모른다. 천재는, 그의 영혼으로부터 부분들이 하나의 영원한 전
　　체로 합쳐져 성장한 채 드러나게 하는 최초의 인간이다. 하지만
　　학파와 원칙은 인식과 활동의 모든 힘을 속박한다."
　　ㅡ「독일의 건축술에 관하여」

　괴테는 슈트라스부르크 대성당을 설계한 슈타인바흐를 천재로

칭송한다. 괴테가 그를 "성스러운 에르빈"이라고 부르는 것도 바로 이런 이유에서다. 슈타인바흐의 이 작품은 여느 인간의 작품과 비교될 수 없다. 괴테는 이 글을 이렇게 끝맺는다. "천상의 아름다움이여, 그대 하느님과 인간 사이의 중개자여. 그러면 그가 지상으로 신들의 축복을 프로메테우스보다 더 많이 가져오리라." 하느님에 의해서나 창조될 법한 '천상의 아름다움'을 인간에게 전달해주는 슈타인바흐의 작품인 대성당을 바라보며 괴테는 '천상의 기쁨'을 느낀다. 그렇기에 괴테에게 슈타인바흐는 "하느님과 같은 천재"이고 프로메테우스를 넘어서는 존재다. 프로메테우스, 이른바 '천재 미학'에 대한 괴테의 관심이 가장 절정에 달한 것으로 평가되곤 하는 그의 시가 바로 「프로메테우스*Prometheus*」다. 이 시를 언제 썼는지 정확히 확정할 수 없지만, 괴테가 슈트라스부르크에서 돌아온 이후부터 바이마르로 떠나기 전 사이인 것은 분명해 보인다. '성스러운 천재' 에르빈 슈타인바흐를 프로메테우스에 비교하는 「독일의 건축술에 관하여」는 프로메테우스를 천재의 전형으로 묘사하는 「프로메테우스」의 핵심적인 관심사를 이미 성숙한 형태로 다루고 있다.

괴테가 슈트라스부르크에 온 것은 이번에도 아버지의 뜻에 따라 법학을 공부하기 위해서였다. 이곳에서 괴테는 라이프치히에서보다는 훨씬 진지하고 열심히 법학 공부에 임했다. 물론 법학 공부에만 몰두한 것은 아니었다. "나는 원래 박사학위를 하려고 슈트라스부르크에 갔지만… 나는 그 본업을 부차적인 일로 간주했다."(FA 14, 514)라고 괴테는 『시와 진실』 제3부 제11권에서 당시를 회고한다. 그래도 어쨌든 아무런 공식적인 결과물 없이 유학 생활을 끝냈던 라이프치히에서와는 달리 슈트라스부르크에서는 공부를 시작한 지 한 학기만인 1770년 9월 27일 구술로 치러진 박사학위 자격시험에 합격하였다. 자격시험에 합격했다는 것은 매우 의미 있는 일이었다. 이는 곧 논문을 제출할 수 있는 자격을 갖추었다는 뜻이기 때문이다. 다음 해인 1771년 초여름 괴테는 박사학위논문을 완성했다. 『입법자에 관하여De legislatoribus』라는 제목의 이 학위논문은 아쉽게도 남아 있지 않다. 하지만 『시와 진실』 제3부 제11권에서 자신의 박사학위논문에 관해 서술한 덕에 대략의 내용은 알 수 있다(FA 14, 515-516). 그는 박사학위논문의 주제를 결정하면서 자신이 비교적 익숙하게 잘 알고 있는 교회사 영역을 다루기로 마음먹는다. 괴테는 공적인 제도로 자리잡은 교회가 당시처해 있던 갈등의 양면성에 주목했다. 우선 교회는 국가와 갈등관계에 있다. 교회는 국가보다 강한 주도권을 행사하려 하지만 국가는 교회에 그러한 주도권을 허락하려 하지 않는다. 또 교회는 개인들과도 갈등 관계에 있다. 교회는 모든 개인을 자기 영향력 아래 모으려 하지만, 개인들은 교회의 이러한 시도를 강제적 권한을 행사하는 것으로 여겨 반대한다. 국가는 모든 것을 "공적이고 보편적인 목적을 위해서" 요구하고, 개인들은 모든 것을 "가정적이고 심정적이며 개인적으로 안락하게 여겨지는 목적을 위해서" 요구하기 때문이다. 이러한 상황에서 괴테는 국가, 즉 입법자에게 교회의 활동에 관한 규범을 규정할 권한이 있다고 봤다. 그뿐만 아니라 그렇게 규정하는 것은 입법자의 의무라는 논지를 폈다. 그의 박사학위논문의 제목은 바로 이러한 주장에 근거한 것이었다. 이 논지는 동시에 공적 제도로서 교회가 준수해야 할 규범과 개인적 신앙의 사적인 특성을 구분하는 것이기도 했다. 이러한 구분은 개인적 신앙이 교회의 강제적 권한 행사로부터 자유로워야 함을 의미했을 뿐만 아니라 개인적 신앙이 드러낼 수 있는 이단적 요소에 대해서도 개방적인 태도를 지니는 것으로 받아들여졌다. 괴테의 박사학위논문이 제기하는 이러한 주장은 슈트라스부르크로 오기 전 읽었던 아르놀트의 교회사나 펠라기우스에게 쏟은 관심과 무관하지 않았다. 이 학위논문이 제출되자 많은 논란이 제기되었다. 결국 슈트라스부르크 대학의 신학부는 이 논문의 출판을 허락하지 않았다. 대신 이른바 '법학석사Licentiatus Juris'를 취득할 기회를 주었는데, '법학석사'로 번역할 수 있는 이 학위는 당시에 박사학위와 거의 동등한 수준으로 여겨지는 것이었다. 괴테가 취득한 학위가 엄밀히 말하면 박사학위Doktorgrad가 아님에도 박사로 불리는 것은 이 때문이다. 이를 위해 괴테는 자신이 직접 작성한 56개의 테제로 구성된 문건을 토대로 라틴어로 진행된 공개토론에 임했고, 마침내 1771년 8월 6일 '호평함cum applausu'이라는 좋은 평점을 받으며 자신의 법학 공부를 끝냈다.

괴테의 아버지는 아들이 학위논문을 출판하지 않은 것에 대해서 매우 불만스럽게 여겼다. 하지만 정작 괴테 자신은 크게 개의치 않았다. 이는 괴테 스스로 고백한 것처럼 그가 대학 공부를 일종의 부수적인 일로 여긴 탓이다. 슈트라스부르크 시절에도 괴테에게는 대학에서의 공부보다 더 중요한 것이 있었는데, 일군의 사람들과 정기적으로 가졌던 식사 모임이다. 이 모임에서 만난 인물들은 괴테에게 여러 면에서 영향을 많이 미쳤다. 이 모임의 좌장이었던 법학자 잘츠만Johann Daniel Salzmann(1722~1812)은 괴테보다 스물일곱 살이나 위였는데 그런 만큼 그는 괴테에게 어떤 강의를 들어야 할지, 학업 계획은 어떻게 세우는 게 좋은지 등 여러모로 도움을 주었다. 괴테와 동갑내기로 신학을 공부하던 레어제Franz Christian Lerse(1749~1800)는 괴테가 학위취득을 위해 치러야 했던 공개토론에서 상대역을 맡아서 도움을 주었다. 이후 괴테는 이 친구를 원형으로 희곡 작품『괴츠Götz von Berlichingen』에 나오는 같은 이름을 가진 인물을 창조했다. 이 밖에도 의학을 공부하던 융Johann Heinrich Jung(1740~1817), 독일 질풍노도의 대표적 작가인 렌츠Jakob Michael Lenz(1751~1792), 그리고 헤르더Johann Gottfried Herder(1744~1803)가 있다.

　이들 중 괴테에게 가장 큰 영향을 미친 인물은 헤르더였다. 괴테가『시와 진실』에서 헤르더와의 만남을 최상급을 두 번이나 사용하여 "나에게 가장 주요한 결과들을 초래한 가장 의미심장한 사건"(FA 14, 438)이라고 설명할 정도였다. 헤르더와의 교류는 1770년 9월부터 본격적으로 시작되었다. 괴테보다 다섯 살 위였던 헤르더는 신학자인 동시에 당시 레싱과 함께 상당한 정도의 영향력을 행사하던 문학과 예술 분야의 대표적인 이론가였다. 헤르더는 괴테를 비롯한 동료들과 교류하던 1770년 하반기에 베를린 학술원이 주최한 현상공모에 응모하기 위해『언어의 기원에 관하여Abhandlung über den Ursprung der Sprache』의 집필에 집중하고 있었다. 1771년 6월에

현상공모에서 1등 상을 받고 1772년 베를린 학술원의 재정지원으로 출판된 헤르더의 글은 응모하기 전인 집필 단계부터 자연스럽게 식사 모임 동료들의 관심을 끌었다. 괴테도 깨끗하게 정서한 원고를 받아서 읽었다. 이 글에 대한 당시의 생각을 괴테는 『시와 진실』에서 다음과 같이 기록한다. "나는 그 논문을 매우 재미있게 읽었으며 특별한 자극도 받았다. 그러나 지식에 있어서나 사고능력에 있어서나 나는 아직 그 논문에 관한 판단의 근거를 제시할 수 있을 만큼 충분한 정도에 이르지 못한 상태였다."(FA 14, 443) 이러한 괴테의 고백은 당시 그가 헤르더를 어떤 존재로 여겼는지 짐작하게 한다. 언어와 사유 사이의 관계를 최초로 규명한 것으로 평가받는 헤르더의 이 글뿐만 아니라 헤르더와의 개인적 교류 자체가 괴테에게는 성장을 위한 자극이 되었다. 헤르더는 당시 호머, 핀다르Pindar, 셰익스피어, 북유럽과 고대 켈트의 문학 그리고 민요Volkslied(민요라는 개념은 1773년 헤르더가 처음으로 사용하여 독일어에 도입했다) 등에 깊은 관심을 보였는데, 이러한 헤르더의 관심은 괴테가 새로운 미학적 판단 능력을 발전시키는 데 결정적 동력이 되었다.

괴테가 「독일의 건축술에 관하여」와 「프로메테우스」를 관통하고 있는 천재 미학에 깊은 관심을 기울인 것이나 셰익스피어에게 주목했던 것도 헤르더의 영향 탓이었다. 헤르더와의 교류를 통해 괴테가 관심을 가진 이 두 가지 사안은 사실 본질적으로 연관된 것이었다. 당시 독일에서 전개되고 있던 문학운동인 질풍노도 Sturm und Drang는 계몽주의의 규범 시학을 비판하였고, 왜곡되지 않은 원래의 자연과 감정을 중요하게 여겼다. 질풍노도가 기대한 이상적인 예술가상은 어떤 대상을 규범에 따라 모방하는 게 아니었다. 질풍노도는 규범의 형식적 강제에서 벗어나길 원했다. 그리고 이러한 강제적 규범으로부터 자유로운 창조적 능력을 구현하는 '본래적 천재Originalgenie'를 추구하였다. 이러한 의도를 실현하려는 구체적 방법이 바로 천재 미학이었다. 셰익스피어야말로 천재 미학이 추구하던 '본래적 천재'를 구현한 모범이라고 여겼기에 셰익스피어에게 경의를 표하기 위해 시학론적 선언의 형식을 띤 글을 발표하곤 하였다. 괴테의 글 「셰익스피어 축일을 기념하여 Zum Shakespeares-Tag」도 동일한 시도에 속한다. 괴테는 슈트라스부르크에 있을 때 이 글을 작성하기 시작하였고, 1771년 8월 말 프랑크푸르트로 돌아온 후 1771년 10월 14일에 발표하였다.

슈트라스부르크를 세 번째로 방문했던 2018년 여름, 내가 머물렀던 숙소는 대성당 바로 옆 블록에 있는 고풍스러운 집의 4층에 있는 방이었다. 괴테가 유학 기간 내내 묵었던 숙소도 걸어서 5분 정도면 도달할 수 있는 곳이었다. 대성당의 종소리가 바로 옆에서 들리는 숙소를 나서면 괴테 시대와 크게 다르지 않은 모습을 유지한 작은 골목길을 걷게 된다. 가장 즐겨 찾았던 대성당에 가기 위해 괴테가 수없이 걸었을 정겨운 골목길이다. 이 길을 걸으며 그는 무슨 생각을 하고 누구와 어떤 대화를 나누었을까? 이제까지 내가 글로만 만났던 괴테와 헤르더가 이곳을 걸으며 셰익스피어를 이야기하고 천재를 논했으리라고 생각하니 낡은 흑백 사진에 색이 칠해져 원래의 모습이 살아나는 것처럼 내 마음속에서 괴테의 모습이 조금씩 색채를 띠어 가는 것 같았다.

나는 슈트라스부르크를 떠나는 날 괴테가 이 도시에서 유학하는 동안 아마도 가장 아름다운 기억을 담아 갔을 한 작은 마을을 찾았다. 슈트라스부르크 근교에 있는 제센하임Sessenheim이다. 라이프치히에서 지낼 때도 그러했듯이 괴테는 슈트라스부르크에서도 잊을 수 없는 사랑을 경험한다. 헤르더는 『언어의 기원에 관하여』 외에도 『노래에 반영된 민중들의 목소리들Stimmen der Völker in ihren Liedern』을 집필하기 위해 자료를 수집하고 있었다. 괴테도 이 자료 수집 작업에 참여했고, 이를 위해 알자스 지방을 돌아다니던 중 1770년 가을 제센하임에 도착하였다. 2018년 여름 이곳을 찾았는데, 괴테와 프리데리케Friederike Brion가 사랑을 나눈 곳이 아니라면 누구도 관심을 두지 않을 만큼 평범하고 아주 작은 마을이었다. 이곳에서 괴테는 그 마을의 목사인 브리온Brion 가족을 알게 되었고 그 집안의 딸 프리데리케 브리온과 사랑에 빠졌다. 『시와 진실』이 전해주는 것처럼 프리데리케와의 만남은 괴테에게 아름답지만 가슴 아픈 사랑의 경험이었다.

내가 이곳을 찾은 그날엔 비가 제법 내렸다. 그러잖아도 작고 조용한 마을엔 비가 내려서인지 지나가는 사람을 보기 어려웠다. 준비한 자료를 뒤적여 괴테의 흔적을 찾아 나섰다. 이 마을에는 곳곳에 괴테를 추억하는 장소들이 있다. 우선 브리온 가족이 살았던 목사관의 일부가 몇 번 보수되기는 했으나 '괴테의 창고'라는 이름으로 아직 남아 있다. 괴테가 당시 이 목사관을 직접 그린 적이 있는데, 그 그림이 아직도 남아 있어 당시 목사관의 모습을 확

괴테가 그린 목사관

1770년 괴테가 직접 그린 제센하임의 브리온 목사 가정의 목사관.

사진 출처: Goethe, Sein Leben in Bildern und Texten, Frankfurt/M. u. Leipzig 1998, 75쪽

괴테의 창고

브리온 가정의 목사관 건물 중 유일하게 남아 있는 건물로, '괴테가 그린 목사관'이 이 건물을 그렸던 것 같다. 이 건물의 벽에는 '괴테의 창고'라는 현판과 건물에 대한 다음과 같은 설명이 붙어 있다. "이 창고는 1927년과 1958년에 개보수되었으며, 괴테가 1770년과 1771년에 보았던 목사관 건물들 중 유일하게 남아있는 것이다."

괴테 기념관(상), 괴테 언덕(중), 거리의 안내표지판(하)

제센하임은 아주 작은 시골 마을이다. 이곳에서는 도처에서 괴테의 흔적을 잊지 않으려는
소박하지만 따뜻한 노력을 느낄 수 있다.

인할 수 있다. 이 건물이 있는 거리가 지금은 '프리데리케 브리온 거리'로 불린다. 이 건물의 건너편에는 괴테 기념관이 있다. 아담한 규모의 괴테 기념관은 말 그대로 괴테가 이곳에서 아름다운 젊은 시절을 보냈던 곳임을 잊지 않으려는 노력이 담긴 공간이다. 또 이 기념관의 대각선 방향에는 1890년부터 3대째 운영되고 있는 오베어쥐 오 뵈프Auberge au Boeuf라는 레스토랑이 있는데, 식당으로 사용되는 공간 옆에 별도로 마련된 공간에 이 레스토랑의 주인이 개인적으로 모은 괴테 관련 자료들이 전시되어 있다. 이곳에서 5분여 걸어가면 '괴테 언덕'이 있다. 가서 보니 약간 솟아 있는 정도로 언덕이라고 하기에는 아주 낮았다. 하지만 주변이 온통 밀을 재배하는 곳으로 넓은 평원이다 보니 이곳이 이 지역에서는 유일하게 그나마 '언덕'이라고 불릴 만한 곳이라고 했다. 괴테와 프리데리케가 자주 산책하던 장소라고 하니 그가 슈트라스부르크 유학 시절에 지은 '제센하임의 노래들'이 탄생한 곳도 아마 이쯤 어디일 것이다.

프리데리케와의 사랑은 '제센하임의 노래'로 불리곤 하는 아름다운 문학적 열매를 남겨 놓았다. 「작은 꽃, 작은 잎Kleine Blumen, Kleine Blätter」, 「안녕 그리고 이별Willkommen und Abschied」, 「5월의 축제 Maifest」와 같은 시들이 모두 이때 쓰였는데, 이 모두 아름다운 자연과 사랑을 노래한 것이다. 프리데리케와의 사랑이 남겨 놓은 문학적 열매 중 가장 잘 알려진 것이 바로 「들장미Heidenröslein」이다. 이 시는 베르너Heinrich Werner(1800~1833)와 슈베르트Franz Schubert(1797~1828)가 작곡한 가곡을 통해 전 세계적으로 애창되고 있다. 이 시

는 우리에게 가곡의 노랫말로 더 잘 알려졌지만, 독일어 원문의
의미를 살려 번역하면 다음과 같다.

작은 들장미

한 소년이 작은 장미 한 송이를 보았네,
들에 피어 있는 작은 장미,
갓 피어나 어리고 아름다웠지,
그는 작은 장미를 가까이서 보려고 달려갔네,
너무 기뻐하며 보았네.
작은 장미, 작은 장미, 빨간 작은 장미,
들에 피어 있는 작은 장미.

소년은 말했지. 나는 너를 꺾을 거야,
들판에 핀 작은 장미야!
작은 장미는 말했지. 나는 너를 찌를 거야,
네가 나를 영원히 생각하도록,
그리고 나는 그것을 참지 않을 거야.
작은 장미, 작은 장미, 빨간 작은 장미,
들에 피어 있는 작은 장미.

제멋대로인 소년은 마침내 꺾었지
들판에 핀 작은 장미를.

작은 장미는 저항하며 찔렀네,

아픔도 탄식도 하지만 그녀를 돕지 못했네,

그것을 오로지 참아야만 했네.

작은 장미, 작은 장미, 빨간 작은 장미,

들에 피어 있는 작은 장미.

'제센하임의 노래들'은 「들장미」에서도 느낄 수 있는 것처럼 사랑의 순간을 현재화하고 사랑의 순간을 주문처럼 불러낸다. 사랑이 만들어 낸 현상을 묘사하는 것이 아니라, 사랑 자체가 시 안에 담겨있다. 제센하임의 노래들의 서정적 자아는 하나같이 자신의 감정을 자신의 외부에 놓인 자연에 되비추는 방식으로 보여준다. 그리고 다시 외부의 자연은 그의 내적 감정 속에서 되비추어진다. 이런 점에서 「들장미」를 비롯한 제센하임의 노래들은 독일의 독자들에게 서정시Lyrik가 무엇인지를 일깨워 준 시로 평가되곤 한다.

괴테는 라이프치히 유학 시절 뉴턴의 광학과 린네Carl von Linné (1707~1778)의 식물학에 관하여 배운 적이 있다. 뉴턴의 광학에 대한 괴테의 비판적 입장은 이후 그의 색채론이 정립되어 가는 과정에서 가장 중요한 동력으로 작동한다. 린네는 괴테가 스피노자, 셰익스피어와 더불어 자신에게 가장 큰 영향을 미친 세 인물 중의 한 명으로 꼽았던 인물이다. 자연과학에 관한 괴테의 관심은 슈트라스부르크에서도 줄어들지 않았는데, 이곳에서 괴테는 특히 화학과 해부학에 관심을 보였다. 대성당 앞 광장에 바로 면해 있는 한 약국에서는 당시에 자연과학과 관련된 다양한 모임이 열리곤 했는데, 괴테는 이 모임에 자주 참석했고, 자연과학도들과의 교류를 통해 자연과학에 관한 자신의 관심과 능력을 점차 성숙시켜 갔다.

괴테가 영향을 가장 많이 받은 사람이라고 칭했던 다른 두 명에게 집중하게 된 것도 슈트라스부르크에서다. 괴테는 헤르더와 함께 스피노자와 셰익스피어를 읽었으며, 슈트라스부르크를 떠날 때쯤에는 셰익스피어를 찬양하는 글을 기획했다. 물론 이 글이 완성된 것은 프랑크푸르트에 돌아온 후였다. 스피노자에 관한 그의 관심은 이후 바이마르에서 좀 더 본격적으로 전개된다.

셰익스피어와
「프로메테우스」

괴테는 스물두 번째 생일이 되기 바로 전인 1771년 8월 말 슈트라스부르크를 떠나 프랑크푸르트로 돌아왔다. 괴테는 돌아오자마자 변호사 면허를 신청했고, 프랑크푸르트시로부터 1771년 9월 3일에 변호사 면허를 부여받았다. 괴테는 부모님의 집에 작은 법률사무소를 차렸고, 바이마르로 떠나기 전까지 대략 4년여의 기간 동안 변호사로 활동했는데, 그때 수임한 소송이 28건에 불과했던 것을 보면 그는 변호사로서 살아가는 삶에 큰 매력을 느끼지 못했던 것 같다. 그의 법률사무소에서 서류 등을 관리하는 일이 주로 아버지의 몫이었고, 괴테는 주로 글을 쓰는 데 시간을 사용했다.

1771년 10월 14일 괴테는 셰익스피어를 기념하는 행사를 부모님의 집에서 개최했다. 그리고 이 자리에서 자기가 쓴 연설문「셰익스피어 축일을 기념하여」를 발표한다. 그는 라이프치히에서 공부하던 십 대 때 셰익스피어의 작품을 접했고, 슈트라스부르크에서 헤르더와 함께 셰익스피어의 작품을 읽으며 열광적으로 찬양하였다. 이미 슈트라스부르크에서 작성을 시작했던 「셰익스피어 축일을 기념하여」는 셰익스피어에 대한 괴테의 이러한 생각이 구체적으로 표현된 첫 번째 글이다. 이 글에서 괴테는 셰익스피어의 작품이 지닌 가장 중요한 특징을 이렇게 설명한다.

"셰익스피어의 연극은 아름다운 요지경입니다. 세계의 역사가 시간의 보이지 않는 끈에 묶여 우리 눈앞에서 순례하듯이 지나가는 요지경 말입니다. 그의 작품구상은 일상적인 어법에 따라 말하자면 구상이 아닙니다. 하지만 그의 작품들은 모두 비밀스러운 지점을 중심으로 돌아가는데(이 지점은 이제껏 어떠한 철학자도 본 적이 없고 규정하지도 못했습니다), 이 비밀스러운 지점에서는 우리 자아가 지닌 고유한 것이, 즉 우리 의지가 주장하는 자유가 전체의 필연적 운행과 부딪힙니다."

괴테는 '요지경'을 셰익스피어 희곡의 위대함을 함축적으로 보여주는 일종의 구조적 특징으로 제시한다. 요지경은 당시 가장 사랑받던 놀이도구 중 하나로, 보이지 않는 줄에 묶여 있는 여러 개의 장면을 하나씩 연이어 보여 준다. 셰익스피어의 희곡이 바로 요지경의 이러한 구조를 취하고 있다는 것이다. 셰익스피어의 희곡은 사건이 벌어지는 무대를 계속 바꿔 나감으로써, 요지경이 그렇듯이 세계사의 장면들을 연이어 나열하는 것과 같은 형식을 취한다. 셰익스피어 희곡의 요지경 형식은 당시 독일의 연극계를 지배하던 프랑스 연극 형식과 완전히 대비되었다. 괴테는 위에 인용한 셰익스피어 연극의 요지경 형식에 관하여 서술하기 전에 라신과 꼬르네이유를 중심으로 한 프랑스 극을 "규범적 연극"이라고 부른다. 프랑스 극은 "장소의 통일", "사건 진행의 통일", "시간의 통일"이라는 3통일 법칙을 엄격하게 준수하라고 강조했기 때문이다. 괴테는 법칙의 엄격한 준수를 요구하는 프랑스 극을 강하게 비판한다. 엄격한 법칙 준수에 대한 요구는 "상상력을 옭아매는 괴로운 사슬"로서 "감옥처럼 갑갑하게" 여겨질 뿐이다. 괴테는 이 사슬을 끊고 뛰쳐나온 후에야 비로소 "내가 손과 발을 갖고 있다는 사실을 느꼈다."라고 고백한다. 괴테는 "나는 나를 통해서만 모든 것을 알게 되기 때문에, 나는 나에게 모든 것"이라고 확신했다. 그렇기에 감옥과 같고 사슬과 같은 규칙 준수에 대한 엄격한 요구를 벗어났을 때 자기 손과 발이 있음을 느끼게 되고, 자기 손과 발로 스스로 무언가를 할 수 있게 되었을 때 비로소 자신의 존재를 확인하게 된다. "규칙주의자들"이 "얼마나 많은 부당한 것"을 요구하는지 알게 된 괴테는, 이러한 규칙의 사슬을 끊어낼 가능성을 셰익스피어 희곡의 '요지경'이라는 구조적 특징에서 찾는다.

셰익스피어 작품이 지닌 특징에 대한 괴테의 서술은 요지경이라는 열린 형식에 대한 비유를 제시하는 것에 그치지 않는다. '일상적인 어법에 따라서' 표현하면 그의 작품이 보여 주는 구상은 구상이라고 할 수도 없다. 하지만 그것은 말 그대로 '일상적인 어법'에 따르는 경우에만 그렇다. 괴테는 일상적이지 않은 셰익스피어만의 독특한 구조적 특성을 발견한다. 그의 작품들은 모두 '하나의 비밀스러운 지점을 중심으로' 전개되며, 바로 이 비밀스러운 지점에서 '한 개인의 자유로운 의지'와 '세계 전체의 운행이 드러내는 필연성'이 충돌한다. 이는 질풍노도 시기에 괴테가 자주 던졌던 개인의 본질, 그리고 개인과 전체의 관계에 관한 물음의 표현이기도 하다. '나는 나에게 모든 것'이라는 괴테의 견해를 따른다면, 모든 개인은 일차적으로 자신이 스스로에게 모든 것이다. 그리고 스스로를 자신에게 모든 것이라고 여기는 개인이 전체와 어떤 관계를 맺고 있는가가 괴테의 관심사이다. 그런데 개인과 전체 사이의 관계가, 다시 말하면 개인의 '자유로운 의지'와 전체의 운행이 드러내는 '필연성'의 관계가 바로 셰익스피어 작품의 비밀스러운 중심을 형성하고 있다. 하지만 어떤 철학자도 이 비밀스러운 지점에 대해서 구체적으로 밝히지 못했다고 괴테는 말한다. 그런데 괴테가 연설문에서 이 비밀스러운 지점에 대해서 밝힌 것은 여기까지다. 개인의 자유로운 의지와 세계 전체가 운행되는 필연성의 충돌을 셰익스피어가 그려 냈다는 점이 역사적으로 과연 어떤 의미를 갖는지에 관해서는 언급하지 않았다. 이후 셰익스피어에 대한 괴테의 이해에서 결정적으로 중요한 역할을 하게 되는 이 비밀스러운 지점의 의미에 대해서는 1813년과 1816년 두 번에 걸쳐 발표되는 「셰익스피어 그리고 무한함*Shakespeare und kein Ende*」에서 구체적으로 서술된다.

셰익스피어의 위대함을 찬양하는 이 연설문에서 나는 괴테다움을 읽는다. 그에게 중요한 것은 삶 자체였다. 괴테가 셰익스피어 작품이 지닌 요지경과 같은 구조적 특성을 높이 평가한 것도 결국은 그 형식이 삶의 진리 자체를 담아 낼 수 있는 구조이기 때문이다. 요지경과 비밀스러운 한 지점에 관한 서술을 통해 셰익스피어 작품의 위대함을 강조한 후 바로 이어서, 괴테는 격정적으로 말한다. "그리고 나는 외칩니다. 자연! 자연! 셰익스피어의 인간만큼 자연스러운 것은 아무것도 없습니다." 당시 질풍노도 운동은 자연을 강조하였고, 이를 통해 천재 미학의 핵심적 토대를 마련하고자 했다. 예를 들면 천재가 예술작품을 생산해 내는 힘은 교육을 통해 습득될 수 있는 것이 아니라 자연에 의해 원천적으로 부여된 것이다. 「독일의 건축술에 관하여」에서 슈트라스부르크 대성당을 설계한 에르빈 슈타인바흐를 '성스러운 천재'로 칭송하면서 괴테는 그의 천재성을 자연과 연관시킨다. "천재의 힘을 기르는 것은 대부분 자연이다. 왜냐하면 그대 교육자들이 천재에게 현재 그의 힘의 정도 안에서 행동하고 향유할 수 있는 그런 다양한 무대를 결코 인위적으로 마련해 줄 수는 없기 때문이다." 슈타인바흐가 지닌 천재적 창조력은 자연이 부여한 것이다. 따라서 이때 표현된 괴테의 생각은 질풍노도 시기에 전개된 천재 미학의 전형이다. 하지만 셰익스피어의 경우는 좀 다르다. 괴테는 셰익스피어가 만들어 낸 인간들의 자연스러움을 격정적으로 찬양한 후에, 자신이 만들어 낸 인간들을 셰익스피어의 인간들과는 달리 "황당무계한 착상에 따라 내몰리며 생겨난 비눗방울에 지나지 않는다."고 비판한다. 셰익스피어의 인간들과 자신이 창조한 인간들에 대한 이러한 비교는 셰익스피어의 인간들이 보다 더 현실의 삶 자체를 담고 있음을 강조한다. 괴테는 이러한 사실을 나중에 「셰익스피어 그리고 무한함」에서 셰익스피어의 작품은 "삶의 진리"를 경험하게 만든다고 보다 분명하게 말한다.

괴테가 셰익스피어의 위대함을 칭송한다는 것은 서로 양립할 수 없을 것 같은 두 가지 모습을 지닌다. 한편으로는 천재 미학을 계속하여 발전시키는 계기가 된다는 점이다. 자연에 대한 강조가 특히 그러한데, '나는 나에게 모든 것'임을 강조함으로써 기존의 규범에 얽매이는 것이 아니라 스스로를 창조성의 근원으로 여기고 있다. "셰익스피어는 프로메테우스와 겨루었습니다."라는 괴테의 말은 천재 미학과의 친연성을 상징적으로 보여 준다고 할 수 있다. 왜냐하면 자연스러운 인간을 창조하는 셰익스피어를 천재 미학의 신화적 원형인 프로메테우스와 비교하는 것이기 때문이다. 하지만 셰익스피어의 작품에 대한 칭송은 다른 한편으로는 당시 동료들이 칭송해 마지않던 천재 미학과는 거리를 두는 계기로 작용한다. 당대의 천재 미학이 천재의 주관적 창조력을 강조함으로써 현실이라는 삶의 토대로부터 멀어졌다면, 셰익스피어를 통해 표현되는 천재성은 현실의 삶 속에서 펼쳐지는 진리를 담아 내는 능력을 가리킨다.

괴테가 그린 프로메테우스(좌)와 괴테가 작성한 시 「프로메테우스」(우)

「프로메테우스」가 작성된 시기를 정확하게 확정하는 것은 어렵다. 하지만 이 시의 토대가 된 미완성 희곡『프로메테우스』가 집필된 시기를 고려하면 대략 1774년 말에서 1775년 초에 이 시가 쓰인 것으로 볼 수 있다. 프로메테우스는 천재의 신화적 원형이다. 그는 제우스의 절대적 권위에 도전한다. 그는 자기 자신만을 모든 것의 근원으로 여기는 창조자로 등장함으로써 절대자의 권위를 거부한다. 창세기에서 하느님이 '우리의 형상에 따라 우리의 모양대로' 인간을 만들 듯이, 프로메테우스도 "내 형상에 따라 나와 똑같은 종족"인 인간을 만든다. 그가 만든 인간이 그를 닮았다면, 그가 절대자의 권위에 복종하지 않았듯이, 그가 만든 인간도 절대자를 존중하지 않는 존재이지 않을까? 프로메테우스라는 새로운 절대자도 예외일 수 없다.

사진 출처: (좌) Goethe. Sein Leben in Bildern und Texten, Frankfurt/M. u. Leipzig 1998, 108쪽

(우) Goethe. Sein Leben in Bildern und Texten, Frankfurt/M. u. Leipzig 1998, 109쪽

베츨라

— 괴테의 사랑, 베르터의 사랑

1771년 9월 변호사 자격을 취득한 괴테는 변호사 실습을 위해 베츨라Wetzlar로 간다. 당시 베츨라에는 제국의 최고 상급법원인 제국대법원이 있었기 때문에, 많은 새내기 법률가가 실습을 위해 베츨라로 왔다. 변호사 자격을 막 취득한 괴테도 1772년 초에 이 법원에 실습을 신청했고, 1772년 5월 10일 베츨라에 도착한다. 괴테는 이 작은 도시를 떠날 때까지 코른마크트Kornmarkt 7번지에 머물렀다. 이 집 앞에는 장터라고 하기에도 작아 보이는 공터가 있다. 이 공터는 그 이름에서 유추해 보건대 곡물을 파는 시장이 섰던 곳인 듯싶다. 8월의 어느날 나는 이곳을 방문했다. 괴테가 머물렀던 집에서 나와 왼편으로 몇 걸음 옮겨 계단을 내려가면 작은 분수가 있는데, 분수 주변뿐만 아니라 이 작은 곡물 장터는 온통 선명한 색깔의 꽃화분으로 장식되어 있었다. 괴테가 이 도시에 머문 것이 5월 초부터 9월 초까지였으니까 그도 내가 느낀 것과 비슷한 분위기에서 지냈을 것이다. 괴테가 머물렀던 집에서 나와 오른편으로 이 작은 곡물장터를 지나 왼편에 있는 좁은 골목으로 접

코른마크트 7번지

괴테는 베츨라의 제국대법원에서 실습하는 동안 코른마크트 7번지(사진의 가운데 옥색으로 칠해진 집)에서 살았다. 이 집에서 샬로테 부프의 집까지는 걸어서 5분 정도 걸린다. 집의 정면 벽에는 이 집에서 괴테가 1772년 여름에 머물렀음을 알리는 안내판이 있다.

어들면 몇 걸음 가지 않아서 바로 로테하우스Lottehaus를 보게 된다. 괴테의 집에서 로테의 집까지 걸리는 시간은 5분 정도. 그는 항상 자신의 마음을 온전히 사로잡은 여인이 바로 곁에 있음을 느끼며 지냈을 듯하다.

괴테가 자기 인생의 방향에 결정으로 영향을 미친 이 운명의 여인을 만난 것은 베츨라에 온 지 한 달쯤 되었을 때다. 1772년 6월 9일 인근에 있는 폴퍼츠하우젠Volpertshausen에서 열린 무도회에 참석한 괴테는 여기서 샬로테 부프Charlotte Buff를 만나게 된다. 샬로테의 약혼자이자 베츨라에서 공사관의 서기관으로 일하던 케스트너Johann Christian Kestner는 그날의 만남에 대해 1772년 가을에 친구인 헤닝스Friedrich August von Hennings에게 보내는 편지 초안에서 다음과 같이 기록했다. "6월 9일에 그가 외곽에서 열린 무도회에 참석했는데, 그 자리에 나의 소녀와 나도 함께 있었어. 나는 뒤늦게 그 모임에 합류할 수 있었지. […] 괴테 박사는 다른 사람들과 함께 마차에 탔고 여기에서 처음으로 귀여운 로테를 알게 되었어." 케스트너가 전하는 바에 따르면 파란 눈에 금발의 곱슬머리를 한 18세의 로테는 "곧바로 괴테의 온 마음을 사로잡았다". 하지만 그녀가 케스트너와 약혼했고 그래서 "이제 더 이상 자유로운 몸이 아니라는 사실"을 괴테는 몰랐다. 왜냐하면 케스트너와 로테는 "공적인 장소에서는 서로 친구 사이인 것처럼 행동했기" 때문이다. 괴테에 대한 케스트너의 생각은 그리 나쁘지 않았다. "그는 하찮은 인물은 아니었어. 잘 알겠지만 나는 성급하게 판단하지 않았습니다. 그가 천재성을 지녔고 활발한 상상력을 갖고 있음을 나는

로테하우스

샬로테 부프는 1753년 이 집에서 16명의 형제자매 중 둘째로 태어났다. 1772년 괴테를 알게
되었을 때, 어머니는 이미 세상을 떠난 상태여서 로테는 동생들과 집안 살림을 돌보고 있었
다.『젊은 베르터의 슬픔』에 등장하는 로테와 같은 모습이다.

폴퍼츠하우젠의 괴테하우스

괴테는 1772년 6월 9일 이 집에서 열린 무도회에 참석했다가 샬로테 부프를 만나게 된다. 이 집의 바깥 벽에는 이 날을 기념하는 안내판이 붙어 있다. 『젊은 베르터의 슬픔』의 주인공 베르터도 6월 9일쯤 로테를 만난 것으로 보인다. 베르터는 5월 30일에 친구에게 편지를 쓰고, 두 주도 더 지난 6월 16일이 되어서야 비로소 다시 편지를 쓴다. 이는 매우 이례적이다. 왜냐하면 그 전에는 2~3일에 한 번 정도 편지를 썼기 때문이다. 오랜만에 쓰는 6월 16일 편지의 서두에서 베르터는 "내 마음을 뒤흔든 사람을 알게 되었어"라고 고백한다. 그리고 이 소설에서 가장 긴 편지인 이 편지에서 로테를 무도회에서 어떻게 만나게 되었는지를 자세히 서술한다. 아마도 1772년 6월 9일 괴테 자신이 경험했던 바를 적절히 가공했으리라는 것을 짐작할 수 있다.

이미 알았습니다. 하지만 이러한 말로 그를 제대로 높이 평가하기에는 여전히 충분하지 않습니다."(VB 1, 36)

괴테는 로테에게 품었던 당시의 마음을 이렇게 표현한다. "그녀는, 격정적인 열정을 불러일으키는 것은 아니지만 누구에게나 호감을 불러일으키는 그런 부류의 여인에 속했다. 날씬하고 귀여운 몸매, 순수하고 건강한 성품, 이러한 성품에서 나오는 쾌활한 삶의 활동성, 매일 꼭 처리해야 할 것을 격식에 얽매이지 않고 처리하기. 이 모든 것을 그녀는 함께 갖고 있었다."(FA 14, 590) 이처럼 누구나 "좋아할 만한 여인"인 로테는 괴테가 보기에 "그녀 자신에게 어울리는 남자"(FA 14, 590)를 선택했고, 로테에게 선택받은 케스트너는 매우 훌륭한 인물이었다. 케스트너는 항상 "안정적이고 변함없는 태도, 명료한 견해, 언행에 있어서 확고함"을 보여주었고, 그의 "쾌활한 활동성과 끈기 있는 근면함"(FA 14, 589)은 밝은 미래를 약속해주었다고 괴테는 회상한다. 괴테가 보기에 이들의 결합은 완벽했다. 게다가 케스트너와 로테는 자신을 신뢰하며 친절하게 대했다. 그 덕에 괴테는 로테에게 부담 없이 다가갈 수 있었다고 말한다. 케스트너와 로테의 관계는 이렇게 완벽했기에 괴테는 자신이 로테에게 아무리 호의를 보여도 그게 "사랑을 구하는 것으로 이해되지는 않을 것"이라고 믿었기 때문이다. 하지만 생각과는 달리 괴테는 자기도 모르는 사이에 거미가 거미줄에 걸린 곤충을 "칭칭 감듯이 사로잡고 말았다". "나는 곧 그녀의 곁을 떠날 수 없게 되었다. 왜냐하면 나에게 일상 세계를 중개해 주는 것이 바로 그녀였기 때문이었다."(FA 14, 591)고 괴테는 고백한다. 괴테의 이러한 고백은 『젊은 베르터의 슬픔』의 주인공 베르터가 6월 19일 자 편지에서 쓰고 있는 말을 연상시킨다. "그 시간 이후에도 태양과 달과 별들은 조용히 운행을 계속하고 있겠지만, 나는 지금이 낮인지 밤인지 분간도 못 하게 되어 버렸어. 내 주위의 온 세상이 사라져 버렸어." 베르터는 6월 16일 자 편지에서 우연히 초대받은 무도회에 가는 마차 안에서 로테를 만나고, 그리고 그 무도회에서 로테를 알게 된 과정을 길게 서술한다. 그러고는 바로 이어지는 6월 19일 자 편지에서 이제 더는 일상의 세계를 스스로 인지하는 것이 어려워졌음을 고백한다. 로테가 없으면 온 세상도 없어졌고, 온갖 사물의 운행이 지니는 의미는 오직 로테를 통해서만 중개되기 때문이다.

괴테가 로테에게 이렇게 빠져들게 된 것은 당시에 처해 있던 그의 상황과 무관하지 않다. 괴테는 이와 관련하여 "나에게 결핍된 것을 한 여인에게서 발견했다."(FA 14, 591)고 회상한다. 그에게 결핍이란 당시 그가 베츨라에서의 삶에 전혀 만족하지 못하고 있었던 상황을 가리킨다. 인구가 5천여 명에 불과했던 이 작은 도시는 괴테가 유학했던 라이프치히나 슈트라스부르크처럼 화려하거나 매력이 넘치는 곳이 아니었다. 수많은 새내기 법률가들이 실습하던 제국대법원은 인력과 재정이 부족해서 백 년이 넘도록 판결하지 못한 소송이 있을 정도로 엄청나게 많은 소송이 밀린 상태였다. 이 작은 도시는 계속해서 쌓여 가는 소송을 처리하기 위한 사람들로 늘 붐볐다. 괴테는 실습생으로서 제국대법원에 정식으로 등록하긴 했지만, 재판 관련 업무에 큰 흥미를 느끼지 못했다. 이곳에 오기 전에 셰익스피어에 관한 연설문과 『괴츠』라는 희곡 작품에서 질풍노도적 천재 미학의 구현에 몰두했던 괴테에게 재판 관련 업무는 지루하고 무미건조했을 것이다. 괴테는 당시의 삶에 "조금도 만족하지 못했다"(FA 14, 591)라고 말한다. 그가 흥미를 느낀 것은 다른 쪽이었다. 법률적 업무 자체보다는 법률을 다루는 자신과 비슷한 연배의 사람들과 교류하는 것에 더 큰 재미를 느꼈고, 작품을 구상하거나 인근의 아름다운 자연을 즐기는 데 더 큰 관심을 두었다. 케스트너가 전하는 괴테의 모습도 동일하다. "그는 법률적인 업무를 증오했고, 그런 일을 할 필요도 없었어. 왜냐하면 그의 아버지는 엄청난 부자였고, 그는 유일한 아들이었기 때문이야."(1772년 가을 헤닝스에게 보낸 케스트너의 편지) 어린 시절부터 아버지가 말해 왔던 소망을 이루기 위해 괴테는 법학을 공부하고 변호사가 되었다. 하지만 제국대법원에서 실습하는 순간에도 법률가로서의 삶에 전혀 만족할 수 없었고, 무언가 충족되지 못함을 느낄 뿐이었다. 이 '결핍'을 채워준 것이 바로 로테였다. 그리고 로테와 만남이 그를 유럽의 문학세계에 화려하게 등장하도록 해 주는 작품의 출발점이 되었음은 이미 잘 알려진 사실이다.

1772년 9월 11일 이른 아침, 괴테는 아무런 예고도 없이 갑작스럽게 베츨라를 떠난다. 전날 케스트너에게 쓴 짧은 편지에 이렇게 기록되어 있다. "케스트너, 당신이 이 편지를 손에 넣었을 때 저는 이미 떠났을 거예요. 안에 들어 있는 쪽지는 로테에게 전해 주세요. 나는 매우 차분한 상태였어요. 그런데 그대들의 대화가 나를 이리저리 찢어 놓았습니다." 괴테가 말하는 '대화'는 무엇일까? 케스트너의 9월 10일 자 일기에서 그 내용을 유추해 볼 수 있다. "점

샬로테 부프의 초상화(상), 로테하우스에 걸려 있는 로테 그림(하)

초상화는 괴테가 베츨라에서 실습할 때 만난 샬로테 부프이고, 아이들에게 빵을 나누어 주는 로테는 『젊은 베르터의 슬픔』에 등장하는 로테이다. 소설에서는 아홉 남매의 맏이인 로테가 동생들에게 빵을 잘라서 나누어 주는 장면이 나온다. 『시와 진실』에서 괴테는 샬로테 부프를 '누구에게나 호감을 불러일으키는 여인'으로, '날씬하고 귀여움 몸매, 순수하고 건강한 성품'을 지닌 여인으로 묘사한다.

심때 괴테 박사는 우리 집 정원에서 함께 밥을 먹었다. 나는 이것이 마지막일 줄은 몰랐다. 저녁에 그와 로테 그리고 나는 특이한 대화를 나누었다. 이생에서의 삶이 끝난 후의 상태에 관한, 떠나감과 돌아옴 등에 관한 대화였다. 이 대화를 시작한 것은 그가 아니라 로테였다. 우리는 서로 약속했다. 우리 중에서 먼저 죽은 사람은, 만일 그가 할 수 있다면, 저세상에서의 삶의 상태에 관한 소식을 살아 있는 사람들에게 전해 주기로 말이다. 괴테는 완전히 침울한 상태였다." 죽음, 떠남과 다시 만남 등에 관한 대화가 괴테의 마음을 찢어 놓은 이유는 케스트너가 일기에서 쓰고 있듯이 이 대화를 나누던 시점에 이미 "괴테는 다음 날 아침 떠날 것을 알고 있었기 때문"이었던 것 같다. 괴테 자신도 케스트너에게 이렇게 썼다. "내가 한순간이라도 더 그대들 곁에 머문다면 나는 견뎌내지 못했을 거예요." 떠나기 전날 저녁에 이미 괴테가 마음을 정했음은 괴테가 로테에게 남겨 놓은 쪽지에서도 확인할 수 있다. "로테, 그대가 말할 때 내 마음이 얼마나 아팠던지요. 당신을 보는 것이 마지막임을 인정해야 했기 때문입니다. […] 나는 이제 혼자입니다. 그러니 울어도 되겠지요. 나는 그대들이 행복하게 내버려 두렵니다. 하지만 그대들의 마음으로부터는 떠나지 않을 겁니다." 괴테의 갑작스러운 떠남은 로테에게도 아픔이었다. 괴테의 쪽지를 읽은 로테의 모습을 케스트너는 9월 11일 자 일기에 이렇게 기록했다. "로테는 괴테가 떠나간 것에 대해서 슬퍼했다. 쪽지를 읽는 그녀의 눈에서 눈물이 흘러내렸다. 하지만 그가 원한 것을 그녀가 그에게 줄 수 없었기 때문에 그가 떠났는데, 이는 그녀에게 다행스러운 일이었다. 왜냐하면 그는 그녀에 대한 사랑에 완전히 빠져서 격정적인 상태에 이를 정도였기 때문이다. 로테는 하지만 항상 그러한 것을 자신으로부터 멀리했고 그에게 우정 외에는 아무것도 허용하지 않았다. 그리고 이러한 사실을 그에게 분명하게 밝혔다."

괴테가 베츨라를 갑작스럽게 떠난 후 2개월 정도 지난 시점에서 케스트너는 괴테와 로테의 관계에 대한 자기 생각을 밝힌다. 같은 해 11월 18일 헤닝스에게 보낸 편지를 보면, 케스트너는 괴테가 로테에게서 "완벽한 여인의 이상형"을 발견했음을 알고 있었다. 물론 로테도 이러한 사실을 알고 있었고, 그래서 그녀는 자신을 향한 "어떠한 희망도 괴테에게 싹트지 않도록" 그를 대했고 그를 자제시키려 애썼다. 하지만 케스트너는 로테를 대하는 괴테를 보면서 걱정하게 된다. 왜냐하면 "매우 강인하고 평소에는 독립적인 한 인간으로부터 사랑이 어떻게 그렇게도 놀라운 피조물을 만들어 내는지" 보았기 때문이다. 케스트너는 두 가지 생각이 "자기 내면에서 싸우고 있음"을 느꼈다. 하나는 "나는 괴테만큼 로테를 더 행복하게 해 줄 수 없을 것"이라는 생각, 다른 하나는 "그녀를 잃을 수도 있다는 상상조차 견딜 수 없었다."는 생각이었다. 다행히도 괴테는 본인 스스로 "평안해지려면 강제력을 사용해야만 한다"는 사실을 깨달았다. 그리고 "자신을 완전히 사로잡은 사랑에서 벗어나려고" 그는 '아무도 모르게 갑자기 떠나버리는 강제력'을 선택한 것이다.

프랑크푸르트로 돌아온 괴테는 이후에도 케스트너와 꾸준히 편지를 주고받았다. 그러던 중 충격적인 소식을 듣게 된다. 1772년

11월 2일 그가 보낸 편지에 따르면, 예루살렘Carl Wilhelm Jerusalem이 10월 30일 케스트너에게서 빌린 권총으로 베츨라에 있는 자기 집에서 자살했다는 것이었다. 예루살렘은 라이프치히 유학 시절부터 함께 법학을 공부한 학생이었기에 괴테와 서로 알고 지냈다. 게다가 이미 1771년 9월부터 베츨라에서 브라운슈바이크 공사관의 서기관으로 일하면서 괴테와 케스트너 모두 가깝게 지내던 사이였다. 예루살렘은 괴테가 로테를 만나는 기회가 되었던 1772년 6월 9일 무도회에도 함께 참석했었다. 괴테는 케스트너에게 이 비극적 사건이 어떻게 벌어진 것인지 알고 싶다고 전했고, 케스트너는 괴테에게 사건의 전말을 자세히 정리하여 보내주었다. 그 글에 따르면 예루살렘은 가깝게 지내던 한 추밀 비서관의 아내인 헤르트Elisabeth Herd 부인을 좋아하게 되었는데, 그녀와의 사랑이 이루어질 수 없게 되자 스스로 목숨을 끊었다는 것이다. 괴테는 나중에『젊은 베르터의 슬픔』에서 베르터가 자살을 결행하는 과정을 서술할 때, 이 보고서에서 여러 부분을 가져다 사용한다. 요즘 같으면 표절 시비가 생겨날 정도다. 몇몇 예를 들어보자. "성직자는 아무도 그를 동행하지 않았습니다."라는 소설의 유명한 마지막 문장은 이 보고서에 있는 표현을 한 단어도 고치지 않고 그대로 사용한 것이다. 베르터가 자살할 당시 푸른 연미복과 노란 조끼를 입은 것, 여행을 가는 데 필요하니 권총을 빌려달라고 쪽지를 보낸 것, 자살을 결행하기 전에 책상 위에 레싱의 희곡『에밀리아 갈로티』를 펼쳐 놓은 것, 자살을 결행하는 날 밤에 마을의 성문을 드나든 것, 오른쪽 눈 위 이마를 권총으로 쏜 것, 운명한 시각이 정오였다는 점 등 소설에 나오는 내용이 모두 케스트너의 보고서와 일치한다.

예루살렘의 불행한 사랑이 남긴 흔적은 베츨라에 흐릿하지만 지금도 남아 있다. 이를테면 그가 살았던 실러플라츠Schillerplatz 5번지의 집은 그를 기념하기 위해 예루살렘하우스Jerusalemhaus로 꾸며져 있다. 2층에는 그가 마지막 숨을 거두었던 방이 있는데 이 공간에 자살하는 데 사용했던 것과 같은 종류의 권총이 전시되어 있다. 예루살렘이 입었던 푸른 연미복과 노란색 조끼도 걸려 있다. 벽에는 예루살렘이 사랑했지만 결국 비극적인 방식으로 떠나야만 했던 엘리자베트 헤르트의 실루엣이 걸려 있다. 이 실루엣을 보고 있노라면, 로테의 초상화를 그리려다 실패한 베르터가 로테의 모습을 실루엣으로 그려서 자신의 방에 걸어 놓던 장면이 떠오른다. 소설의 후반부에 등장하는 슬픔에 가득 찬 베르터는 분명 예루살렘의 모습을 닮았다. 베츨라의 옛 도시 북동쪽에는 13세기에 지어진 성벽이 여전히 남아 있는데, 이 성벽의 바깥쪽에 로젠게르트헨Rosengärtchen이라는 작은 공원이 있다. 이곳은 19세기 후반까지 공동묘지로 사용되었는데, 정확한 위치는 확인할 수 없지만 예루살렘이 이곳에 묻힌 것으로 알려져 있다.

괴테가 자신의 사랑 이야기와 예루살렘의 사랑 이야기를 하나의 소설에 담아낼 계획을 세운 것은 예루살렘의 자살 소식을 들은지 1년이 조금 더 지난 1774년 1월이었다. 물론 이 소설의 동기가 된 괴테의 또 다른 사랑 이야기도 있다. 1772년 가을 베츨라에서 프랑크푸르트로 돌아가는 길에 알게 되어 마음을 빼앗겼던 18세의 소녀 막시밀리아네 라 로쉬Maximiliane La Roche와의 사랑도 분명

예루살렘 하우스

칼 빌헬름 예루살렘은 괴테와 같은 시기에 브라운슈바이크 외교서기관의 자격으로 베츨라에 머물고 있었다. 괴테가 베츨라를 떠난 후인 1772년 10월 30일 예루살렘은 엘리자 트 헤르트에 대한 사랑이 이루어질 수 없다고 생각되자 이 집에서 권총으로 자살한다. 이 집의 2층에 예루살렘을 기억하기 위한, 보다 정확히 말하면 괴테의 '베르터'를 기념하기 위한 공간이 마련되어 있다.

책상 위에 펼쳐져 있는『에밀리아 갈로티』

레싱과 마찬가지로 볼펜뷔텔 출신인 예루살렘은 레싱을 잘 알고 있었다. 그가 자살을 감행한 그날 그의 책상 위에는 레싱의 대표적인 시민비극 작품인『에밀리아 갈로티』가 펼쳐져 있었다. 괴테의 베르터도 자살하는 날 밤 같은 작품을 읽는다. "포도주는 한 잔밖에 마시지 않았습니다.『에밀리아 갈로티』가 책상 위에 펼쳐져 있었습니다."

예루살렘의 초상화(좌), 푸른색 연미복과 노란색 조끼(우)

예루살렘은 자살할 때 푸른색 연미복과 노란색 조끼를 입었던 예루살렘과 마찬가지로 괴테의 베르터도 세상을 떠나는 순간 "푸른색 연미복에 노란색 조끼를 차려입고" 있었다.

로젠게르트헨

옛 성곽 바로 바깥 쪽에 있는 곳으로, 지금은 사람들이 산책할 수 있는 작은 공원이다. 1757~1881년에는 공동묘지로 사용되었고, 정확한 위치는 모르지만 예루살렘이 이곳에 묻혔을 것으로 추정된다.

이 소설에 담겨있다. 로테의 매력적인 검은 눈은 막시밀리아네의 눈을 묘사한 것이라는 의견도 있다. 1774년 2월 한 달 동안 괴테는 이러한 경험을 토대로 이 소설의 집필에 몰두했고 이미 3월 초에 초고가 완성되었다. 출판사에 원고를 넘긴 것은 5월이었고, 이 소설은 마침내 9월 초에 세상의 빛을 보게 된다. 소설은 출판되자마자 압도적인 성공을 거두었다. 같은 해에 정식으로 출판된 것만 계산해도 독일에서 7판이 인쇄되었고, 유럽 여러 나라에서 번역되었다. 발행 부수만을 기준으로 한다면 『젊은 베르터의 슬픔』은 괴테가 펴낸 책 중 가장 성공적이었다고 할 수 있다. 당시의 엄청난 반향이 모두 긍정적인 것만은 아니었다. 특히 계몽주의적 입장과 정통 기독교의 입장을 견지하는 비평가들은 주인공 베르터를 통해 표현되는 이 소설의 메시지를 비판하였다. 대표적인 예로 니콜라이Friedrich Nicolai가 괴테의 소설을 패러디해서 발표한 『젊은 베르터의 기쁨Freuden des jungen Werthers』(1775)을 들 수 있다.

괴테는 니콜라이의 소설에 대해 매우 예민하게 반응했다. 1775년에 썼으나 당시에 출판하지는 않았던, 하지만 나중에 바이마르에서 사람들 사이에 알려졌던 「베르터의 무덤 위에 있는 니콜라이」라는 풍자시에서 그는 니콜라이를 우스꽝스럽게 만든다.

"한 젊은이가, 나는 어떻게 그렇게 됐는지는 모른다,
예전에 우울증으로 죽었다.
그리고 묻혔다.
그곳으로 한 아름다운 정신을 가진 이가 다가왔다,

괴테의 책상

괴테는 이 책상에서 『베르터』를 집필했다. 프랑크푸르트 괴테 생가의 '시인의 방'에 있는 책상이다. 『시와 진실』에서 밝힌 바에 따르면, 괴테는 "아침 아주 이른 시간을 문학작품을 쓰기 위해 사용했다." 베츨라에서 돌아와 바이마르로 떠나기 전까지 괴테는 고향 집에서 집중적으로 작품을 썼다. 『베르터』뿐만 아니라, 『클라비고』, 『스텔라』, 「프로메테우스」가 이 시기에 쓰여졌는데, 이 작품들은 모두 괴테 생가 '시인의 방'에 있는 이 책상에서 탄생했다.

그는 똥을 쌌다,

보통 사람들이 그렇게 하듯이.

그는 아쉬운 대로 무덤 위에 앉아서,

그리고 거기에 자기의 작은 짐을 내려놓고,

친절하게도 자기의 똥을 주의 깊게 봤다.

숨을 잘 들이쉬고는 다시 떠나갔다.

그리고 스스로에게 신중하게 말했다:

'그 훌륭한 사람이, 어쩌나 그는 이미 썩어버렸으니!

그가 나처럼 똥을 쌌다면,

그는 죽지 않았을 텐데!'

　　베르터의 자살을 향한 니콜라이의 비판을 괴테는 다시금 반어
와 풍자로 되돌려 준 것이다. 니콜라이의 비판은 베르터의 무덤에
똥을 싸놓고 그 똥을 자신의 아름다운 정신에 의지하여 진지하게
관찰하는 것에 비유한다. 정말 신랄한 풍자다. 죽음에 반대되는
삶의 의미를 '똥을 쌀 수 있느냐'의 여부로 판단하는 니콜라이의
모습에서 그를 비꼬는 괴테의 태도를 충분히 읽어 낼 수 있다. 니
콜라이에 대한 괴테의 이러한 비난을 생각하면 그의 「절박한 기
도」라는 시도 충분히 이해할 수 있다. 이 시는 1775년 3월 21일 친
구 야코비Friedrich Heinrich Jacobi(1743~1819)에게 보내는 편지에 함께
썼는데, 괴테의 '절박한 기도'는 이렇다. "〈베르터의 슬픔〉 앞에
서 / 그의 〈기쁨〉 앞에서 하지만 더욱더 / 우리를 지키소서, 사랑하
는 주 하느님." 슬픔에 겨워 죽음을 선택한 베르터의 모습으로부

터 우리를 지켜 주시길 기도하지만, 그보다 더 우리가 보호받아야 할 대상은 니콜라이의『젊은 베르터의 기쁨』이다. 왜 그럴까? 같은 해에 쓴「『젊은 베르터의 슬픔』이 니콜라이에게」라는 시에서 그 이유를 찾을 수 있다. 이 시의 화자는 소설 자신이다. "저 거만한 남자가 / 나를 위험하다고 찬양한다면: / 헤엄칠 줄 모르는 그 비둔한 자, / 그는 물을 꾸짖으려 한다! […] / 쓸데없는 예술성만 따지는 성직자 나부랭이! / 그리고 나를 이해할 수 없는 자 / 그는 읽기를 더 잘 배워야 할지니."라고 말한다. 괴테는 자기 소설을 위험한 것으로 간주하는 니콜라이를 '거만하며 비둔한 남자'로 여긴다.『젊은 베르터의 슬픔』에 대한 니콜라이의 태도는, 헤엄칠 줄 모르는 사람이 자신이 헤엄치지 못하는 것을 물 때문이라 탓하며 물을 나무라는 것과 마찬가지다. 니콜라이가 이 소설을 '위험하다'고 소리 높여 (반어적 의미에서) '찬양'하는 이유는 그가 이 소설을 이해하지 못했기 때문이다. 니콜라이의 태도는 예술성 그 자체는 볼 줄 모르면서 마치 예술성을 위하는 것인 양 종교적 규범과 도덕을 강조한다. 위선적이다. 그래서 괴테는『젊은 베르터의 슬픔』을 시적 화자로 등장시켜 요구한다. 이해하지 못한 자는 제대로 읽는 법을 더 배워야 한다고.

괴테의 이러한 요구는 사실 니콜라이에게만 해당하는 것은 아니다. 당시에 이 소설에 대해서 비판적인 입장이었던 독자들뿐만 아니라 긍정적인 의미에서 열광했던 독자들에게도 괴테는 동일하게 요구한다. 무엇을 이해하지 못한 것이며, 왜 제대로 읽는 법을 배워야 한다는 것일까? 나중에 육십 대가 거의 다 된 괴테가 나폴레옹과 나누었던 대화를 보면 이 물음에 대한 답을 유추해 볼 수 있다. 1806년 10월 바이마르를 점령한 나폴레옹은 2년 후 1808년 9월 27일부터 10월 14일까지 유럽 제후 회의를 에어푸르트에서 소집했다. 이 회의에 참석한 나폴레옹은 괴테를 만나길 원했고, 마침내 일요일이었던 10월 2일 괴테를 접견실로 불렀다. 이날의 만남에 대해 뮐러Friedrich von Müller가 전하는 바에 따르면, 괴테를 만난 나폴레옹은 『젊은 베르터의 슬픔』을 일곱 번 읽었다고 말하면서 그 증거로 이 소설에 대한 나름의 자세한 분석을 제시했다. 괴테 자신도 이날의 만남을 기록하고 있다. 1824년 2월 15일의 기록을 보자. 나폴레옹은 괴테에게 "그대는 왜 그렇게 했습니까? 그것은 자연스럽지 않아요."라고 묻는다. 왜 병적인 상태에 놓인 주인공이 이루어질 수 없는 격정적인 사랑에 빠지게 했으며, 결국 스스로 목숨을 끊게 했는지를 묻는 것이다. 괴테는 이러한 비판에 정당한 면이 있다고 인정한 다음 이렇게 말한다. "그렇다 하더라도, 단순하고 자연스러운 방식으로는 도달하기 어려운 어떤 효과를 내기 위해 작가가 독자들이 쉽게 알아볼 수 없는 기교를 사용한다면, 그 작가를 용서해야 합니다." 괴테는 어떤 효과를 위해 나름의 기교를 사용했다. 그런데 독자들은 이러한 사실을 이해하지 못했다. 괴테가 아쉬워하는 바는 바로 이러한 사실이다. 『시와 진실』에서도 이러한 아쉬움을 기록한다. "나는 현실을 시문학으로 변화시킴으로써 가벼워지고 명료해진 느낌을 지니게 되었다. 하지만 나의 친구들은 바로 이 점에서 혼란스러워했다. 그들은 시문학을 현실로 변화시켜야 한다고 믿었기 때문이다."(FA

14, 639) 괴테는 현실의 경험을 변화시켜『젊은 베르터의 슬픔』이라는 문학 작품을 만들어 냈는데, 독자들은 이 문학 작품을 다시 현실로 바꿔서 받아들였다. 괴테의 지인들뿐만 아니라 이 소설을 읽은 많은 독자들은 작품에 등장하는 인물들이 실제로는 누구였는지에 큰 관심을 보였다. 이 소설을 읽은 케스트너와 그의 아내 로테 역시도 문학 작품과 현실 사이에서 발견되는 유사성에 주목하면서 괴테에게 노골적으로 불만을 토로했다. 괴테는 1774년 11월 21일 편지에서 이들의 이러한 반응에 대해 이렇게 말한다. "베르터는 그럴 수밖에, 그럴 수밖에 없어! 그대들은 **그를** 느끼고 있는 것이 아니야. 그대들은 오로지 **나**와 **그대들 자신**만을 느끼고 있는 거야." 문학 작품을 문학 작품으로 받아들이고 있지 않음에 대한 깊은 안타까움의 토로이다. 문학 작품을 문학 작품으로 이해하지 못하는 현상은 이 작품을 비난하는 측에서만 생겨난 게 아니라 이 작품을 찬양하는 사람들 측에서도 생겨났다. 베르터의 감정에 공감하고 몰입한 나머지 "이 소설을 모방하여 결국에는 스스로를 쏘아 자살해야 할 것"(FA 14, 639-640)처럼 생각하는 치명적 오해가 있었는데, 이 역시 문학 작품의 특성에 대한 이해의 부족 때문이라고 괴테는 여겼다.

괴테는『젊은 베르터의 슬픔』과 관련하여 현실과 문학을 구분하지 않는 독서방식을 조금 다른 방식으로 설명한다. 괴테가 보기에는 이 소설을 종교적이고 도덕적인 기준에 따라 비판하는 것이나, 주인공에 대한 모방의 욕망을 떨쳐버리지 못한 상태에서 이 소설에 열광하는 것이나 모두 잘못된 독서방식에서 기인한다. 즉

"오직 내용, 즉 작품의 소재만 주목했기" 때문이다. 이 소설의 독자들이 이러한 잘못된 반응을 보인 것은 "인쇄된 책은 반드시 교훈적 목적을 지녀야 한다."는 "오래된 선입견"이 여전히 결정적인 영향력을 미치고 있음을 드러내는 것이라고 괴테는 생각했다. 그는 자기 소설을 이러한 선입견에 대한 저항으로 여겼다. "진실한 묘사는 이러한 교훈적 목적을 지니지 않는다. 진실한 묘사는 무엇을 인정해 주지도 않고 꾸짖지도 않는다. 진실한 묘사는 생각과 행동들을 순서에 따라 펼쳐 나간다. 그리고 이렇게 함으로써 일깨워 주고 가르쳐 준다."(FA 14, 641)『젊은 베르터의 슬픔』의 독자들은 모두 현실 속에서 만나는 종교적인 글이나 도덕적인 글이 항상 '교훈적 목적'을 지니는 것처럼, 이 소설에도 역시 이미 결정된 교훈적 목적이 담겼을 것으로 생각했다. 그리고 그 교훈적 목적에 들어맞는 내용에만 주목했다는 것이다. 그리고 이들은 이 소설에서 찾아낸 교훈적 목적을 현실의 교훈적 목적과 동일시했다. 이러한 독자들의 태도를 괴테는 "정신적인 작품을 정신적으로 받아들이지"(FA 14, 641) 못한 것이라고 평가한다. 왜냐하면 '진실한 묘사'로서 탄생한 문학 작품은 그러한 목적을 사전에 염두에 두고 서술되는 것이 아니라, 다양한 생각과 행동들을 사건의 전개에 맞게 묘사할 뿐이기 때문이다. 그리고 그렇게 전개된 이야기의 끝에서 다양한 일깨움의 가능성이 결론적으로 생겨난다.「『젊은 베르터의 슬픔』이 니콜라이에게」라는 시를 통해 '나를 이해할 수 없는 자, 그는 읽기를 더 잘 배워야 할지니'라고 호소함으로써, 괴테는 자신이 기대하는 독서방식을 암시한다. 그것은 이중적 동일시에 빠져 있는 독서방식을 벗어나는 것이다. 현실 세계와 문학세계를 동일시하며, 주인공과 독자 자신의 감정을 동일시하는 독서방식 말이다. 정신적 작품을 정신적으로 받아들여야 한다는 괴테의 요구는 현실과 동일시될 수 없는 문학의 독특성을 강조하는 것이며, 문학 작품에 묘사된 주인공과 자신을 감정적으로 동일시하는 독서방식의 위험성을 지적하는 것이기도 하다.

괴테가 비판한 당대 독자들의 독서방식은 작품에서 묘사된 주인공 베르터의 독서방식이기도 하다. 베르터가 소설에서 등장하는 다른 글을 읽는 방식이 바로 자신의 감정을 글 속에 등장하는 인물의 감정과 동일시하는 것이다. 베르터의 이러한 독서방식은 괴테가 권하는 독서방식과는 거리가 멀다. 특히 베르터의 독서방식이 문제가 되는 것은 독서의 대상이 글이 아니라 다른 사람, 특히 로테일 때이다. 그는 이 경우에도 전적으로 자신의 감정과 동일시하는 방식으로 로테를 읽는다. 괴테는 베르터의 이러한 특성을 '독자들이 잘 알아볼 수 없는 기교'를 사용하여 작품 속에 잘 그려 넣었다. 괴테가 그려 넣은 베르터의 모습은 어떤 것일까? 베르터의 이 모습은 당대 독자들이 읽어 낸 베르터의 특성과 어떻게 다른가? 이 물음에 답을 얻기 위해서는 괴테가 나폴레옹에게 말했듯이 '독자들이 쉽게 알아볼 수 없는 기교'가 무엇인지 확인하면 될 듯하다. 로테를 향한 베르터의 사랑과 베르터를 대하는 로테의 태도에서 확인할 수 있는 미묘한 차이도 이러한 기교 중의 하나일 것이다. 서로를 향한 이들의 태도를 비교해 봄으로써, 우리도『젊은 베르터의 슬픔』을 '이해할 수 있는 자'가 되어보자.

『젊은 베르터의 슬픔』

― 베르터의 사랑 그리고 오해

베르터는 1772년 12월 22일 밤 12시에 자살을 결행한다. 그는 12월 21일 아침부터 자살을 결행하기 직전까지 이틀에 걸쳐 자신의 심경을 알리기 위해서 마지막 편지를 쓴다. 이 편지는 로테에게 쓴 것이고, 편집자의 전언에 따르면 베르터가 죽은 후에 로테에게 전달되었다. 12월 22일 오전에 쓴 부분에서 베르터는 다음과 같이 고백한다.

> "아, 당신이 나를 사랑한다는 것을 나는 알고 있었습니다. 영혼이 깃든 당신의 첫 눈길에서, 당신과의 첫 악수에서 그걸 알았습니다."(1772년 12월 22일)

베르터의 이 고백을 사실로 받아들이면, 베르터가 로테를 처음 본 순간부터 그녀를 사랑하게 되었듯이, 로테도 베르터와 처음 만났던 순간부터 그를 사랑했던 것으로 보인다. 베르터에 대한 로테의 마음이 실제로도 베르터가 주장하는 것과 같았을까? 베르터는 자살을 감행하기 전날인 12월 21일 저녁에, 즉 위에 인용된 부분을 쓰기 전날 저녁에 로테를 방문한다. 이때 로테가 느낀 감정을 편집자가 서술하고 있는데, 이 서술을 따라가 보면 로테의 실제 마음이 어떠했는지 어느 정도는 추론해 볼 수 있다.

12월 21일 저녁에 집에 혼자 있던 로테는 자신의 처지에 대해서 조용히 이런저런 생각을 한다. 가장 먼저 머리에 떠오른 것은 남편 알베르트다. 그녀는 "남편과 영원히 맺어져 있다"고 느낀다. 또한 그녀는 자신에 대한 남편의 "사랑과 신의"가 확고한 것은 물론 자신도 남편을 "진심으로" 좋아하고 있음을 안다. 그런데 "다른 한편으로 베르터가 그녀에게 그렇게도 소중한 존재가 되어 있음"도 인지하고 있다.

> "그들이 알게 된 첫 순간부터 곧바로 그들의 심성이 서로 일치한다는 사실이 그렇게도 아름답게 드러났었고, 오랫동안 지속된 그와의 교류와 함께 겪은 그렇게도 많은 상황이 그녀의 마음에 지울 수 없는 인상을 남겼습니다. 그녀가 흥미롭게 느끼고 생각하는 모든 것을 그와 함께 나누는 데 익숙해져, 그가 멀어지는 것이 그녀의 온 존재에 다시는 채워질 수 없는 틈을 낼 것처럼 위협했습니다."

베르터에 대한 로테의 이러한 생각은 베르터가 주장하고 있는 것처럼 그녀 역시도 첫 만남의 순간부터 그를 사랑했던 것으로 추측하게 한다. 하지만 바로 이어지는 서술은 이러한 추측이 틀렸을

지도 모른다는 것을 암시한다. 로테는 베르터가 떠나지 않게 할 방법이 있을까 고민한다. "오, 이 순간 그녀가 그를 오빠로 바꿀 수 있다면 얼마나 행복했을까! 그녀가 그를 자기 친구 중 한 명과 결혼하게 할 수 있다면, 알베르트와 그의 관계가 다시 회복된다면 얼마나 좋을까!"

베르터에 대한 로테의 이러한 마음이 로테에 대한 베르터의 마음과 같은 것일까? 로테가 이런 고민을 하던 바로 그 순간, 베르터는 로테와의 사랑이 이루어질 수 없다는 것을 확신하고 자살을 결심한다. 12월 21일 아침에 쓰기 시작한 마지막 편지의 첫 문장에서 베르터는 분명한 어조로 자신의 결심을 이미 밝혔다. "결정되었습니다, 로테. 나는 죽을 것입니다." 베르터가 이제까지 그러했던 것처럼 여전히 사랑을 나누는 연인이 아닌 다른 모습으로 그녀 곁에 머무르는 것은 가능했을지도 모른다. 하지만 이제 그녀가 온전히 자신만의 여인이 될 수 없음이 확실해졌고, 그래서 베르터는 되돌릴 수 없는 방식으로 그녀를 완전히 떠나는 쪽을 선택했다. 로테가 베르터의 확고한 자살 결심을 그대로 다 알고 있었는지는 물론 정확히 알 수 없지만, 적어도 베르터의 자살 의지에 대해서는 로테 역시도 예감하고 있던 터였다. 그런 상황에서 베르터가 '오빠'로, 또는 '친구의 남편'으로 자신의 곁에 남아 있으면 '행복'할 것이라는 생각은, 사랑할 수 없으므로 자살하겠다고 결심한 베르터의 로테를 향한 마음과는 절대로 같지 않다.

편집자는 이 순간 로테가 갖고 있는 마음에 대해서 다음과 같이 서술한다. "분명해진 것은 아니었지만 그녀는 이렇게 여러 가지를 관찰하면서 **비로소**, 그를 자신의 곁에 두는 것이 자신의 진심 어린 비밀스러운 소망임을 깊이 느꼈습니다." 베르터가 죽음이라는 방식으로 그녀의 곁을 떠나려고 결심한 이 순간에 이르러서야 '비로소' 로테는 그를 자기 곁에 두는 것이 본인의 진심이라는 사실을 알게 된 것이다. 사실 로테는 이미 자신의 마음을 직접 베르터에게 전달한 바 있다. 바로 베르터가 마지막 편지를 작성하기 전날인 12월 20일 일요일 저녁에 베르터가 로테를 찾아왔을 때다. 이때 로테는 자신에 대한 "슬픈 집착"을 버리라고 호소하면서 다음과 같이 말한다.

> "베르터, 왜 도대체 저를? 하필이면 다른 남자의 소유가 된 저를? 바로 그런 저를 말예요? […] 이 넓은 세상에 당신 마음의 소망을 충족시켜 줄 여자가 한 명도 없겠어요? 마음을 다잡고 그런 여자를 찾아보세요. 맹세컨대 당신은 그런 여자를 찾을 수 있을 거예요. […] 찾아보세요. 당신의 사랑을 받을 만한 상대를 발견해서 돌아오세요. 그리고 우리가 함께 **진정한 우정의 행복**을 누리도록 해 주세요."

샬로테 부프가 괴테에게 말했듯이, 로테는 베르터에게 '진정한 우정'의 관계를 누리는 '행복'을 원한다고 말한다. 로테의 입으로부터 직접 이러한 사실을 듣게 되는 독자는 로테의 말이 실제로 그녀의 내적 상태를 솔직하게 표현한 것인지, 아니면 자신의 속마음과는 달리 이러한 상황을 피하려고 그렇게 표현하는 것인지를 정확히 판단하기 어렵다. 하지만 앞서 언급한 로테의 내적 상태에 대한 편집자의 언급은 이 말이 그녀의 진실한 속마음임을 알 수 있게 해준다. 베르터는 로테를 자신만의 여인으로 곁에 둘 수 없기에 결국 죽음이라는 회복 불가능한 방식으로 그녀의 곁을 떠나려 한다. 이와는 달리 로테는 베르터를 다른 여인의 남자로 또는 관습에 따르면 절대 자기 남자로 삼을 수 없는 오빠로라도 자신의 곁에 두길 원한다. 이러한 사실은 로테가 베르터에게 '진정한 우정의 행복'에 관하여 말하기 직전의 상황으로 조금만 거슬러 올라가 보면 훨씬 분명해진다. 12월 21일 저녁 베르터가 로테의 방으로 올라오는 순간 로테의 마음을 보자.

> "그러다가 6시 반쯤 되었을 때 그녀는 베르터가 계단을 걸어 올라오는 소리를 들었고, 그의 발소리와 그녀를 찾는 그의 목소리를 곧바로 알아차렸습니다. 그녀의 가슴이 얼마나 뛰었는지. 그가 왔을 때 이토록 가슴이 뛴 것은 **이번이 처음**이라고 말할 수 있습니다."(FA 8, 231. 인용자가 강조함).

베르터가 찾아온 것을 알아차린 로테는 그가 계단을 올라오는 소리를 들었을 때 가슴이 그토록 강하게 뛰는 것을 '처음으로' 느낀다. 이날 저녁의 만남은 사실상 베르터와 마지막 만남인데, 바로 이 마지막 만남에서 그녀의 가슴이 '처음으로' 그토록 강렬하게 뛴 것이다.

꼼꼼한 독자들이라면 소설의 종결부에 도달해서야 드러나는

로테하우스의 계단

로테는 베르터를 12월 21일 저녁 마지막으로 만난다. "그러다가 6시 반쯤 되었을 때 로테는 베르터가 계단을 걸어 올라오는 소리를 들었고 ⋯ 그녀의 가슴이 얼마나 뛰었는지." 괴테는 샬로테 부프를 만나기 위해 이 계단을 오르내렸다.

JOHANN WOLFGANG VON GOETHE 07

로테하우스의 방 안 모습

베르터의 12월 4일 편지다. "자네도 알겠지만, 나는 이제 끝났어. 나는 더 이상 견뎌낼 수가 없어! 오늘 나는 그녀 곁에 앉아 있었어. 나는 그녀 곁에 앉아 있고, 그녀는 피아노를 연주했어. 다채로운 멜로디를. 그리고 모든 것, 모든 것을 표현했어. … 내 두 눈에서는 눈물이 흘렀네."

베르터와 로테가 서로를 대하는 방식의 이러한 차이로 인해 당황하게 된다. 왜냐하면 로테에 관한 정보들 사이에 일치하지 않는 요소들이 드러나기 때문이다. 편집자가 소설의 진행에 개입하기 전까지는 모든 정보가 베르터의 편지를 통해서만 독자들에게 전달되었다. 베르터에게 몰입한 독자들은 이 정보를 신뢰한다. 하지만 편집자가 소설의 진행에 개입하면서 그가 전달해 주는 정보들이 이제까지 베르터의 편지를 통해 제공된 기존의 정보와 일치하지 않는다는 사실이 드러난다.

이 소설은 1부와 2부로 구성되어 있고, 2부의 중간 이후부터는 편집자가 등장하여 전개되는 사건들과 등장인물들의 내면 상태를 독자들에게 전달해 준다. 물론 편집자는 소설의 맨 첫 부분에서 이 소설에 소개되는 베르터의 편지를 자신이 모아서 편집한 것임을 밝힘으로써 소설의 처음부터 자신의 존재를 독자들에게 알린다. 하지만 2부의 중반 이후 편집자가 본격적으로 소설의 흐름에 개입하기 전까지는 그의 존재를 인지하기 힘들다. 편집자의 본격적인 등장 이전까지는 로테에 관한 모든 정보 역시도 베르터의 눈과 입을 통해서만 독자들에게 전달된다. 그에 반해 자살을 결심하고 마지막 편지를 쓰는 시점을 전후해서 베르터와 로테가 갖고 있던 감정에 관한 서술은 모두 편집자의 개입 이후의 내용이다. 편집자의 본격적 등장 이전에 베르터의 눈과 입을 통해서만 전달된 로테와 베르터의 관계를 간단히 살펴봄으로써 그의 사랑이 지닌 특성을 알아보자.

고향을 떠나온 베르터는 친구 빌헬름에게 보통 2~3일 정도의 간격으로 편지를 쓴다. 그런데 무슨 일인지 1771년 5월 30일에 편지를 쓴 후 2주가 지나도록 편지를 쓰지 않다가 6월 16일이 되어서야 다시 편지를 쓴다. 그사이에 베르터가 편지를 쓸 수 없을 정도로 그의 마음을 흔들어 놓은 어떤 중요한 일이 벌어졌음을 짐작할 수 있다. 로테를 만난 것이다. "간단히 말하자면, 나는 내 마음을 사로잡는 사람을 알게 되었어."(1771년 6월 16일) 자신의 '마음'을 사로잡는 사람을 알게 되었다는 베르터의 표현은 단순히 자신이 호감을 느낄 만한 사람을 알게 되었다는 정도의 의미가 아니다. 왜냐하면 베르터 스스로 표현하고 있듯이 '마음'은 그에게 "모든 힘과 모든 행복과 모든 비참함의 원천", 즉 "전적으로 모든 것의 원천임"(1772년 5월 9일)을 의미하기 때문이다. 그가 알게 된 로테는 그의 존재 전체의 원천인 마음을 사로잡았고, 이러한 격정의 상태에서 어느 정도 빠져나와 친구에게 다시 편지를 쓰기까지는 시간이 걸렸을 터다. 로테에 의해 '마음'을 사로잡힌 베르터의 삶 전체, 존재 전체가 로테에 대한 사랑에 의해 이끌려 간다. 로테를 알게 되었음을 알린 직후에 쓴 편지에서 베르터는 다음과 같이 말한다. "그 시간 이래로 해, 달, 별들은 조용히 운행하고 있겠지. 나는 낮인지 밤인지도 모르겠고, 내 주위의 모든 세계가 사라져 가."(1771년 6월 19일) 로테에 대한 사랑에 의해 마음이 사로잡힌, 즉 존재 전체를 사로잡힌 베르터에게는 이제 자신의 외부에 존재하는 현실 세계가 실제로 존재하는지도 불투명하다. 왜냐하면 그의 "머릿속에는 그녀의 모습 외에는 그 어떤 모습도 떠오르지 않고", 그는 자신의 "주위를 둘러싸고 있는 세상의 모든 것을 오로지 그

녀와의 관계 속에서만 바라보기"(1771년 8월 30일) 때문이다. 베르
터는 자신의 마음이 로테에게 사로잡혔을 뿐만 아니라, 이제 로테
도 자신을 사랑한다고 확신한다.

> "이 점에 있어서 나는 내 마음을 믿어도 돼. 그녀가 […] 그녀가
> 나를 사랑하고 있다는 것을 말이야! 나를 사랑하고 있어! 내가 나
> 자신에게 얼마나 소중한 존재가 되었는지, […] 내가 나 자신을
> 얼마나 숭배하게 되었는지! 그녀가 나를 사랑한 이후로 말이
> 야!"(1771년 7월 13일)

로테에 대한 베르터의 마음은 베르터 자신이 직접 전달해 주기
때문에 독자들이 신뢰하며 받아들이는 것이 자연스럽다. 하지만
베르터에 대한 로테의 마음은 다르다. 로테의 마음을 독자들에게
전달해 주는 것은 로테 자신이 아니라 베르터이기 때문이다. 이제
우리의 관심은 베르터가 확신하듯이 로테도 과연 베르터를 그렇
게 깊이 사랑하고 있는가를 살펴보는 것이다. 베르터가 그녀를 알
게 된 직후부터 자신의 삶을 마감하는 순간까지 확신에 차서 펼치
는 '로테는 나를 사랑한다.'라는 주장은 과연 타당한가? 편집자가
직접적으로 개입하기 전에도 우리는 베르터가 전하는 로테의 마
음이 정말 진실에 부합하는지 가늠해 볼 수 있다. 앞에서 언급했
듯이 베르터는 6월 16일 편지의 첫 시작 부분에서 자신의 '마음을
사로잡는' 로테를 알게 되었음을 알리는데, 이와 연결된 바로 직
전의 편지 끝부분에 특히 주목할 필요가 있다. 5월 30일에 쓴 이

편지에서 베르터는 새로이 알게 된 한 젊은 농부와 그가 사랑하고 있는 한 여자에 대해서 전한다. 젊은 농부는 어느 과부의 집에서 일하고 있는데, 베르터는 그와 나눈 대화를 통해 그가 그녀를 진심으로 사랑한다는 것을 알게 되었다고 말한다. 그리고 베르터는 "그녀가 그에게 얼마나 아름답고 얼마나 매력적인지"(1771년 5월 30일) 젊은 농부가 전해주는 이야기를 통해 알게 되었다고 밝힌다. 그러면서 이 편지의 끝부분에서 이렇게 말한다.

> "나는 될 수 있는 대로 빨리 그녀도 만나보려고 해. 아니 내가 잘 생각해 보니 오히려 그러지 않는 것이 좋을 것 같아. 그녀를 사랑하는 사람의 눈을 통해서 그녀를 보는 편이 더 좋겠어. 아마도 내가 그녀를 직접 보면, 지금 그녀가 나에게 아른거리는 모습이 아닐 거야. 내가 왜 그 아름다운 모습을 망쳐 버려야 하겠어."(1771년 5월 30일)

여기에서 우리가 주목해야 하는 것은 베르터의 이런 견해가 로테에 대한 소식을 전하기 바로 직전에 언급되고 있다는 사실이다. 젊은 농부에 대해서 언급하고 있는 편지와 로테와의 만남을 전하는 편지가 날짜상으로는 2주 이상의 시차가 있지만, 이 소설의 독자에게는 바로 이어진다. 젊은 농부가 전하는 그 여인의 아름다움은 그녀에 대한 그의 사랑이 만들어 낸 '아름다운 모습'일 수 있다는 베르터의 주장을 읽은 직후, 독자들은 베르터가 전하는 로테의 아름다움에 관한 이야기를 읽게 되는 것이다. 섬세한 독자라면 이러한 사실로부터, 이후 베르터의 편지로 독자들에게 전달되는 로테에 관한 모든 이야기는 그녀에게 마음을 사로잡힌 베르터가 만들어 낸 '아름다운 모습'일 수 있음을 알아차릴 것이다. 물론 이 말이 로테에 대한 베르터의 모든 진술이 실제와 다르다는 뜻은 아니다. 다만 로테에 관하여 베르터가 전달하는 모든 정보는 베르터의 주관적 판단임을 염두에 두어야 한다는 뜻이다.

'마음'이 베르터에게 지니는 의미는 각별하다. 소설의 시작인 첫 번째 편지에서 '마음'이라는 단어가 일곱 번이나 언급된다. 특히 앞에서 언급했듯이 마음은 베르터에게 '모든 것의 원천'이다. 그런데 베르터가 마음을 자신의 존재 전체의 원천이라고 주장하는 이 장면에서 주목해야 할 것이 하나 더 있다. 베르터는 '마음'을 '지성'과 대비시킨다. 1772년 3월 24일 편지에는 베르터를 좋게 본 어떤 영주가 그를 자신의 영지로 초대했다는 내용이 나온다. 이 초대에 응한 베르터는 1772년 5월 9일 자 편지에 이러한 사실을 알리면서 다음과 같이 쓴다.

> "또한 영주는 나의 지성과 나의 재능을 이 마음보다 더 높이 평가하고 있어. 하지만 이 마음은 나의 유일한 자부심이고, 전적으로 홀로 모든 것의 원천, 즉 모든 힘과 모든 행복과 모든 비참함의 원천이야. 아, 내가 알고 있는 것은 누구나 알 수 있어. 내 마음은 오로지 나 혼자만의 것이야."(1772년 5월 9일)

이 영주가 베르터를 높이 평가한 것은 아마도 베르터의 지성 때문이었던 것으로 보인다. 하지만 베르터는 자신의 지성이 이루어 낸 결과에 대해서 그것은 '누구나 알 수 있다.'고 평가함으로써 그리 중요하지 않다고 말한다. 이와는 달리 자신의 존재 전체의 원천인 '마음'은 '오로지 자기 혼자만의 것'임을 강조한다. 자신의 마음은 오직 자기 자신만 알고 있으며, 바로 그런 이유에서 존재의 원천이기도 하다. 베르터가 주장하는 것처럼 한 인물의 존재를 규정하는 원천인 마음이 그 인물 혼자만의 것이어서 다른 사람들이 그 마음을 알 수 없다면, 이 마음에 의해 전 존재가 규정되는 인물은 다른 사람들에 의해 온전히 이해되는 것 역시 쉽지 않을 것이다. 그러므로 베르터는 "오해받는 것"이 누구도 피할 수 없는 "운명"(1771년 5월 17일)이라고 말하기도 한다.

이처럼 모든 사람의 마음이 오로지 그 자신만의 것이라면, '오해받는 운명'을 벗어날 수 있는 사람은 아무도 없다. 하지만 베르터는 단 하나의 예외를 만들어 낸다. 바로 로테이다. 베르터는 로테가 자신을 사랑한다고 확신한다. 로테의 마음을 알고 있다는 것이다. 하지만 베르터의 이러한 확신은 베르터 자신의 믿음에서 벗어나는 것이다. 누구나 알 수 있는 한 개인의 '지성'과는 달리 '마음'은 그 개인만의 것이라는 게 베르터의 믿음이기 때문이다. 한 개인을 다른 사람이 아닌 그 개인으로 규정하는, 즉 그 개인의 존재 전체를 규정하는 것은 '마음'이라면, 로테를 로테이게끔 하는 것은 그녀의 마음이며, 이 마음은 로테 혼자만의 것이어서 그 누구도 알 수 없어야 한다. 베르터의 마음이 베르터 자신만의 것이듯 말이다.

로테와 사랑이 이루어지기 어렵다고 확신한 베르터는 1772년 11월 3일 편지에서 "이제 이 마음은 죽었어."라고 쓴다. 마음이 죽은 베르터는 이전의 자신이 아니다. 베르터에게 마음은 그의 전 존재의 원천이기 때문이다. 존재의 원천인 마음이 죽었다면, 그의 존재 자체가 문제가 된다. "삶의 유일한 기쁨"이었고 "생명을 가능하게 하는 성스러운 힘"(1772년 11월 3일)이 사라져 버렸다는 한탄도 그래서 과장으로 여겨지지 않는다. 마음의 죽음은 베르터의 존재 자체를 변화시킨다. 이전에 베르터는 바로 이 마음으로 자신의 주변에 있는 모든 세계를 만들어 냈으나 이젠 그 무엇도 할 수 없다. 마음이 죽었기 때문이다.

베르터가 자신을 향한 로테의 사랑을 확신하는 근거는 아마도 로테에 대한 자신의 사랑인 듯하다. 베르터가 자신을 사랑하는 로테의 마음을 안다고 주장하는 것은 궁극적으로는 오직 로테의 것으로만 남아 있어야 하는 로테의 마음을 강제적으로 점유하려는 시도일 수 있다. 베르터가 자기 존재 전체의 원천을 자기 자신 외에는 아무도 알 수 없는 자신의 마음에서 찾았다는 점을 생각하면, 그녀의 마음 역시 온전히 오직 그녀만의 것이어야 하기 때문이다. 그리고 로테의 마음을 점유하는 것은 동시에 그녀의 존재 전체를 점유하는 것으로 확대될 수 있다. 마음은 곧 그녀의 존재 전체의 원천이기 때문이다. 설사 베르터가 그러한 강제적 점유를 원하지 않았다고 해도 개인의 존재 전체를 규정하는 원천을 마음에서 찾는 베르터 자신의 확신에 충실하다면, 로테의 마음을 안다는 그의 확신이 초래할 이러한 강제적 점유는 피할 수 없는 결과가 될 것이다.

괴테는 1780년 9월 20일 라바터에게 보내는 편지에서 "개인에 관하여 진술하는 것은 불가능하다."라고 쓴다. 그 누구도 다른 사람의 내면을 뚫고 들어가 있는 그대로 드러내 밝힐 수 없다는 뜻이다. 한 개인의 내면은 오직 그 개인만의 것! 개인에 대한 이러한 이해 방식은 베르터가 자신의 마음은 오직 자신만의 것임을 강조했던 것과 같다. 적어도 베르터의 이러한 원칙 자체는 괴테의 개인 이해를 닮았다. 하지만 베르터는 이러한 원칙으로부터 하나의 예외를 만들어 냈다. 바로 이 점이 괴테와 다르다. 베르터는 로테의 마음을 잘 알고 있다고 믿었고, 그렇게 알아낸 그녀의 마음을 강제적으로 차지하는 것이 사랑이라고 확신했다. 작가 괴테는 오히려 베르터의 이런 모습에 비판적 거리를 유지하려 했고, 이를 위해 다양한 문학적 기교를 사용했다. 하지만 독자들은 이 기교를 쉽게 알아보지 못했고, 괴테는 이 점을 매우 아쉬워했다. 파우스트를 제외하고 괴테의 작중 인물 중 베르터만큼 일생에 걸쳐 괴테를 지배했던 인물은 없을 것이다. 하지만 파우스트와 함께 그의 작품 중 가장 유명한 주인공이 된 베르터는 작가 괴테가 자신과 동일시했던 유형의 인물은 아니다. 오히려 괴테는 베르터가 체현하고 있는 근대적 주관성을 비판적으로 그려 내길 원했다. 괴테가 주인공 베르터에 대해서 거리를 두면서도 작품 『베르터』가 좀 더 이해받기를 바랐던 것도 이런 이유에서다. 그는 노년에 이르렀을 때도 여전히 『젊은 베르터의 슬픔』이 충분히 이해되지 않은 채 자신의 가장 중요한 작품으로 언급되는 현실을 안타까워했다.

고트하르트
— 근원적 체험

베츨라에서 돌아와 1775년 11월 바이마르로 떠나기까지 괴테는 고향 프랑크푸르트에서 지낸다. 이때가 괴테의 삶에서 아마도 가장 활발한 집필 활동이 펼쳐진 시기였을 것이다. 『클라비고 *Clavigo*』, 『스텔라*Stella*』를 비롯한 여러 편의 희곡 작품과 「프로메테우스」 등 여러 편의 시, 그리고 새로운 예술 형식으로 주목을 받았던 여러 편의 음악극Singspiel이 모두 이때 쓰였다. 『젊은 베르터의 슬픔』을 쓴 것도 이때였다. 프랑크푸르트에 있는 그의 생가에 가면 3층에 '시인의 방'이라고 불리는 곳이 있다. 이 방에는 서서 글을 쓸 수 있는 책상이 있는데, 『젊은 베르터의 슬픔』을 비롯하여 이 시기에 발표된 거의 모든 작품이 이 책상에서 탄생했다.

『젊은 베르터의 슬픔』이 전 유럽에서 성공을 거두자, 괴테는 젊은 작가 세대에게 흠모의 대상이 되었다. 프랑크푸르트의 상류층은 그에게 다양한 형태의 관심을 표했다. 괴테가 한 음악회에 초대받게 된 것도 이런 관심과 무관하지 않았다. 1775년으로 넘어가는 날 밤에 열린 음악회였는데, 이 음악회는 프랑크푸르트의 영향력 있는 은행가이자 자산가였던 쇠네만의 집에서 열렸다. 이날 괴테는 이 은행가의 16세 된 딸 릴리 쇠네만Lili Schönemann과 사랑에 빠지게 되었고, 넉 달 후 둘은 약혼한다. 하지만 두 집안의 성향과 분위기가 너무도 달랐다. 특히 릴리의 집안은 변호사로서의 삶에 큰 가치를 두지 않는 괴테를 마음에 들어 하지 않았다. 괴테는 이런 상황에서 벗어나기 위해 여행을 선택한다.

　우선 그는 스위스에 갔다. 괴테는 일생에 걸쳐 총 세 번 스위스를 여행했다. 첫 번째인 이번 스위스 여행은 1775년 5월 중순에 출발하여 7월 말에 끝난다. 스위스를 여행할 때마다 매번 괴테는 고트하르트Gotthard에 오른다. 당시 유럽에서 가장 높은 곳으로 여겨지던 곳이었다. 고트하르트는 스위스에서 이탈리아로 넘어가는 길목으로 스위스 쪽에는 해발 2,106미터를 가리키는 독일어 팻말이, 이탈리아 쪽에는 해발 2,091미터를 가리키는 이탈리아어 팻말이 세워져 있다. 필자가 이곳에 오른 것은 7월 말로 가장 더운 시기였지만, 좀 늦은 오후가 되자 긴 옷을 꺼내 입어도 선선하게 느껴질 만큼 기온이 내려갔다. 괴테가 이곳에 오른 것은 1775년 6월 21일이었고 그는 이곳 정상에 있는 숙소에서 하룻밤을 묵었다. 고트하르트는 괴테에게 일종의 운명과 같은 장소였다. 26세의 나이로 이곳에 처음 오른 이후 두 번 더 오르게 되는데, 괴테는 평생 끊임없이 이곳을 그리워하며 고트하르트에 대해서 언급한다. 그가 자서전『시와 진실』의 마지막 4부 집필을 마무리한 것이 1831년 9월경인데, 세상을 떠나기 6개월여 전인 이때까지도 고트하르트는 그의 마음을 여전히 강력하게 사로잡고 있었다.『시와

고트하르트

괴테는 고트하르트에 모두 세 번 올랐다. 당시 고트하르트는 유럽에 가장 높은 곳으로 알려
져 있었다. 그 당시나 지금이나 고트하르트를 넘어서면 이탈리아가 시작된다.

고트하르트에서 이탈리아 방향으로 바라본 광경

1775년 6월 22일 괴테는 고트하르트에 올라 이탈리아 쪽을 바라보면서 그림을 그린다. 아래는 괴테의 그림을 보면서 대략의 위치를 찾아 이탈리아 방향을 보고 찍은 사진이다.

진실』이 거의 끝나가는 제18권의 마지막 부분에서 50년도 훨씬 더 지난 이날의 경험을 자세하게 기록하고 있을 정도다. 아마도 이 기록은 괴테가 첫 번째 스위스 여행 중 썼던 일기가 있었기에 가능했을 것이다.

괴테가 일기에 기록한 내용이다. 6월 16일부터 괴테는 본격적인 알프스 지역에 들어서고, 19일에는 스위스 건국의 신화가 된 빌헬름 텔의 무대에 도착한다. 6월 19일 자 여행 일기의 기록이다. "2시경에 3명의 텔이 맹세했던 그뤼들리Grüdli에, 이어서 텔이 뛰어내려 활동했던 텔의 평지에, 이어서 3시에는 그가 배에 태워진 플뤼엘렌에, 4시에는 그가 사과를 활로 쏘아 떨어뜨린 알트도르프Altdorf에 도착했다." 그뤼들리는 뤼틀리초원Rütliwiese이라고도 불리는 천연의 요새다. '3명의 텔'은 당시 이 초원에서 서로 맹세했던 3개 주의 대표들을 말한다. 2018년 이곳을 방문했던 나도 직접 뤼틀리초원을 걷고 싶었다. 하지만 그럴 수 없었다. 별도의 배편을 준비하지 않으면 거의 하루를 다 사용해야 할 정도로 접근이 어려웠기 때문이다. 뤼틀리초원으로 직접 갈 수 없었으므로 나는 차를 몰고 산 중턱에 난 도로를 따라 올라가서 이 아름다운 초원을 내려다보는 방법을 택했다. 산 중턱에 차를 세우고 절벽 위에서 내려다본 초원은 정말 아름다웠다. 초원 앞으로 펼쳐진 파란 호수와 뒤편을 감싸고 있는 깎은 듯이 높게 솟은 암벽의 아름다운 조화는 평화로운 목가적 분위기를 만들어 낼 뿐만 아니라 이곳이 천혜의 요새임을 확인시켜 주었다. 민족의 독립을 이루고 자유를 쟁취한 곳이어서 아름답게 여겨지기도 했지만, 나에게는 동시에

뤼틀리 초원

사진의 중간 아래쪽에 있는 작은 초원이 뤼틀리 초원이다. 앞은 호수로, 뒤편은 깎아지른 듯한 절벽으로 둘러싸여 있는 천혜의 요새로 빌헬름 텔 신화의 배경이 된 곳이다.

너무도 아름다워서 사랑하는 이와 함께 머물고 싶은 이상향 같은 곳이기도 했다. 그래서일까? 약혼녀 릴리와의 관계에 문제가 생겨 여행을 떠났던 괴테는 뤼틀리초원을 방문한 이날 베츨라에 있는 로테를 생각했고, 그녀에게 편지를 썼다. "텔이 자기 아들의 머리에 놓인 사과를 쏘아 떨어뜨렸던 곳에 있습니다. 바로 이곳으로부터 몇 마디 말을 당신에게 쓰면 안 될 이유가 있을까요? 그렇게 오랫동안 내가 침묵하고 있었으니 말입니다. […] 이곳 알트도르프는 내일 내가 오르려고 하는 고트하르트로부터 세 시간쯤 떨어져 있습니다."

고트하르트로 오르기 시작한 것은 6월 21일 수요일 아침 6시 30분. 괴테는 이 과정을 짤막한 단어들로 수첩에 기록했다. "산을 오름, 압도적이고 무시무시한. 괴셴넨. 그림을 그림. 너무너무 힘들게 땀을 흘리며. 악마의 다리와 악마. 땀을 흘리고 지쳐 쓰러짐." 아무리 짧게 잡아도 12시간 이상 걸렸을 이 여정을 괴테는 단지 몇 개의 단어로만 표현했다. 직접 걸어서 올라가는 것이 너무도 힘든 과정이어서 말로 표현하는 것이 천재 시인 괴테에게도 버거웠던 것일까? 나는 극도로 압축된 이 표현을 어느 정도는 이해할 만했다. 자동차를 이용하긴 했지만, 나도 괴테가 올랐던 이 길을 따라 올랐다. 괴셴넨부터 시작되는 쉘렌넨Schöllenen 협곡은 들어서자마자 괴테의 표현대로 '압도적인' 모습을 드러냈다. 자동차를 타고 올라가는 나에게도 너무너무 험준했다. 험준하다는 말로 다 표현되지 않는다. 괴테의 표현이 옳다. 직접 눈으로 본 그곳의 분위기는 정말로 '무시무시'했고 나를 완전히 압도했다. 악마가 머무는 곳이 있다면 이런 분위기기일까? 계곡에서 흐르는 물소리는 내 목소리는 물론 모든 소리를 삼켜버렸고, 협곡 양옆으로 삐죽삐죽 솟은 바위산은 세상의 끝을 고하는 지옥의 문 같았다. 괴테는 괴셴넨에 들어서서 그림을 그렸다고 기록하고 있다. 아마도 괴셴넨에 있는 악마바위Teufelsstein일 것이다. 악마바위는 높이가 13미터에 무게가 2천 톤이나 되는 거대한 돌덩이다. 지금은 괴테가 이 바위를 보았을 때보다 북쪽으로 127미터 옮겨져 있다. 1973년 이 협곡을 자동차로 관통하게 해 주는 거대한 터널 공사가 시작되었다. 이 고트하르트 터널을 건설하는 과정에서 악마바위를 제거할 것인지 보존할 것인지 격렬한 논쟁을 벌인 끝에 보존하기로 했고, 이에 비용을 많이 들여 지금의 위치로 옮겼다고 한다. 이제 괴테는 고트하르트에 도착하기 직전의 계곡, 그리고 마침내 도달한 고트하르트를 여행 수첩에 이렇게 묘사한다. "죽음의 계곡 안에 있는 것 같은 황량함 – 유골들로 흩뿌려진 안개 호수". 고트하르트에 오르면 그때까지 보이던 무시무시한 암벽들 대신 작은 몇 개의 호수를 마주하게 된다. 호수 주변에는 돌들과 바위, 작은 풀들로 이루어져 황량하게 보이는 언덕 같은 작은 평지가 펼쳐져 있다. 죽음의 계곡과 같은 황량함과 흩뿌려진 유골은 여기에 오르기 위해 모든 힘을 다 짜낸 괴테 본인의 모습이기도 하다. 저녁이 되어서야 괴테는 고트하르트 정상에 있는 숙소에 들어섰다. 당시의 여행 일기에는 고트하르트 호스피츠에서 보낸 밤에 관한 기록이 남아 있지 않다. 고트하르트 호스피츠는 오늘도 고트하르트를 찾은 사람들을 맞아 맛있는 음식을 내놓는다.

악마바위

무게가 2천 톤, 높이가 13미터에 달하는 거대한 바위다. 1973년 고트하르트 터널을 뚫기 위해 괴테가 봤을 때보다 북쪽으로 127미터 옮겨졌다. '악마바위'는 '악마다리'와 함께 『파우스트』 제2부에서 파우스트가 서 있는 산악지대의 험준함을 묘사하기 위해 언급된다.

고트하르트 호스피츠

고트하르트에 오른 괴테는 이 호스피츠에서 머물렀다. 지금도 고트하르트에 오른 사람들에게 맛있는 음식뿐만 아니라 잠자리를 제공한다.

스물다섯 살의 청년 괴테에게 고트하르트는 지워지지 않을 깊은 인상을 남겼고, 이후 스위스를 여행할 때마다 괴테는 이곳에 올랐다. 고트하르트의 경험은 그의 작품에도 남아 있다. 독일 교양소설의 모범으로 다루어지는『수업시대』에서도, 그리고『파우스트』에서도 그 흔적을 찾을 수 있다. 『수업시대』의 제3권은 세 개의 연으로 구성된 유명한 미뇽의 노래로 시작한다. 이 시에서 미뇽은 "저 레몬꽃 피는 나라"로 표현된 자기 고향에 대한 그리움을 노래한다. 미뇽의 고향 "집"은 "그 산과 그 작은 구름다리" 너머에 있다. 미뇽은 듣는 이에게 묻는다. "무너져 내리는 암벽과 그 위로 흐르는 폭포수 / 그대는 그 산을 아마도 아시겠지요?" 여기에 묘사된 그 산이 바로 고트하르트다. 쉘렌넨 협곡 양편으로 무너져 내리듯 솟아 있는 암벽과 그 협곡 사이로 폭포처럼 흘러내리는 계곡물, 이 모든 것을 품고 있는 고트하르트를 넘어가면 미뇽의 고향인 이탈리아다. 고향 이탈리아를 그리워하는 미뇽의 노래는 어린 시절부터 이탈리아로 여행하길 항상 꿈꾸듯 갈망하던 괴테 자신의 노래이기도 하다. 미뇽의 노래에 묘사된 고트하르트가 깊은 동경과 그리움, 아련함을 갖게 한다면,『파우스트』에 묘사된 고트하르트는 완전히 다른 분위기를 자아낸다.

『파우스트』제2부 4막의 시작을 알리는 첫 장면에서 메피스토펠레스는 자신과 파우스트가 현재 서 있는「험준한 산악지대」를 이렇게 묘사한다. "이런 무시무시한 곳 한가운데, / 흉측하게 아가리를 벌리고 있는 바위산에 내리다니요? / 내가 잘 알지만, 여기는 그럴 만한 데가 아니오. / 이건 원래 지옥의 바닥이었으니 말이

쉘렌넨 계곡

산은 깎아지른 듯 삐죽삐죽 솟아있고, 그만큼 계곡은 깊어서 쉘렌넨 계곡에 들어서는 순간
음산한 분위기에 압도된다. 계곡으로 흐르는 물은 무엇이든 쓸어가려는 듯 쏟아져 내려서
바로 옆에 있는 사람과 대화를 나누기도 힘들다.

오."(10070-10072행) 악마인 메피스토펠레스는 자신이 속해 있던 지옥을 잘 알고 있다. "예전엔 바닥이었던 것이 이제 봉우리가 된 거지요."(10088행)라고 말함으로써 이 산악지대가 이렇게도 험준하고 무시무시한 이유를 설명한다. 지옥의 바닥이 거꾸로 솟아올라 봉우리로 모습을 드러내니 이렇게 무시무시하고 폭력적으로 압도적일 수밖에! 이렇게 험준한 산악지대가 만들어질 수 있었던 것은 "기적이며 악마의 업적"(10119행)이다. 악마바위와 같이 거대한 바위들을 "내던질 수 있는 힘"(10112행)을 설명할 수 있는 사람은 아무도 없다. "철학자"(10113행)라 하더라도 이를 이해할 수 없다. 그렇기에 메피스토펠레스는 이 험준한 산악지대의 이러한 탄생 원리를 깨닫는 데서 진정한 "지혜"(10118행)를 발견할 수 있다고 강변한다. 메피스토펠레스는 자신을 추종하는 "순례자들이 믿음의 지팡이에 의지한 채, / 절뚝이며 악마바위와 악마다리를 향해 걸어갑니다."(10120-10121행)라고 말한다. 고트하르트는 지옥으로부터 솟아난 곳이고, 악마가 머무는 곳이며, 악마바위와 악마다리는 고트하르트의 기원이 어디인지 짐작하게 해 주는 증거다.

악마바위와 악마다리에 대한 언급이 단어 그대로 담긴 『파우스트』 제2부의 4막이 1831년 5월부터 7월 사이에 집필되었다는 것을 고려하면, 청년 괴테가 고트하르트에서 체험한 것이 그의 생애 마지막 순간까지 생생하게 살아 있었음을 알 수 있다. 스위스 여행은 고트하르트라는 근원에 대한 체험이었다. 하지만 스위스 여행 후에도 이 여행을 떠나게 만들었던 문제는 여전히 해결되지 않았다. 7월 말 여행에서 돌아온 괴테는 릴리와의 관계에서 여전히

악마다리

최초의 '악마다리'는 1230년경에 놓인 것으로 알려져 있다. 나무로 만들었던 이 다리는
1595년에 석조 다리로 개보수되었다. 그리고 1830년에 두 번째 다리가 새롭게 만들어지면서
처음에 놓였던 다리는 사용하지 않게 되었고, 이후 붕괴되었다. 이 두 번째 다리는 너무 좁아

서 증가한 교통량을 감당할 수 없게 되어서 1950년대에 지금 주로 사용하는 세 번째 다리를
조금 더 높은 위치에 추가로 설치하였다. 사진에서 위쪽에 절벽을 뚫고 좌우 직선으로 뻗어
있는 다리가 세 번째 다리이고, 아래에 구부러진 도로와 연결된 다리가 두 번째 다리이다. 괴
테가 건넜던 다리는 석조로 개보수된 첫 번째 다리였기 때문에 지금은 볼 수 없다.

악마와 숫염소 그림

1958년 개통된 세 번째 악마다리 왼편 위쪽 절벽에 악마와 숫염소가 그려져 있는데, 이 그림은 이 다리에 관한 전설과 연관있다. 너무도 험준한 계곡이어서 사람들이 다리를 놓을 수 없었는데, 악마가 다리를 놓아주는 대신 계약을 맺자고 제안한다. 계약은 다리를 놔주는 댓가로 그 다리를 처음으로 건너는 자의 영혼을 자신이 소유하겠다는 것이었다. 악마는 다리를 놔주었고, 악마는 그 다리를 처음으로 건너는 자를 기다리고 있었는데 사람들은 꾀를 내서 숫염소를 제일 먼저 건너도록 했다. 자신이 속은 것을 깨달은 악마는 자신이 만든 다리를 부수기 위해 거대한 바위를 갖고 왔다. 이때 한 여인이 악마를 쉬도록 설득하고, 악마 몰래 그 바위에 십자가 표시를 한다. 결국 악마는 그 바위를 들 수 없게 되고 마을에서 사라진다. 이 바위가 '악마바위'이고 이 다리가 '악마다리'이다. 『파우스트』 제2부에 묘사한 것을 보면 괴테도 이 전설을 알고 있었던 것으로 보인다.

달라진 것이 없는 현실을 마주하게 된다. 결국 릴리와 괴테는 10월에 파혼한다. 약혼한 지 6개월 만이다.

괴테는 바로 이러한 상황에서 바이마르로 초청받는다. 1774년 9월 초에 『젊은 베르터의 슬픔』이 출간되자 괴테는 수많은 사람의 주목을 받게 된다. 이때 괴테를 주목한 사람 중 한 명이 바로 칼 아우구스트다. 작센-바이마르-아이제나흐Sachsen-Weimar-Eisenach 공국의 왕자였던 그는 『괴츠 폰 베를리힝엔』과 『젊은 베르터의 슬픔』을 통해 문학계에 혜성처럼 등장한 괴테에게 깊은 관심을 가졌고, 같은 해 12월 파리로 여행을 가던 도중에 프랑크푸르트에서 괴테를 처음 만나게 된다. 다음 해인 1775년 9월, 만 18세가 되어 성년이 된 칼 아우구스트는 다름슈타트의 공주 루이제와 결혼하게 되고, 이를 계기로 프랑크푸르트에 온 그는 괴테에게 바이마르로 초청하겠다고 제안했다. 10월 중순쯤 마차를 보내 괴테를 바이마르로 올 수 있게 하고 싶다는 내용이었다. 괴테는 약간 망설였다. 괴테의 아버지는 이 제안에 반대했다. 그는 바이마르보다는 오히려 이탈리아로 여행할 것을 강하게 권했다. 당시의 바이마르는 아직 여러 가지 면에서 프랑크푸르트에 미치지 못하는 작은 도시에 불과했다. 아들이 성공한 공적인 삶을 살아가기를 원했던 아버지가 이렇게 권유한 것도 자연스러운 일이었다. 하지만 괴테는 고민 끝에 이 제안을 받아들인다. 괴테는 1775년 10월 11일 소피 폰 라 로쉬에게 보낸 편지에서 "저는 바이마르로 갑니다! 기쁘시지요?"라고 밝혔다. 영주의 초대이긴 했지만, 바이마르로 가는 것이 대단한 출세의 길에 들어서는 것을 의미하지는 않았던 것으로 보인다. 물론 괴테에게 바이마르에서 일어날 일에 대한 기대가 없었던 것은 아니다. 하지만 그에게는 바이마르행 자체보다는 프랑크푸르트의 현실을 벗어나는 것이 더 중요했다. 릴리와의 관계가 개선되지 않아 파혼에 이른 것도 떠나려는 괴테의 마음에 영향을 주었다. 괴테는 주변 사람들에게 언제 출발할지 알렸다. 짐도 이미 다 싸 놓은 상태였다. 하지만 약속했던 마차는 오지 않았다. 작별인사를 나누었던 사람들과 또다시 작별 인사를 나누는 것을 피하려고 괴테는 방 안에만 머물렀다. 이렇게 외부세계와 자신을 단절시킨 채 지내는 것이 나름의 생산적 결과를 만들어내기도 하는데, 이때 그는 지난 2년여 동안 준비했던 『에그몬트*Egmont*』 집필에 집중했고, 거의 완성하게 된다. 마침내 10월 30일 일기에 괴테는 이렇게 기록했다. "나는 북쪽으로 가려고 짐을 쌌지만, 남쪽으로 간다. 내가 가겠다고 동의했지만 가지 않고, 내가 거절했지만 간다." 10월의 마지막 날까지도 약속된 마차는 오지 않았다. 이에 괴테는 아버지가 권유했지만 거절했던 이탈리아로 여행하기 위해 프랑크푸르트를 떠나 남쪽으로 향한다. 북쪽에 있는 바이마르로 가기 위해 싸놓은 짐을 챙겨서 우선 하이델베르크로 향한다. 이 도시를 이 여행의 첫 체류지로 삼은 이유는 어머니의 친구가 그곳에 살고 있었기 때문이다. 그런데 어머니 친구의 집에서 머물던 중 자신을 데리러 온 일행이 프랑크푸르트에 도착했다는 소식을 듣는다. 1775년 11월 4일 괴테는 어머니의 친구 집에서 출발하여 바이마르로 가는 마차에 합류했다. 그리고 1775년 11월 7일 바이마르에 도착한다.

어머니 친구 도로테아 델프의 집

붉은 테두리가 칠해진 가운데 있는 집이 괴테의 어머니의 친구인 도로테아 델프의 집이다. 이 집 정문 위에는 다음과 같은 글이 적혀있다. "이곳. 어머니의 친구 도로테아 델프의 집에서 괴테가 칼 아우구스트의 초청에 따라 1775년 11월 4일 바이마르로 출발하였다."

바이마르의
청년 정치인

나는 유학하던 당시 참여했던 세미나 프로그램 덕분에 바이마르를 처음 방문했다. 이 프로그램은 당일 코스로 바이마르에 다녀오는 것이어서 그곳에 머무는 시간은 길지 않았다. 이 책을 준비하기 위해 바이마르를 다시 찾은 이번에는 여러 날 머물면서 바이마르와 주변 도시를 둘러보기로 했고, 가장 먼저 머리에 떠오른 장소는 두 곳이었다. 괴테와 바이마르의 관계를 보여 주는 가장 유명한 장소라고 할 수 있는 곳이다. 첫째는 독일국립극장 앞에 있는 괴테와 실러의 동상인데, 이 동상은 내가 학부시절 괴테를 전공하기로 결심하기 훨씬 이전부터 사진으로 봤던 것이다. 둘째는 지금은 괴테국립박물관Goethe-Nationalmuseum으로 사용되고 있는 괴테하우스였다. 괴테는 프라우엔플란에 있는 이 집에서 생의 마지막 순간까지 살았다. 이 두 곳이 인상적이었던 것은 괴테를 공부하고 있는 나에게는 자연스러운 일이었다. 그런데 이번 방문에서 유독 내 마음에 지워지지 않는 강한 인상을 남긴 곳이 있다. 일름Ilm 강가의 공원에 있는 괴테의 정원집Goethes Gartenhaus Goethes이

괴테의 정원집

괴테는 바이마르로 이주해 온 직후부터 1782년 프라우엔플란에 있는 집으로 이사하기 전까지 이 집에 머물렀다.

괴테하우스, 괴테국립박물관

1782년 칼 아우구스트의 청원으로 작위를 얻게 된 괴테는 프라우엔플란에 있는 저택에서 살게 된다. 괴테는 삶을 마감하기까지 이 집에서 50년을 살았다. 지금은 '괴테국립박물관'으로 사용되고 있다. 실러가 괴테를 방문하기 위해 프라우엔플란의 괴테 집으로 올 때면 사진에서처럼 정면에 보이는 괴테의 집을 향해 프라우엔토어거리Frauentorstraße를 걸어 왔을 것이다.

삶은 소고기 요리

괴테국립박물관 바로 앞에는 유명한 식당이 있는데, 이곳에는 괴테가 즐겨 먹었던 것으로 알려진 메뉴가 있다. '삶은 소고기' 요리인데, 약간 짭짤하지만 기본적인 맛은 꾸밈없이 담백하다.

바로 그곳이다. 건물 자체가 특별한 것은 아니다. 크지도 않고 화려하지도 않다. 대단한 건축양식을 구현하고 있는 것도 아니다. 오히려 정반대. 소박하고 평범하다. 활짝 펼쳐진 들판 한켠에 있는 이 평범한 건물은 분명 잘 보임에도 불구하고 눈에 잘 띄지 않는 듯한 느낌을 준다. 분명 사람이 인위적으로 만들어 낸 집인데, 주변의 공원과 너무도 잘 어우러져 마치 자연 그 자체인 것 같아서일까? 공원도 말만 공원일 뿐 사람의 손길이 닿았다는 게 조금도 느껴지지 않았다. 그저 여느 산자락에 있는 들판인 듯했다. 그런 자연 같은 공원과 너무도 잘 어울리는 자연 같은 집. 이 집은 괴테가 바이마르에서 보낸 첫 6년 동안 그의 삶의 중심이 되었다. 괴테는 바이마르에 온 지 몇 달이 지나지 않은 1776년 초, 경매에 나온 이 집을 칼 아우구스트의 후원으로 구매했고, 1782년 시내의 프라우엔플란에 있는 그 유명한 괴테하우스로 옮기기 전까지 이곳에서 살았다. 괴테가 이 집을 설계하고 지은 것은 아니지만, 마치 자연에 대한 본인 생각에 따라 그가 이 집을 직접 설계하고 지은 것처럼 느껴졌다. 프라우엔플란에 있는 집으로 이사한 후에도 괴테는 시내에 있는 크고 편리한 집을 떠나 작업에 집중하기 위해 몇 차례 이 작은 정원집에 한 달 넘게 머물렀다. 이 작은 집은 괴테가 바이마르에서 새롭게 시작한 자신의 삶을 회상하는 공간이기도 했다.

아름다운 작은 집, 자연같은 집에서 사는 동안 괴테가 자신의 자연적 본성과 다른 삶을 살았다는 것은 아이러니하다. 1780년 5월 14일 케스트너에게 쓴다. "나에게는 글쓰기보다 삶이 우선합니다." 이 말은 바이마르에 온 이후 첫 10년 동안의 삶을 함축적으로 잘 표현한다. 바이마르에 도착한 괴테는 의도적으로 자신의 창조적 본성을 억누른다. 공적인 영역에서 활동하는 삶을 살아가기 위해서였다. 바이마르에서 보낸 첫 10년 동안 작품 집필을 시도하지 않은 것은 아니지만 완결된 문학작품이 거의 발표되지 않은 것도 이와 무관하지 않다. 하지만 괴테가 글쓰기보다 삶이 우선하는 태도를 지속하기 위해서는 의도적 결정들을 내려야 했다. 왜냐하면 『시와 진실』 제16권에서 고백하는 것처럼, 그는 이미 자신의 "내면에 있는 시적 재능을 완전히 본성으로 여기고"(FA 14, 732) 있었기 때문이다. 창조 또는 창작의 욕구를 억지로 제어하는 것은 자신의 내적 본성에 어긋나는 것이었으며, 이러한 삶의 태도는 결국 바이마르에 온 지 10년을 막 넘겼을 무렵 그의 삶에 발생한 파국의 원인이 된다.

　바이마르는 몇몇 작은 공작령領으로 이루어진 소공국 작센-바이마르-아이제나흐의 수도였다. 괴테가 도착했을 때 거주민 수는 6천여 명에 불과했으며, 그가 이전에 경험했던 프랑크푸르트, 라이프치히, 슈트라스부르크 등과 같은 도시에 비해 전혀 화려하지도 않았고 명성을 누릴 만하지도 않았다. 산업과 상권은 발달하지 않은 상태였고, 괴테가 오기 얼마 전에 성은 불타 버렸다. 이곳에 온 지 반년 정도 지난 1776년 6월, 괴테는 여러 면에서 매우 열악한 상태에 있던 이 공국의 추밀원 위원으로 임명되었다. 추밀원은 주요 현안을 논의하고 결정하는 공국의 가장 중요한 정치 기구였다. 괴테는 시민계급 출신이었고, 이곳에 온 지 반년 정도밖에 되지 않았던 데다 너무 젊었기 때문에, 귀족들은 칼 아우구스트의 결정에 강력하게 저항했다. 괴테가 추밀원 위원으로 임명되었다는 것은 귀족 중심의 전통적 통치 방식에 대해 칼 아우구스트가 비판적 태도를 보인 것으로 여겨졌다. 따라서 귀족들은 괴테의 정치적 활동을 이런저런 방식으로 견제했다. 귀족들의 반대 명분을 약화시키기 위해 칼 아우구스트는 1782년 황제에게 청원하여 괴테에게 귀족 신분이 부여되도록 하였다.

추밀원 위원으로 임명된 괴테는 다양한 분야에서 활동을 펼친다. 그가 추진했던 혁신적 사업들에 관해 서술하기 전에, 그가 다양한 영역에서 펼친 공직 활동을 통해 추구했던 가치가 무엇인지를 먼저 확인할 필요가 있다. 이를 위해 그의 시 한 편을 간단히 살펴보자. 괴테가 공직 활동을 통해 추구했던 가치를 알아보기 위해 시를 살펴본다는 것이 어색할 수도 있겠지만, 그가 창조를 자신의 본성으로 여겼음을 생각하면 그리 이상할 일은 아니다. 함께 살펴볼 시는 그의 공직 활동으로부터 생겨난 것이다. 괴테가 추진하고 관장했던 여러 가지 사업 중에서 특별히 애정을 기울였던 일은 일메나우 광산 재개발 사업이다. 은과 구리를 생산하던 일메나우 광산은 당시 채굴을 멈춘 상태였는데, 괴테는 이 광산을 다시 가동하기를 원했다. 괴테가 이 일에 특별한 애정을 가졌던 것은 광산의 재가동을 통해 피폐한 상태에 빠져 있던 공국의 경제를 다시 활성화하고 일자리를 만들어 냄으로써 평범한 시민들의 삶의 여건을 개선하고자 했기 때문이다. 「일메나우Ilmenau」라는 시에는 이 사업을 진행하는 괴테의 마음이 잘 드러난다. 일메나우는 바이마르에서 그리 멀지 않은 도시로 괴테가 군주 칼 아우구스트와 함께 가장 즐겨 찾았던 곳이다. 그는 "숭고한 산"을 품고 있는 이 작은 도시에서 "새로운 에덴동산"을 볼 수 있기를 기대한다. '숭고한 산'은 괴테가 칼 아우구스트와 함께 오르기도 했고, 인생의 마지막 순간까지 사랑했던 키켈한을 가리킨다. 새로운 낙원은 저절로 이루어질 수 없다. 그래서 시인은 일메나우 도시를 향해 부탁한다. "나로 하여금 잊게 해 주게. 이곳에서도 세상이 / 그렇게도 많은 인간 피조물을 땅의 사슬에 붙들고 있음을." 바로 이어지는 행의 표현에 따르면, 인간이 붙들려 있는 '땅의 사슬'은 귀족들과 높은 신분의 사람들이 자신들의 이득과 편의를 위해 평범한 사람들을 억압하는 온갖 제도와 관습들이다. 특히 귀족들이 사냥을 즐기기 위해 농부들이 뿌린 "씨앗"과 "양배추"를 짓밟는 모습과 "보잘것없는 빵"조차 빼앗아 가는 현실을 묘사함으로써 평범한 시민들을 사슬에 묶어 놓고 있는 것이 무엇인지 구체적으로 드러낸다. 현실에서 겪게 되는 불의한 폭력을 억지로 잊지 않는다면, 괴테 자신이 그렇게도 좋아하고 아름다운 모습을 지닌 이 작은 도시에서 '새로운 에덴동산'을 보는 것은 불가능하다. '새로운 에덴동산'을 볼 수 있길 기대한다는 말로 시를 시작하지만, 이 시가 그리는 이 작은 도시의 실제 모습은 오히려 낙원과는 거리가 먼 것이 분명하다. 그리고 현실의 모습이 낙원과 거리가 먼 원인은 결코 '땅의 사슬'에 묶여 있어서 어려움을 직접 당하고 있는 평범한 시민들에게 있지 않다. 시의 후반부에서 시인은 이렇게 말한다. "나는 이곳에서 본다 […] / 평온한 민중이 조용한 부지런함 속에서 / 자연이 그에게 누리도록 허락한 것을 사용하는 것을." 민중들은 평온하며 부지런하다. 하지만 힘을 지닌 자들은 민중들을 억압하고 이들이 가진 얼마 되지 않는 것을 술수와 속임수로 부당하게 빼앗아 감으로써 낙원을 부숴 버린다. 그렇기에 시인은 확신을 품고 "속임수는 드러날 것이다."라고 미래의 모습을 예견한다. 힘 있는 자들이 벌이는 온갖 술수와 폭력의 본질을 드러내면, "질서는 되돌아온다 / 번영과 확고한 지상의 행복이 따라온다." 힘 있는 자들이 벌이는 온갖 강압과 속임수를 들춰내야만 한다. '지상의' 행복을 강조하는 것으로 보아 시인은 종교 지도자들도 내세의 보상을 미끼로 민중을 땅의 사슬에 묶어 놓는 일에 함께하고 있음을 밝히고 싶어 하는 것 같다. 속임수가 드러나야만 질서가 회복될 것이고 '조용한 부지런함 속에서' 성실히 살아가는 평온한 민중들이 비로소 이 땅에서 행복할 수 있다. 그리고 이것이 바로 이 나라의 번영이다. 괴테가 당시 공직에서 담당했던 중요한 업무 중 하나가 엉망이 되어 버린 조세제도의 개혁이었다는 것을 생각하면, 이 표현이 시인에게는 일메나우 광산 개발을 통한 이익의 창출이 단지 군주의 부를 늘려주는 것이 아니라 민중들의 삶을 개선하는 데 초점을 맞춘 것임을 알 수 있다. 이 시의 마지막 두 연에서 화자는 이제 군주를 향해 말한다. "오, 군주여, 그대 나라의 외진 곳이 / 그대가 살아가는 하루하루의 본보기일 것이니! / 그대는 오래전부터 그대의 신분이 지닌 의무들을 알고 있소 / 그러니 그대는 자유로운 영혼을 점차로 억제해 갑니다. / [⋯] 다른 사람들을 잘 이끌기 위해 노력하는 사람은 / 많은 것 없이 지낼 수 있어야만 합니다."

시인의 이러한 요구는 파격적이다. 군주가 추구해야 할 삶의 모범을 민중들의 삶에서 찾으라고 요청하기 때문이다. 군주는 자신의 즐거움과 이득을 위해 민중을 억압해서는 안 된다. 오히려 자기가 갖고 있는 많은 것을 포기하고 부족한 상태로 살아가는 것을 배워야 한다. 그렇게 하는 것이 군주 "그대 자신을, 그리고 그대의 신민을 행복하게 만드는 것"이라는 말로 시는 끝난다. 괴테는 이 시를 혼자 읽기 위해서 쓰지 않았다. 익명으로 발표하지도 않았다. 194행으로 이루어진 이 시는 1783년 9월 3일 군주 칼 아우구스트의 26번째 생일을 기념하기 위해서 썼으며, 실제로 그에게 바쳐졌다. 이 시에 표현된 본인의 생각을 직접 현실 정치에서 구현하고 싶어 했던 괴테의 간절함을 느낄 수 있는 대목이다. 일메나우 광산개발 사업이 결국 실패로 끝나게 되자 괴테가 이 일을 자기 자신의 패배로 받아들였던 것도 이런 맥락에서다. 이 실패는 더 높은 공직에 올라가고 싶은 욕망의 좌절이 아니었다. 공직 활동을 통해 현실에서 몸소 체험했던 삶, 그렇게 알게 된 삶을 혁신하려는 꿈이 깨진 것이고, '땅의 사슬'에 붙들려 있는 현실의 삶 앞에서 패배한 것이었다.

「일메나우」에 표현된 이러한 가치는 괴테가 자신에게 맡겨진 공직을 수행하는 내내 중요한 판단기준이 되었다. 칼 아우구스트 공작에게 사적인 이익과 관심사에 앞서 공국이라는 공동체의 이익을 추구할 것을 요구함으로써 공작의 신분에 맞는 의무 수용을 요청한 것도 바로 이러한 판단기준에 따른 것이었다. 칼 아우구스트 이전의 군주들에게는 자신의 삶을 국가를 위해 복무하도록 하는 것이 매우 낯선 일이었다. 그들은 오히려 공국의 재정을 마치 자신의 사적인 재산처럼 사용했으며, 그들의 재산을 국가의 공적 유용성을 실현하기 위해 사용하는 것은 생각조차 하지 않았다. 하지만 칼 아우구스트는 괴테의 이런 낯선 요청을 긍정적으로 받아들였으며, 실제의 정치적 결정에 적용했다.

괴테가 가장 먼저 시도한 일은 공국에서 이루어지고 있는 재정 지출을 합리화하는 작업이었다. 「일메나우」에서 표현한 것처럼 국가의 재정을 확충하려면 공작을 비롯한 높은 신분에 있는 사람들이 무언가를 포기하고 살아갈 수 있는 능력을 갖추어야 했다. 이를 위해 괴테는 우선 궁정의 재정지출 규모를 축소할 것을 요청했고, 특히 군주의 권력을 구성하는 핵심인 군대의 규모 축소를 단행했다. 국방장관Kriegsminister을 맡았던 괴테는 군대 규모를 50% 축소했다. 괴테가 재정지출 규모를 축소하여 국가 재정을 어느 정도 안정화하는 데 성공하자 칼 아우구스트는 그를 1782년 재무장관에 임명한다. 괴테는 공국의 도로, 다리, 수로의 체계를 개선함으로써 공국 외부와 상업적 교류망을 확충하는 데 기여하였다. 이 밖에도 괴테에게는 다양한 임무가 주어졌다. 조세제도가 지닌 문제 해결, 예나 대학의 운영 등도 그가 관장해야 할 업무였다. 또 하나의 흥미로운 의무도 있었다. 영아 살해범의 처벌에 관한 논쟁에 자신의 법률적 견해를 밝히는 것이었다. 이때 괴테는 『파우스트』 제1부에서 영아를 살해한 그레트헨에 대해 연민의 감정을 표현한 것과는 달리 영아 살해범의 사형에 찬성했다. 국가의 보편적인 삶의 안녕을 위해서는 농업의 중요성을 간과해서는 안 된다는 것이 괴테의 확신이었다. 농업의 체계적 개선을 위해 그가 가장 먼저 주목한 것은 농부들에게 부여되는 과도한 부역 의무와 세금의 부담이었다. 괴테는 농부들에게 그들이 감당할 수 있는 것보다 많은 부역과 세금을 강요하는 것은 사회적으로 불공정한 처사이므로 정치적 이성이 올바로 작동하도록 해야 한다고 강조했다.

하지만 그의 공직 활동이 모두 성공적이었던 것은 아니다. 물론 괴테 본인의 능력이 부족한 부분도 있었지만, 정책 결정과 관련하여 궁정에서 벌어지는 난맥상이 무엇보다 중요한 이유 중 하나였다. 그뿐 아니라 괴테를 못마땅하게 여기는 귀족들의 태도도 그의 공직 활동에 부정적인 영향을 끼쳤다. 괴테는 자신이 설정했던 목표에 맞게 공국을 개혁하려는 희망을 실현하는 것이 점점 더 어려워지는 것을 느끼게 된다. 이런 와중에 일메나우에서의 실패 경험은 그에게 더욱더 아프게 다가왔다. 다양한 이유로 피할 수 없었던 실패 경험들은 괴테에게 혁신적 정치를 통해 실현하고 싶었던 이상을 포기할 수밖에 없다는 현실을 깨닫게 해 주었다. 이러한 깨달음은 괴테가 1786년 자신을 그렇게도 신뢰해 주었던 칼 아우구스트에게 인사 한마디 남기지 않고 갑작스럽게 이탈리아로 떠난 중요한 이유 중 하나로 작용한다.

괴테등산로Goethewanderweg

괴테등산로는 독일 튀링겐주에 있는 튀
링겐 숲에 있다. 이 등산로는 일메나우
라는 작은 도시에 있는 괴테박물관 앞
에서 시작된다. 이 박물관 앞에는 매우
독특한 괴테 동상이 있다. 박물관 앞에
있는 괴테 동상은 벤치에 앉아 있는 모
습이다. 프랑크푸르트나 바이마르에 있
는 괴테의 동상은 모습에서뿐만 아니라
이미 동상의 크기에서 매우 압도적 위
엄을 느끼게 되지만, 일메나우에 있는
이 동상은 크기도 실제 사람과 같고, 그
모습이 매우 친근한 느낌을 줘서 곁에
함께 앉고 싶은 마음이 들게 한다. 이 등
산로의 총 거리는 약 20킬로미터에 달
하며, 일메나우에 있는 괴테 동상에서
시작해서 마네바흐Manebach를 지나 슈
튀처바흐Stützerbach에 있는 괴테 박물
관에서 끝난다. 괴테가 바이마르에서

일메나우 괴테 박물관

제비바위

공직을 수행하는 동안 일메나우를 방문한 횟수가 기록된 것만 스무 번이 훨씬 넘는데, 괴
테 방문과 관련하여 의미 있는 장소를 기념하기 위해 괴테등산로에는 여러 개의 장소를
지정하여 놓았다. 몇몇 장소만 소개하면, 우선 해발 690미터 지점에 있는 '제비바위
Schwalbenstein'라는 이름의 거대한 암벽이다. 이 바위 위에는 대피소 기능을 하는 작은
오두막이 있다. 이 바위는 괴테가 『타우리스의 이피게니에*Iphigenie auf Tauris*』의 산문판
제4막을 하룻밤 사이에 완성하는 엄청난 창작력과 연관된 일화를 갖고 있다. 괴테는 이
곳에서 1779년 3월 19일 하룻밤을 보냈는데, 괴테는 이날 일기에 이렇게 기록하고 있
다. "혼자 제비바위에서. 이피게니에 4막을 씀." 1831년에 쓴 것으로 추정되는 리머
Friedrich Wilhelm Riemer에게 보낸 편지에서 괴테는 이날의 일을 다음과 같이 회상한다.

"일메나우 근교에 있는 제비바위. '나는 화창한 날, 차분한 기분으로' 3년 전에 선택한 소재인 이피게니에의 4막을 하루 만에 썼소. 1779년 3월 19일에." 제비바위 오두막 안으로 들어가면 이 글이 걸려 있는 것을 볼 수 있다.

꽤 높은 산 두 개를 넘어야 하는 이 등산로의 가장 높은 지점은 해발 861미터인 키켈한이다. 중간중간 쉬어가며 좁고 가파른 길을 힘들게 걸어 올라가면 나무와 수풀 사이로 어두운 색깔의 나무로 지은 자그마한 집이 보인다. 바로 '괴테오두막Goethehäuschen'이다. 괴테오두막이 위치한 키켈한은 내가 괴테등산로 방문을 계획했을 때 가장 가고 싶었던 곳이었다. 이 오두막과 키켈한 정상은 괴테가 특별히 애정을 품었던 곳이기 때문이다. 이 오두막을 지나면 곧바로 그동안의 힘든 노정을 보상해 주듯이 오른편 산 아래로 아름다운 풍경이 펼쳐진다. 괴테는 여든두 번째 생일이자 마지막 생일인 1831년 8월 28일을 이곳에서 보냈다. 그만큼 이 작은 오두막과 키켈한 정상에 대한 그의 애정이 컸음을 알 수 있다. 이날 키켈한에 오른 괴테는 눈앞에 펼쳐진 아름다운 광경을 바라보며 말했다. "아, 훌륭하신 칼 아우구스트 대공께서 이 아름다운 광경을 다시 한번 보실 수 있으시다면 얼마나 좋겠는가!" 3년 전에 세상을 떠난 바이마르 공국의 공작 칼 아우구스트에 대한 애잔한 그리움이 담긴 말이다.

괴테등산로는 괴테가 자기 이름의 약자로 사용했던 독일어 G의 필기체로 표시되어 있다. 흰 바탕에 녹색으로 쓰인 이 표지판은 괴테등산로를 걷는 동안 곳곳에서 보게 된다. 이 등산로의 마지막 지점인 슈튀처바흐의 괴테박물관에 도착하면, 바닥에 흰색의 돌을 박아서 새겨 놓은 G를 만나게 된다. 이곳에 서면 괴테가 일메나우의 경제를 살릴 방법을 고민하며 수도 없이 걸었던 그 흔적의 길을 잘 따라왔다는 소박한 만족감에 지친 몸과 마음이 위안을 받는다.

괴테 등산로 표시

삶의 위기
─ "숨겨진 매듭"을 다시 묶다

바이마르에 온 지 7년이 되는 날인 1782년 11월 7일 괴테는 폰 슈타인Charlotte von Stein(1742~1827) 부인에게 편지를 쓴다. "오늘로 내가 이곳에 온 지 7년이 되었습니다. 나는 하지만 오늘부로 나의 삶과 존재의 새로운 시대를 시작하면 좋겠습니다." 지난 7년의 삶에 강한 회의를 품은 것처럼 보이는 문장이다. 이러한 회의를 고백하는 대상이 폰 슈타인 부인이라는 사실은 이 고백이 매우 진지한 것이었음을 짐작하게 해 준다. 폰 슈타인 부인은 이 시기 괴테의 삶에 절대적 영향을 미치고 있었기 때문이다. 괴테가 폰 슈타인 부인을 알게 된 것은 바이마르에 도착한 직후인 1775년 11월이었다. 그녀는 괴테가 바이마르에서 보낸 첫 10년 동안 그 누구보다도 깊은 영향을 미쳤다. 괴테가 그녀와 맺은 관계는 에로스적 사랑인 동시에 정신적 사랑이었다. 그는 그녀와의 관계 속에서 이제까지 경험했던 모든 사랑을 뛰어넘었다. 나아가 그녀와의 교류는 괴테의 정신적 활동의 근본적 자양분이 되었다. 괴테가 그녀에게 보낸 편지는 1,500통이 훨씬 넘는데, 그는 편지를 보내면서 수

폰 슈타인 부인의 집

괴테가 바이마르에서 보낸 첫 10년 동안 그에게 가장 큰 영향을 미친 사람은 샬로테 폰 슈타인 부인이다. 폰 슈타인 부인의 집은 프라우엔플란에 있는 괴테의 집으로부터 불과 200여 미터 떨어져 있다.

많은 시를 동봉하기도 했다. 특히 바이마르에 온 이후 이곳에서 보낸 삶에 대해 본격적으로 회의를 품기 시작한 1782년경부터 괴테의 삶은 더욱더 폰 슈타인 부인에게 의지하게 된다. 앞서 인용한 것처럼 괴테는 폰 슈타인 부인에게 보내는 편지에서 존재의 근본적 변화와 새로운 삶의 시작을 갈망하는 마음을 표현한 후, "이러한 새로운 시작과 변화를 통해 내가 점점 더 그대의 마음에 들게 되면 좋겠습니다."라고 쓴 것도 이러한 사실을 잘 보여 준다. 근본적 변화에 대한 괴테의 갈망과 결단은 새로운 삶의 출발을 준비하려는 것이자 동시에 폰 슈타인 부인의 마음을 얻기 위한 시도이기도 했다.

그러면 새로운 시작을 통해 서로 구분되는 괴테의 이전의 삶과 이후의 삶은 서로 어떻게 다른가? 폰 슈타인 부인에 편지를 쓴 지 2주일 후인 11월 21일 괴테는 크네벨Karl Ludwig von Knebel(1744~1834)에게 보내는 편지에서 다음과 같이 쓴다. "나는 나의 정치적이고 사회적인 삶을 나의 도덕적이고 시문학적인 삶으로부터 완전히 분리한 상태로 살아왔습니다(외면적으로는 그렇게 여겨집니다)." 바이마르에 온 이후 괴테는 의도적으로 공직을 통해 정치적이고 사회적인 영역에서 활동하는 삶을 살았다. 괴테 스스로 말하고 있는 것처럼 적어도 외면적으로는 마치 공적인 영역의 삶과 사적인 영역의 삶을 분리한 것처럼 보였다. 그리고 같은 편지에 쓰고 있듯이, 두 영역이 분리된 삶이 "최선"인 것처럼 보였다. 하지만 이러한 분리는 겉으로만 가능했을 뿐이었다. 괴테는 이렇게 고백한다. "나의 여러 계획과 의도들이 가장 깊은 내면에서만은 비밀스럽게 나 자신에게 충실한 상태로 남아 있었고, 그래서 나는 나의 사회적, 정치적, 도덕적, 시문학적 삶을 하나의 숨겨진 매듭으로 다시 묶고 있습니다." 삶의 두 영역을 완전히 분리해서 의도적으로 정치적이고 사회적인 삶을 살아왔다고 믿었던 괴테는 이 분리가 외면상의 분리일 뿐임을 자각하게 되었다. 공적인 삶을 살아오는 동안에도 실제로는 자신의 가장 깊은 내면에서 자기 자신에게 여전히 충실했음을 알게 된 것이다. 이러한 생각을 표현하기 두 달 전쯤인 1782년 9월 17일 폰 슈타인 부인에게 보낸 편지에서 괴테는 자신에 관하여 비슷한 견해를 밝힌다. "나는 분명히 원래 사적 인간으로 창조되었습니다. 그래서 나는 운명이 어떻게 나를 국가 행정과 영주 집안 안으로 밀어 넣은 것인지 이해할 수 없습니다." 괴테는 바이마르로 온 이후 7년간 공적인 삶을 살아왔고, 그 삶은 그 누구도 해내기 어려울 정도의 성공적인 삶이었다. 하지만 괴테 자신은 공적인 삶이 자신의 본성과 맞지 않았음을 절감하고 있었다. 전적으로 공적인 영역에서 자기 삶의 본령을 찾으려 했던 시도는 사적 인간으로 창조된 괴테에게는 불행한 선택이었다. 삶이 위기에 직면했음을 깨달은 괴테가 이를 타개하기 위해 선택한 방법은 분리된 것처럼 보였던 삶의 두 영역을 '숨겨진 매듭'으로 다시 묶는 것이었다. 괴테가 생각하는 삶의 근본적 변화와 새로운 시작은 자신의 본성을 다시 삶의 전면에 드러내는 일이었다.

자신의 본성에 충실한 새로운 삶을 시작한 괴테에게 정신적 힘을 제공한 자는 헤르더였다. 바이마르에 온 지 한 달쯤 지난 1775년 12월 12일 괴테는 슈트라스부르크 유학 시절부터 깊은 신뢰 관계를 맺어온 헤르더에게 편지를 쓴다. "사랑하는 형제여, 공작이 교회 총감독을 구하고 있습니다. 괴팅엔으로 가려는 그대의 계획을 시간을 내서 바꿔 본다면, 여기에서 아마도 무언가 할 일이 있을 것 같아요." 칼 아우구스트 공작은 1771년 3월부터 공석으로 남아 있던 교회 총감독을 담당할 사람을 찾고 있었고, 괴테는 헤르더가 이 역할을 맡으면 좋겠다고 생각했다. 당시에 뷔케부르크Bückeburg에서 궁정 설교자로 지내고 있던 헤르더는 자신의 상황에 만족하지 않았고, 그래서 괴팅겐 대학에서 교수로 초빙해 주기를 기다리고 있었다. 괴테는 칼 아우구스트에게 헤르더를 바이마르로 초청해 달라고 강력히 요청했다. 괴테를 신뢰했던 공작은 이 요청을 긍정적으로 받아들였다. 하지만 괴테를 탐탁지 않게 여겼던 공작 주변의 신분 높은 관료들이 헤르더의 초청을 반대했다. 게다가 헤르더는 당시 자유사상가로 알려져 있었기에 이들의 반대는 더욱 거셌다. 교회 총감독은 교회뿐만 아니라 공국의 모든 학교를 관리하는 자리였고, 그만큼 많은 영향력을 행사할 수 있는 자리였다. 따라서 자유사상가인 헤르더가 그 자리를 맡는 것이 관료들에게는 위험스러운 일로 여겨진 것이다. "그대가 예루살렘과 어떤 관계인지 빨리 답해 주시오. 그의 우호적인 편지가 많은 도움이 될 것 같습니다. 사랑하는 형제여, 우리는 예전부터 재수 없는 놈들과는 잘 지내지 못했지요. 어디나 재수 없는 놈들이 자리를 차지하고 있습니다. 공작은 그대를 부르려는 의지를 지니고 있지만, 여기 나머지들은 모두 그대를 반대합니다." 1776년 1월 15일에 쓴 이 편지에서 언급된 예루살렘은 괴테가 『젊은 베르터의 슬픔』을 쓰는 데 결정적 동기를 제공했던 자살 사건의 주인공 칼 빌헬름 예루살렘의 아버지인 예루살렘Johann Friedrich Wilhelm Jerusalem이다. 그는 브라운슈바이크에서 목사로 활동하고 있었다. 헤르더를 바이마르로 데려오려면 그를 자유주의자라고 의심하던 바이마르의 보수신학자들의 주장을 논박할 수 있는 근거가 필요했다. 이 논거를 제시해 줄 수 있는 인물을 찾고 있던 괴테는 예루살렘 목사가 적절하다고 판단했고, 그래서 헤르더에게 예루살렘에 관해 질문한 것이다.

이런 반대에도 불구하고 헤르더는 마침내 1776년 10월 2일 칼 아우구스트의 초청으로 바이마르에 도착했다. 하지만 기대했던 것과는 달리 헤르더와 괴테의 관계는 얼마 지나지 않아서 소원해지고 만다. 여러 가지 이유가 있겠지만, 우선 생각할 수 있는 것은 괴테에 대해 헤르더가 느꼈던 상대적 무기력감 혹은 시기심이다. 1782년 7월 11일 헤르더는 신학자이자 자신의 스승이었던 하만 Johann Georg Hamann(1730~1788)에게 보내는 편지에서 괴테의 화려하고 성공적인 공직 활동, 그가 작위를 받게 된 사실, 시내의 저택으로 이사한 사실 등을 길게 언급한 후 이렇게 쓴다. "이곳에서 내 존재는 거의 쓸모없는 상태고, 내 존재가 나 자신에게 하루하루 점점 더 무거워지고 있습니다. 어딘가 다른 곳으로 갈 수 있다면, 떠나고 싶습니다." 이 편지는 헤르더가 바이마르에 와서 보낸 처음 5~6년간 자신이 살아 온 삶과 괴테의 삶을 비교한 결과라고 할 수 있다. 헤르더는 성공을 향한 의지가 강했던 사람이고 그만큼 인정받으려고 노력했다. 하지만 그는 여전히 칼 아우구스트를 중심으로 한 그룹에 끼지 못하고 있었다. 괴테는 달랐다. 슈트라스부르크에서 지낼 때는 자기의 지도를 받았던 괴테가 이젠 자신보다 훨씬 큰 영향력을 발휘하는 위치에 있었다. 하루가 다르게 능력을 키워 가는 괴테를 보면서 헤르더는 강한 상실감을 느꼈다. 그뿐 아니라 헤르더는 반귀족주의적 성향을 지니고 있었고, 따라서 궁정을 중심으로 결정되고 진행되는 일에 적극적으로 참여하는 것이 쉽지 않았다. 그렇다고 괴테가 헤르더를 예전처럼 찾는 것도 아니었기에 둘의 관계는 자연스레 멀어질 수밖에 없었다.

흥미롭게도 괴테가 본인의 삶에 대해 위기의식을 갖게 된 것이 헤르더와 관계를 회복하는 계기가 된다. 헤르더가 하만에게 자신의 처지에 대해 한탄하는 편지를 쓸 무렵인 1782년 가을, 앞에서 언급했던 폰 슈타인 부인에게 보낸 편지에서 확인할 수 있듯이 괴테는 바이마르에서의 삶에서 위기를 느끼고 있었다. 이제까지 인위적인 방식으로 분리했던 자기 삶의 영역들을 '숨겨진 매듭'으로 다시 묶음으로써 새로운 삶을 시작하겠다는 괴테의 결의는 헤르더와의 관계에도 근본적인 변화를 초래한다. 손을 먼저 내민 것은 괴테였다. 괴테는 1783년 자신의 생일을 계기로 헤르더와의 관계 회복을 위해 노력한다. 예전 슈트라스부르크 유학 시절에는 가르침을 주는 선생님과 배우는 학생의 관계였다면, 이제 이 둘은 진정한 의미의 친구이자 정신적 활동의 동반자가 된다. 괴테는 헤르더와 관계가 회복된 것을 매우 기뻐했다. 같은 해 11월 12일 야코비에게 보내는 편지에는 "헤르더를 그렇게 오랫동안 나와 떼어 놓았던 슬픈 구름이 마침내, 그리고 지금 내가 확신하고 있는 바지만, 영원히 걸렸다는 것은 아름다운 행복"이라고 썼다. 또 12월 말에 라바터에게 보내는 편지에는 이렇게 쓴다. "나와 헤르더는 이제 우리 사이를 갈라놓았던 것을 더 이상 아무것도 갖고 있지 않습니다. 이는 내 인생에서 중요한 기쁨 중의 하나입니다. 만일 내가 존경하는 마음에서 침묵하는 그런 부류의 사람이 아니라면, 모든 것이 더 일찍 해결됐을 것입니다. 하지만 우리 관계는 또한 영원할 것입니다." 둘의 관계가 영원할 것이라는 확신은 물론 현실이 되지 않는다. 나중에 1788년 괴테는 2년여의 이탈리아 여행을 끝내고 돌아오는데, 그로부터 얼마 지나지 않아서 둘의 관계는 다시 멀어지게 된다.

이탈리아 여행을 떠나기 전 이렇게 회복된 둘의 관계는 두 사람 모두에게 많은 흔적을 남겼다. 바이마르 시절 헤르더는 다양한 학문 분야의 문제를 다룬 여러 권의 저술을 남기는데, 대표적인 것으로 『인류 역사의 철학을 위한 생각들Ideen zur Philosophie der Geschichte der Menschheit』을 꼽을 수 있다. 1784년부터 출판되기 시작한 이 책의 탄생은 새롭게 시작된 괴테와의 관계와 무관하지 않다. 헤르더는 이제까지 발표했던 작은 규모의 글들에서 밝혔던 결과를 토대로 이 책을 집필했는데, 이 책에서 그는 인류의 역사를 제대로 이해하려면 하나의 철학이 필요하다는 견해를 펼친다. 자연과 역사를 법칙적 통일체로 파악하는 역사철학이다. 인간의 역사와 자연의 역사가 밀접한 관계 속에 있다는 헤르더의 이러한 견해는 당시 괴테가 진행하고 있던 자연 연구와 방향을 같이한다. 특히 동물의 골격에 관한 괴테의 연구가 흥미롭다. 1781년부터 골격에 관한 해

부학적 연구를 점차 체계화하고 있던 괴테는 1784년 3월 27일 두 통의 편지를 쓴다. 한 통은 폰 슈타인 부인에게, 다른 한 통은 헤르더에게 보내는 것이다. 괴테는 우선 폰 슈타인 부인에게 알린다. "내가 중요하고 아름다운 해부학적인 발견을 해냈습니다. […] 하지만 이 사실을 누구에게도 말해서는 안 됩니다. 비밀을 지키기 위해 직인을 찍은 편지 한 통이 헤르더에게 이 사실을 알릴 겁니다. 너무 기뻐서 내 모든 내장이 요동치는 듯합니다." 이어서 폰 슈타인 부인에게 말한 대로 헤르더에게 이 '중요하고 아름다운 해부학적 발견'에 대해서 알린다. "내가 발견했소. 그것은 금도 아니고 은도 아니요. 하지만 나에게 말로 다 표현할 수 없는 기쁨을 주는 것입니다. 인간의 몸에서 발견한 악간골顎間骨 말이오. […] 그것은 그대도 정말 진심으로 기쁘게 해 줄 것입니다. 왜냐하면 그것은 인간을 완성하는 마지막 돌과 같은 것이기 때문입니다. 그것은 없는 것이 아니었습니다. 그것은 역시 존재하는 것이었습니다." 괴테가 악간골을 발견하고서 이렇게나 기뻐한 것은, 이 뼈가 바로 인간과 다른 동물들 사이의 연결고리를 의미했기 때문이다. 당시 거의 모든 해부학자가 다른 포유류들과는 달리 인간에게는 이 악간골이 존재하지 않는다고 여겼다. 그리고 악간골은 인간이 다른 동물들과 다른 존재임을 입증하는 증거이기도 했다. 하지만 괴테는 인간과 동물의 차이를 입증하는 표식이었던 악간골을 인간에게서 발견함으로써, 이제는 오히려 악간골을 인간과 동물을 서로 연결된 통일체로 파악할 수 있는 증거로 제시할 수 있게 된 것이다. 괴테는 1781년 11월 14일에 쓴 한 편지에서 악간골을 "모든 생명과 모든 인간적인 것이 달린 텍스트"라고 불렀다. 이러한 사실은 괴테가 이미 골격에 관한 연구를 체계화하던 시점부터 악간골이 지닌 의미를 염두에 두고 있었다는 사실을 말해 준다. 괴테에 의해 이루어진 악간골의 발견은 자연과 인간 사이의 연속성에 대한 헤르더의 역사철학적 이해를 강화하게 된다. 자연과 인간의 연속성에 대한 역사철학적 구상은 단순히 관념적인 것이 아니라 실증적 증거를 통해 입증될 수 있는 것으로 보였기 때문이다. 그렇기에 괴테는 이 뼈가 자연과의 연속성 속에서 인간을 완성하는 마지막 돌일 수 있다고 믿었다. 괴테는 헤르더에게 보낸 1784년 3월 27일 편지에서 이러한 생각을 분명히 밝힌다. "나는 이 뼈를 그대가 구상하고 있는 전체와의 결합 속에서 생각했습니다." 괴테에게 악간골의 발견은 자연 전체에 대한 구상을 아름답게 완성할 수 있음을 의미했다.

괴테로부터 악간골 발견 소식을 들은 후인 1784년 5월 헤르더는『인류 역사의 철학을 위한 생각들』1부를 출판한다. 신학자인 헤르더가 악간골 발견을 통해 인간과 동물들의 관계를 통일적으로 파악하는 역사철학적 견해를 제시한 것은 당대의 주류 기독교 신학의 입장과는 다른 것이었다. 따라서 헤르더의 이러한 주장은 그를 자유사상가로 여겨 바이마르로 부르는 것을 꺼렸던 보수적인 관료들과 신학자들의 염려를 정당화해 준 것이기도 했다. 악간골의 존재 여부로 인간과 동물을 구분하는 것은 단지 생물학적 차이만을 가리킨 것이 아니었다. 보다 근본적으로는 하느님이 인간을 다른 피조물과는 다른 존재로 또는 나아가 우월한 존재로 창조했다는 믿음을 입증하는 증거이기도 했다. 하지만 괴테와 헤르더의 확신은 인간이 다른 동물들과 실체적으로 같은 범주에 속하는 존재임을 주장한 것이고, 자연을 보편적으로 관통하는 통일된 형성 원리를 설파하려는 것이기도 했다. 하지만 괴테가 확신했던 악간골 발견의 의미는 당시의 과학자들에 의해 주목받지 못했다. 이러한 현실은 그에게 커다란 실망을 안겨주었다. 이로부터 거의 50년이 지난 1830년 9월에 발표한 동물학의 원리에 관한 글에서도 괴테는 여전히 악간골 발견이 지닌 의미가 간과되고 있음을 아쉬워했는데, 이를 보면 악간골 발견이 지닌 의미가 적어도 그에게는 매우 크고 분명했음이 틀림없다.

헤르더와의 관계 회복은 자연 연구에만 영향을 미친 게 아니었다. 괴테의 악간골 발견이 헤르더가『인류 역사의 철학을 위한 생각들』에서 제시한 역사철학적 구상의 실증적 출발점이 되었다면, 헤르더가 이 저작을 통해 제시한 인류 보편사에 관한 구상은 괴테의 문학에 영향을 미친다. 대표적인 예가 바로「비밀들*Die Geheimnisse*」이라는 근대 서사시이다. 1784년 가을과 1785년 봄에 쓰인 이 시에는 열두 명의 수도사가 등장하는데, 이들은 각각 하나의 특정한 종교를 대변한다. 이 수도회의 대표자는 후마누스 *Humanus*라는 이름을 가진 수도사이다. 그는 이름이 암시하듯이 완벽하게 순수한 인간성을 체현하고 있는 인물이다. 다른 모든 수도사와 그들을 통해 대변되는 종교들은 모두 자신만의 고유한 방식으로 후마누스가 체현하고 있는 순수한 인간성에 참여한다. 괴테는 1816년 4월에 발표한 이 시에 관한 해설에서 열두 명의 수도사와 후마누스의 관계를 이렇게 설명한다. "각각의 서로 다른 종교는 자신의 최고 전성기에 도달한 것"이다. 그리고 서로 다른 시대를 대변하기도 하는 이 종교들은 각각 자신만의 최고의 전성기에 도달함으로써 제각기 고유한 방식으로 후마누스가 체현하고 있는 순수한 인간성의 정신과 "완전히 하나가 된다". 괴테의 이러한 생각은 헤르더가 『인류 역사의 철학을 위한 생각들』에서 제시하는 인간성에 관한 구상과 많이 닮았다. 헤르더는 인류 역사가 거쳐 가는 서로 다른 발전 단계들이 모두 각각의 고유한 가치를 지녔다고 본다. 하지만 각각의 단계가 고유한 가치를 지닌다는 사실이 인류 역사의 발전을 부정하는 것은 아니다. 오히려 점차로 강화되어 가는 인간화의 과정에서 인류 역사는 진보한다고 확신했다.

헤르더와 관계를 회복한 것을 계기로 자연과학에 관한 관심을 구체화하고, 종교적이며 역사철학적인 인간 이해를 강화해 나가던 시기에 괴테는 그의 인생에 있어서 결정적으로 중요한 의미를 지니는 경험을 하게 된다. 1784년 말부터 1785년 초에 이르기까지 괴테는 스피노자의 『에티카Ethica』를 집중적으로 읽는다. 이 시기의 집중적 독서를 통해 알게 된 스피노자가 괴테의 인생에 어떤 의미를 지니는지는 나중에 60대 후반이 된 괴테가 첼터에게 1816년 11월 7일 편지에서 고백하는 것을 보면 짐작할 수 있다. "지난 며칠 동안 나는 린네를 다시 읽었고 이 비범한 남자에 대해서 놀랐습니다. 나는 그로부터 무한히 많이 배웠습니다. 단지 식물학만은 아닙니다. 셰익스피어와 스피노자 외에 고인이 된 그 어떤 분도 나에게 그만한 영향을 준 사람은 없을 겁니다." 여기서는 린네가 자신에게 미친 영향에 대해서 주로 언급하고 있지만, 전체 맥락 속에서 보면 린네의 위대함을 셰익스피어와 스피노자에 대한 자기 생각과 비교하며 설명하고 있다. 괴테는 자신에게 가장 큰 영향을 준 인물로 린네와 셰익스피어 그리고 스피노자로 꼽은 것이다.

괴테가 글에서 스피노자를 처음 언급한 것은 1770년 2월이다. 이때 괴테는 스피노자의 사상을 "혐오스러운 이단"이라고 기록하는데, 그의 이러한 판단은 당시 스피노자에 대한 일반적인 견해를 크게 벗어나는 것이 아니었다. 이후 괴테는 1773년 4월과 5월에 콜레루스Johannes Colerus의 『베네딕투스 폰 스피노자의 생애Das Leben des Benedict von Spinoza』(1733)를 읽게 된다. 스피노자의 글을 아직 제대로 읽은 적이 없었던 괴테는 이 독서를 계기로 스피노자에 대해서 보다 깊은 관심을 지니게 되는데, 그 이유가 흥미롭다. 괴테는 이 독서 경험을 『시와 진실』제16권에 기록했다. 이에 따르면 콜레루스의 책은 스피노자의 사상에 대한 강한 반박을 제기하는 내용을 담고 있었다. 그런데 괴테는 이 책이 제기하는 스피노자에 대한 강한 비판이 "오랫동안 생각하지 않았던 스피노자"에게로 오히려 자신을 몰고 갔다고 말한다. 왜냐하면 그는 "누가 어떻게 생각했는가를 다른 사람에게서 듣기보다는 바로 그 사람으로부터 직접 듣는 것이 더 낫다고 생각했기" 때문이었다. 콜레루스의 책이 스피노자를 "추악하게 왜곡하고 있는지"도 모른다고 생각한 괴테는 스피노자의 글을 직접 읽어야 한다고 생각한다. 스피노자의 저작,

특히『에티카』를 집중적으로 읽게 된 것은 그로부터 10여 년이 지나서다. 이 시점은 괴테가 맞닥뜨리고 있던 삶의 위기에서 벗어나기 위해 '숨겨진 매듭'을 다시 묶음으로써 삶의 근본적 변화와 새로운 시작을 시도하던 시기였다. 그리고 헤르더와의 관계를 회복해 가고 있던 시기이기도 했다. 자연에 대한 이해의 폭을 넓히고 자연과 인간 사이의 밀접한 연관성을 규명함으로써 당시의 신학적 견해에 비판적 물음을 던지던 이 시기에 스피노자를 집중적으로 읽었다는 것은 우연이 아니다. 이때 시도된 스피노자 저작에 대한 집중적 독서가 이후 자연에 대한, 그리고 인간과 신에 대한 괴테의 이해 방식에 결정적 영향을 미치게 되기 때문이다.

괴테가 스피노자의『에티카』를 집중적으로 공부하게 된 결정적 계기를 제공한 것은 친구 야코비였다. 야코비는 1785년에『스피노자의 학설에 관하여*Über die Lehre des Spinoza in Briefen an den Herrn Moses Mendelssohn*』를 출판하는데, 출판 전인 1783년 말에 이미 야코비는 이 책 원고의 전반부를 바이마르로 발송한 터였다. 1784년 9월 18일부터 29일까지 야코비가 바이마르를 방문하자, 괴테는 헤르더와 함께 이 책에 관하여 야코비와 논쟁을 벌인다. 이 책은 제목에서 알 수 있듯이 스피노자의 사상을 다루고 있는데, 출판 이후 이른바 범신론 논쟁을 불러일으켰다. 야코비는 범신론의 성격을 지닌 스피노자 사상을 무신론이라고 강하게 비판했다. 스피노자가 이 세계의 외부에 초월적으로 존재하는 인격적인 신에 관한 생각을 거부했기 때문이다. 야코비와 논쟁을 벌인 후 괴테는 스피노자의『에티카』를 직접 읽어야겠다고 생각한다. 1784년 11월 9일 괴테는 폰 슈타인 부인에게 이렇게 편지를 쓴다. "오늘 저녁 내가 그대의 집에서 함께 시간을 보내게 되겠지요. 우리는 그대의 정서와 그렇게도 많은 친화력을 지닌 그 비밀들 속에서 함께 계속해서 읽어갈 겁니다." 폰 슈타인 부인과 친화력을 지닌 비밀은 스피노자의 사상을 가리킨다. 괴테는 폰 슈타인 부인과 함께 『에티카』를 읽기 시작한 것이다. 이틀 후 그는 크네벨에게 이렇게 쓴다. "나는 폰 슈타인 부인과 함께 스피노자의 『에티카』를 읽고 있습니다. 나는 내가 그와 매우 가까이에 있다고 느껴집니다. 그의 정신이 나의 정신보다 훨씬 더 깊고 더 순수하지만 말입니다." 또 11월 19일에는 폰 슈타인 부인에게 "스피노자를 라틴어본으로 가져가겠습니다. 라틴어본은 모든 것이 훨씬 더 분명하고 더 아름답습니다." 괴테는 『에티카』를 독일어 번역본과 라틴어본으로 같이 읽었다. 독서를 시작한 지 두 달여가 지난 후, 1785년 1월 12일 야코비에게 편지를 썼다. "나는 스피노자에 관하여 나를 수련하고 있어. 나는 그를 읽고 다시 또 읽지. […] 나는 모든 판단을 유보하고 있네. 하지만 고백할 수 있는 건, 이 책의 내용에 관한 내 생각 역시 헤르더의 생각과 일치한다는 사실일세." 스피노자의 사상에 대한 다른 사람들의 설명에 귀를 기울이는 것이 아니라, 판단을 유보한 채 스피노자의 글을 직접 읽기 시작한 괴테는 다시 반년이 더 지난 시점에는 스피노자의 사상에 대한 자신의 견해를 보다 분명히 밝힌다. 1785년 6월 9일 야코비에게 편지를 쓴다.

"그대는 스피노자 사상 전체의 토대가 되는 지고한 실재를 인정하고 있네. 이 실재는 다른 모든 것이 근거하고 있는 것이며, 이 실재로부터 다른 모든 것이 흘러나오지. 스피노자 사상은 하느님의 현존재를 증명하지 않네. 현존재가 하느님이지. 그리고 만일 그렇기에 다른 사람들이 스피노자 사상을 **무신론**이라고 꾸짖는다면, 나는 스피노자 사상을 **유신론**이자 **기독교적 사상**이라고 부르고 칭송할 것이네."

　야코비는 자신의 책『스피노자의 학설에 관하여』에서 스피노자의 사상을 범신론으로 규정하고 강하게 비판했는데, 당대의 기독교 신학은 범신론을 무신론과 동일한 것으로 간주하였기 때문이다. 괴테의 이 편지는 야코비의 이러한 주장을 염두에 둔 것이다. 괴테에 따르면 모든 실재의 근원이 되는 '지고한 실재'가 존재하는데, 이는 곧 하느님을 의미한다. 그런데 스피노자 사상은 지고한 실재로서의 하느님의 현존재를 증명하려는 것이 아니라, 현존재가 곧 하느님임을 말해 준다는 것이다. 1784년과 1785년 사이에 이루어진 스피노자에 관한 집중적인 독서의 결과를 토대로 괴테는「스피노자 연구_Studie nach Spinoza_」라는 글을 쓴다. 그런데 이 글을 "현존재라는 개념과 완전함이라는 개념은 하나이며 동일하다."라는 함축적인 문장으로 시작한 것도 괴테가 자신의 이러한 생각을 분명히 밝히기 위해서였다.

　현존재와 완전함의 관계에 대한 이러한 생각은 잘 알려졌다시피 '산출하는 자연_natura naturans_'(하느님)과 '산출되는 자연_natura naturata_'(자연)의 단일성이라는 스피노자의 개념을 가리킨다. 모든 실재의 근원이 되는 하느님은 바로 그 개별 사물들 속에 깃들어 있고, 개별 사물들은 지고의 실재 속에서 작용하고 있다는 것이다. 이런 이유에서 괴테는 위에 인용된 편지에서 바로 이어, 자신은 "하느님의 본질"을 "단지 개별 사물들에서 그리고 개별 사물들로부터만 인식하며 [⋯] 여러 가지 풀과 돌에서 찾는다."라고 말한다. 현존재가 곧 하느님이기 때문이다. 괴테는 '하느님과 자연의 단일성'에 관한 자신의 이러한 구상이 야코비가 주장하듯이 당대의 기독교 신학으로부터 스피노자류의 범신론 혹은 무신론으로 비판될 수 있음을 이미 알고 있었다. 실제로 하느님과 자연의 관계에 대한 괴테의 이와 같은 구상은 당시에 범신론으로 간주되었고, 그래서 그의 하느님 이해는 초월적이며 인격적인 하느님에 관한 기독교의 유일신론과 조화되기 어려운 것으로 받아들여졌다. 하지만 야코비에게 보내는 편지에서 괴테 스스로는 '하느님과 자연의 단일성'에 대한 스피노자와 자신의 구상이 무신론이 아니라 오히려 유신론적이며 기독교적이라고 강변한다. 1826년 일흔 살이 훨씬 넘은 노인이 된 괴테는 하느님과 자연의 단일성에 관한 자신의 이러한 생각을 하나의 단어로 묶어 "하느님-자연"(FA 2, 685)이라고 표현한다. 현존재가 곧 하느님이라면, 하느님과 자연을 굳이 둘로 나누어 표현할 필요가 없다는 것이다. '신 즉 자연deus sive natura'이라는 스피노자의 핵심사상의 다른 표현이다.

괴테가 자신의 '하느님-자연'에 관한 구상이 스피노자의 사상과 마찬가지로 범신론적인 동시에 기독교적이라고 주장한 것이 단지 당대의 비난을 피해 가기 위해서였을까? 아니면 괴테 자신의 구상에 실제로 기독교적 특성이 담겼다고 여긴 것일까? 괴테는 야코비에게 위의 편지를 쓴 지 30년이 지난 1815년에 「하느님, 심성 그리고 세계Gott, Gemüt und Welt」라는 제목의 시를 쓴다. '심성'이 당시의 어법에 따라 인간의 내적 상태의 총합을 의미한다는 것을 떠올리면, 이 시는 하느님, 인간, 자연의 관계를 다룬 것으로 볼 수 있다. 이 시에서 괴테는 하느님과 자연 사이의 관계를 다음과 같이 표현했다.

> 단지 외부로부터만 밀치며 들어오는 하느님은 도대체 무엇이란 말인가, […]
> 그에게는 세계를 그 내부에서 움직이는 것이,
> 자연을 자신 속에서, 자신을 자연 속에서 돌보는 것이 알맞다.
> 그래서 그의 안에서 살고 활동하며 존재하는 것은
> 결코 그의 힘이, 결코 그의 정신이 없음을 안타까워하지 않는다.

야코비와 논쟁을 벌인 지 30년이 지났지만, 이 시는 여전히 야코비의 주장에 대한 비판적 견해를 드러내고 있다. 야코비는 하느님을 이 세계의 외부에 존재하는 초월적 존재로 이해했다. 초월자로서의 하느님은 자연에는 자신을 드러냄 없이 항상 철저하게 숨기고 있으며, 초월자 하느님은 오직 인간 내면의 마음에만 자신을 계시한다는 것이다. 이처럼 하느님이 이 세계에 대해 지니는 절대적 초월성과 그의 인간 중심적 계시 방식을 주장하는 야코비에게, 괴테는 이 시에서 하느님이 오히려 이 세계에 내재하고 있으며 하느님은 자신의 존재를 (단지 인간의 마음에만 계시하는 것이 아니라) 자연에 내재하는 방식으로 드러낸다고 주장했다. 괴테에게는 "자연 속에서 하느님을, 그리고 하느님 안에서 자연을 보도록" 가르쳐 주는 것이 중요하다. 괴테는 이러한 주장을 제기함으로써 "자연은 하느님을 숨긴다."라는 테제에 근거하여 하느님과 자연을 엄격하게 분리하는 야코비를 비판한다.(FA 17, 246)

이러한 논쟁의 과정(1784년과 1785년)에서 멀어진 괴테와 야코비의 관계는 1819년 야코비가 세상을 떠날 때까지 회복되지 못했다. 괴테는 자신의 삶을 마감하는 시점까지도 하느님과 자연의 관계에 대한 이러한 확신을 포기하지 않았다. 1832년 3월 11일, 그러니까 세상을 떠나기 10여 일 전에 에커만과 행한 대화에서 괴테는 "하느님은 6일 동안의 창조 후에도 여전히 결코 쉬지 않았다. 오히려 그분은 첫날처럼 여전히 계속해서 활동하고 계신다."라고 강조한다. 이 세상을 창조한 하느님은 이 세상의 모든 존재와 본질적으로 구분되는 존재일 것이다. 모든 존재를 가능하게 한 근원자이기 때문이다. 하느님은 이 세상에 대해서 본질적으로 초월적이란 말이다. 당대의 기독교 신학이 주장한 초월적 하느님의 모습에 대한 이러한 주장에 대해서 괴테는 비판적인 태도를 취한다. 하느님이 이 세상과 관계를 맺는 방식은 6일 동안 창조가 이루어질 때나 그 창조가 끝난 다음이나 여전히 동일하다. 왜냐하면 하느님은 여전히 '자연 속에서' 활동하고 있기 때문이다. 하느님이 이렇게 계속해서 활동하는 방식이 바로 자연 속에 내재함이다. 위에 인용된 시의 표현을 따르자면, 하느님은 자연을 창조한 후에 이 자연을 떠나 존재하지 않는다. 하느님은 자신이 창조한 이 세상에 대해 설사 초월성을 지닌다고 할지라도, 오히려 자신이 창조한 세계의 내부에서 활동하기를 원한다. 그는 절대적 초월자로서이 세계의 외부에 존재하다가 갑자기 밀치고 들어오는 것이 아니라 '자신을 자연 속에서, 그리고 자연을 자신 속에서' 돌보는 것을 자연과 관계를 맺는 가장 적절한 방법으로 여기고 있다. 그러므로 (1785년 6월 9일에 야코비에게 보낸 편지에서 밝힌 것처럼) 하느님은 풀이나 돌 같은 구체적인 개별 실재들 속에서 그리고 개별 실재들로부터만 인식될 수 있다.

바이마르에 온 이후 줄곧 개혁적인 젊은 정치인으로서 활동적인 삶을 살았던 괴테가 맞닥뜨린 것은 삶의 위기였다. 삶의 위기앞에 선 괴테는 자신의 '삶과 존재의 새로운 시대'가 시작되기를 강렬히 열망했다. 그 결과가 공적인 삶 때문에 억눌려 있던 자신의 본성을 다시 되살리는 것이었다. 새로운 시작을 위해 괴테는 정치인으로서의 공적인 삶과 타고난 본성에 충실한 사적인 영역을 '숨겨진 매듭'으로 다시 단단히 묶으려 했다. '숨겨진 매듭'을 묶는 시도는 다양하게 표출되었다. 자연 연구를 구체화하여 악간골을 발견한 것, 헤르더와 함께 인류의 역사와 인간의 본질에 관하여 묻고 그것을 문학적인 글쓰기를 통해 표현한 것, 그리고 스피노자를 집중적으로 읽음으로써 하느님과 자연, 그리고 인간의 관계에 관한 본질적 질문을 끊임없이 던진 것 등이다. 하지만 이러한 시도들은 삶과 존재의 새로운 시대를 열어 주는 데 성공하지못했다. '숨겨진 매듭'을 묶으려는 일련의 시도가 이루어지던

1786년 9월 괴테는 갑작스럽게 이탈리아로 떠난다. 1829년 2월 10일, 여든 살을 목전에 둔 괴테는 당시 이탈리아로 여행을 떠난 것을 "시문학적 생산성을 회복하기 위한 이탈리아로의 도피"였다고 규정한다. 이탈리아 여행은 도피였고, 도피의 목적은 다시금 문학적 생산성을 고양시키는 것이었다는 뜻이다. 왜 그렇게 규정하는지 밝히기 위해 괴테는 바이마르에 온 이후 처음 6~7년간 자신이 어떤 삶을 살았는지 설명하면서, "처음 10년 동안 의미를 부여할 만한 문학작품은 하나도 써내지 못했지."라고 고백한다. 괴테는 당시의 삶을 다음과 같이 함축적으로 표현한다. "현실과 갈등에 빠져 있는 시적 재능". 궁정에서 정치적 활동을 펼치느라 희생을 감수해야만 했던 시적 재능이 생명력을 유지하려면 현실의 굴레를 벗어나는 길밖에 없었다.

11

JOHANN WOLFGANG VON GOETHE

이탈리아 여행
— "다시 태어남"

한 젊은 남자가 하얀색 실내복을 입은 채 창문을 열고 밖을 내다보고 있다. 오른쪽 무릎을 약간 구부리고 창틀에 몸을 기대고 있다. 얼굴은 볼 수 없지만 뒷모습만으로도 이 남자가 얼마나 여유롭고 평안함을 느끼고 있는지 알 수 있다. 연필과 물감으로 그린 수채화가 주는 부드럽고 소박한 느낌 때문에 더 그렇게 느껴지는지도 모르겠다. 1787년 독일의 화가 티쉬바인Johann Heinrich Wilhelm Tischbein(1751~1828)이 그린 그림 이야기다. 이 그림의 주인공 괴테는 자주 이런 모습으로 창밖의 광경을 내다보았다.

로마에 도착한 1786년 10월 29일 괴테는 그곳에 머물고 있던 티쉬바인을 만난다. 티쉬바인은 괴테가 주선해 준 장학금 덕분에 이미 3년 전부터 로마에 머물고 있었다. 도착한 다음 날인 10월 30일 괴테는 코르소 거리Via del Corso 18번지에 있는 티쉬바인의 집으로 거처를 옮겼다. 괴테는 여행을 마치고 바이마르로 돌아가기 얼마 전까지 이 집에 머물렀다. 괴테가 머물렀던 이 집은 현재 괴테의 이탈리아 여행에 관한 자료 등을 수집 · 전시하는 '괴테의 집

Casa di Goethe'이라는 박물관으로 운영되고 있다. 괴테가 밖을 내다 보던 창문 옆에는 티쉬바인이 그린 이 그림의 복제본이 걸려 있 다. 옆에 걸린 그림의 괴테처럼 그가 기대어 서서 내다봤던 그 창 문으로 밖을 내다보고 있으면 그곳에 머물며 행복해했던 괴테의 마음을 얻는 듯했다.

1786년 9월 3일 이른 새벽 괴테는 이탈리아를 향해 출발한다. 이미 7월 27일부터 칼스바트에서 온천 휴양을 하며 자신의 전집 출판을 준비하던 중 내려진 비밀스러운 결정이었다. 당시 칼스바 트에는 폰 슈타인 부인뿐만 아니라 영주 칼 아우구스트 공작, 헤 르더와 그의 가족들 등 괴테 주변의 주요 인물들이 함께 머물고 있었다. 폰 슈타인 부인은 8월 14일 바이마르로 돌아가게 되는데, 괴테는 그 귀향길에 어느 정도 동행하다가 8월 17일에 다시 칼스 바트로 돌아왔다. 서로 신뢰가 깊었던 폰 슈타인 부인에게 자신의 이탈리아 여행 계획에 대해서 말할 기회가 충분했던 셈이다. 하지 만 결국 괴테는 알리지 않았다. 8월 28일까지 그곳에 함께 머물렀 던 영주 칼 아우구스트 공작에게도, 공무 때문에라도 보고해야 하 는 의무가 있었지만, 자신의 여행에 대해서는 알리지 않았다.

이탈리아 여행은 주변에 알리지 않은 채 비밀스럽게 내린 결정 이었지만, 갑작스러운 것은 아니었던 것 같다. 바이마르에서 칼스 바트로 출발하기 전날인 7월 23일 괴테는 자기 비서였던 자이델 Philipp Seidel(1755~1820)에게 처리해야 할 업무 목록을 만들어 전달 했는데, 이 목록은 상당히 오랫동안 그가 자리를 비울 것임을 암

창가에 서 있는 괴테

괴테가 로마에 머물던 1787년 빌헬름 티쉬바인이 그린 그림이다. 괴테가 밖을 내다보던 그 창문 옆에 이 그림이 걸려 있다.

코르소 거리 표지판

코르소 거리 18번지에 괴테가 머물렀던 집이 있는데, 지금은 '괴테의 집'이라고 불리는 박물관이다.

괴테의 집

코르소 거리 18번지에 있는 이 집은 괴테가 이탈리아 여행을 하는 동안 머물렀던 집으로, 지금은 괴테의 이탈리아 여행에 관한 자료 등을 전시하는 박물관으로 운영되고 있다.

시하기에 충분했다. 이러한 사실은 괴테가 칼스바트로 가기 이전에 이미 이탈리아 여행을 계획했음을 말해준다. 하지만 그는 자신의 속마음을 가장 신뢰하는 사람들에게도 알리지 않았다. 출발하기 전날인 9월 2일이 되어서야 괴테는 폰 슈타인 부인, 칼 아우구스트, 헤르더 부부, 전집을 출판하게 될 출판업자 괴셴Georg Joachim Göschen(1750~1828), 비서 자이델 등 주변의 가까운 사람들에게 편지로 자신의 여행계획을 알렸다. 왜 이렇게 비밀스럽게 떠났을까? 괴테가 이탈리아로 떠나는 날 쓴 일기를 보면 그 이유를 짐작할 수 있다. "9월 3일 새벽 3시에 나는 칼스바트로부터 도망치듯 빠져나왔다. 그렇게 하지 않았다면 사람들은 내가 떠나도록 내버려 두지 않았을 것이다. 나는 더 이상 방해받고 싶지 않았다. 왜냐하면 때가 되었기 때문이다."

괴테는 이탈리아로 가면서 미완성인 상태로 남아 있던 작품들의 원고를 다 꾸렸다. 먼 여행을 떠나면서 미완성 작품들의 원고를 챙겨간다는 것이 그리 자연스럽게 보이지 않을 수 있지만, 괴테가 여행을 떠나게 된 이유를 생각하면 이는 오히려 당연한 처사였다. 괴테는 1775년 11월 바이마르로 온 이후 산문으로 쓴 『타우리스의 이피게니에Iphigenie auf Tauris』(1779) 외에는 이렇다 할 만한 작품을 쓰지 못하고 있었다. 그나마 산문으로 된 『이피게니에』는 당시에 출판하지 못했고, 괴테가 세상을 떠난 후인 1842년 유고들을 모아서 출판할 때야 비로소 세상의 빛을 보게 되었다. 괴테는 이처럼 창작 능력이 소실된 것처럼 보이는 당시의 상태를 심각한 삶의 위기로 받아들였다. 이런 위기의식 속에서 괴테는 1786년

6월 베르투흐Friedrich Justin Bertuch(1747~1822)의 주선으로 라이프치히의 출판업자 괴셴과 이제까지 집필한 작품들을 모두 묶어 8권으로 된 전집으로 출판하기 위한 논의를 시작했다. 괴셴에게 보낸 1786년 6월 28일 편지에서 괴테는 1권부터 4권까지에 담을 작품들은 큰 변화 없이 계획대로 출판할 수 있을 것이지만, 5권부터 8권에 실릴 작품들은 달라질 수도 있을 거라고 말한다. 특히 "6권과 7권에 배정된 작품들은 시작만 했을 뿐" 완성하려면 아직 많은 노력과 시간이 필요하다고 했다. 전집 출판을 목적으로 자기 작품들을 되돌아본 괴테는 오히려 작가로서 자신이 처한 현실을 똑바로 보게 되었다. 완성한 작품은 소수에 불과했다.『파우스트』,『에그몬트』,『타소Torquato Tasso』 등의 희곡과 『수업시대』을 비롯한 소설 등 작품 대다수가 시작은 했지만 여전히 완성되지 못한 채 남아 있었다. 따라서 괴테는 칼스바트로 출발하면서 미완성 원고를 챙겼고, 그곳에서 보낸 한 달이 넘는 기간 동안 전집 출판 준비를 자신의 중요한 과제로 여겼다. 그리고 위기에 빠진 자신을 구출하기 위해 칼스바트로 출발하기 이전부터 내심 이탈리아로의 탈출을 염두에 둔 터였다.

이러한 사실은 이탈리아로 떠나기 전날인 1786년 9월 2일 칼 아우구스트 공작에게 쓴 편지에서도 확인할 수 있다. 이 편지에서 괴테는 자신의 여행계획을 알리고, 이 여행이 "자신의 육체적 건강과 […] 정신이 유연성을 회복하게 해 주는 최선의 방법"이 될 것이라고 쓴다. 이를 위해 괴테는 "비정규적 휴가"를 요청한다. 이는 사전에 허락을 받지 않은 채 떠나는 여행에 대한 군주의 이해를 구하기 위한 것이었다. 그런데 이 편지에서 괴테는 자신의 전집 출판에 관하여 공작에게 상당히 자세히 설명한다. "1권부터 4권은 마침내 잘 준비되었습니다. 5권부터 8권을 위해서 저는 뮤즈의 도움과 정서를 풍부히 할 필요가 있습니다. 저는 이 일을 너무 가볍게 여겼습니다. 엉터리가 되지 않으려면 무엇을 해야 하는지 이제야 비로소 깨닫고 있습니다. 이 모든 것을 포함하여 여러 가지 상황이, 완전히 낯선 세계에 저 자신을 던져 놓도록 저를 강제하고 또 그렇게 몰아갑니다. 저는 전적으로 혼자 갑니다. 그리고 낯선 이름으로 갑니다." 칼 아우구스트에게 이렇게 쓴 것을 보면, 괴테가 이탈리아로 여행을 떠나는 것은 무엇보다도 미완성의 상태로 남아 있던 자신의 여러 작품을 완성하기 위한 것이기도 했다. 작품을 완성하는 것은 자신의 타고난 작가로서의 본성에 충실한 것이고, 정체성을 확인함으로써 삶의 위기에서 탈출하는 길이기 때문이다.

칼스바트를 출발한 괴테는 베로나, 비첸차Vicenza, 베네치아를 거쳐 1786년 10월 29일 마침내 여행의 가장 중요한 목적지인 로마에 도착한다. 『이탈리아 여행』의 1786년 10월 28일의 기록이다. "내일 저녁이면 마침내 로마에 있겠지. 나는 아직 믿을 수 없다. 이 소원이 이루어지면 그다음에 나는 무엇을 더 바랄 수 있을까." 이 여행기의 1786년 11월 1일 자에서 괴테는 바이마르에 있는 친구들에게 전혀 알리지 않은 채 이곳으로 떠나온 데 대한 미안한 마음을 기록한다. 어디로 가는지 말할 용기가 없었고, 로마로 향해 오는 여정 내내 여전히 두려운 마음이었음을 밝힌다. 하지만 이제 "포폴로 성문 아래에 이르러서야 로마에 도착했다는 확신이 들었다."라고 쓴다. 괴테가 머물렀던 집이 있는 코르소 거리는 포폴로 광장으로 바로 이어진다. 광장의 중앙에 받침대와 꼭대기의 십자가를 포함하면 전체 높이가 30미터가 넘는 거대한 오벨리스크가 서 있는데, 바로 그 맞은편에 포폴로 성문이 있다. 괴테는 포폴로 광장으로 들어서는 이 성문 아래에 서서 비로소 자신이 정말 로마에 와 있음을 실감했다. 괴테는 어린 시절부터 직접 이탈리아 여행을 했던 아버지의 이야기를 들으면서 그리고 아버지가 로마에서 가져온 로마 동판화를 보면서 로마까지 가는 이탈리아 여행을 꿈꾸곤 했다. 마침내 그 꿈이 이루어진 것이다.

괴테는 폰 슈타인 부인을 위해 작성한 여행일지 10월 29일 저녁의 기록에서 로마에 도착한 이 순간의 의미를 이렇게 정리한다. "나는 이제 비로소 삶을 시작합니다." 새로운 삶에 대한 기대! 괴테가 바이마르에서 보낸 처음 10년 동안 경험했던 '정치적이고 사회적인 삶'과 '도덕적이고 시문학적인 삶'의 분열이 그를 바이마르로부터 몰아냈다. 로마에 도착한 괴테는 이제 분열된 삶의 위기에서 벗어나서 타고난 본성에 충실한 작가의 삶을 시작할 수 있으리라며 확신에 찬 기대를 품게 된다. 그는 우선 넉 달 동안 로마에 머문다. 그리고 다음 해 2월 이탈리아 남부를 여행하기 위해 로마를 떠났다. 나폴리에서 4주간 머무르면서 나폴리 남쪽에 있는 베수비오산에 여러 번 올랐는데, 이때 괴테는 당시 분화하는 베수비오산을 그린 수채화를 남기기도 했다. 3월 말에는 배를 타고 시칠리아로 갔다가, 6월이 되어서 다시 로마로 돌아왔다. 이후 로마에

포폴로 광장(상), 포폴로 성문(하)

1786년 10월 29일 로마에 도착한 괴테는 11월 1일 다음과 같이 기록한다. "포폴로 성문 아래에 이르러서야 로마에 도착했다는 확신이 들었다." 오벨리스크가 광장 중앙에 놓여 있다. 사진에서 오벨리스크 좌우로 보이는 것이 광장의 남쪽에 있는 쌍둥이 교회다. 쌍둥이 교회 사이로 나 있는 거리가 바로 괴테가 머물렀던 '괴테의 집'이 있는 코르소 거리이다. 쌍둥이 교회 반대편인 북쪽에 '포폴로 성문' 있다.

서 계속 머물다가 다음 해 1788년 부활절이 지난 직후인 4월 24일 로마를 떠난다. 거의 두 달에 걸친 여행 끝에 1788년 6월 18일 바이마르로 돌아왔다.

로마에 도착해서 '삶을 이제야 비로소 시작한다.'라고 고백했던 괴테의 기대가 실제로 실현되었을까? 로마를 떠나 바이마르로 향하기 한 달 전쯤인 1788년 3월 17일과 18일 이틀에 걸쳐 괴테는 칼 아우구스트 공작에게 이례적으로 긴 편지를 쓴다. "저는 아마도 이렇게 말해도 될 것 같습니다. 나는 홀로 보낸 1년 반 동안 나 자신을 다시 발견했다고 말입니다. 그러면 어떤 존재로? 예술가로서 말입니다." 괴테가 말한 예술가라는 표현은 물론 무엇보다도 작가로서의 자신을 가리킨다. 이탈리아 여행기의 1788년 2월 22일 기록에 괴테는 이렇게 쓴다. "매일 나에게 점점 더 분명해진다, 나는 원래 문학을 위해 태어났다는 사실이." 이러한 기록을 보면, 괴테는 로마에 도착한 이후 새로운 삶을 시작했고, 새롭게 시작된 이 삶은 작가로 다시 태어나는 과정이었으며, 로마를 떠날 시점에는 결국 작가로서의 자신을 다시 발견하게 되었음을 알 수 있다. 이 같은 자기 확신을 군주인 칼 아우구스트 공작에게 밝힌 데엔 특별한 의미가 있다. 괴테가 『젊은 베르터의 슬픔』을 쓴 작가에서 정치인으로 변모한 것은 전적으로 칼 아우구스트의 힘에 의한 것이었다. 그런데 이제, 현실적인 문제를 다루며 공적인 삶을 살아가야 했던 정치인 괴테가, 1년 반 동안의 이탈리아 여행을 마치고 다시 작가로서의 정체성을 복구하는 데 성공했다는 사실을 칼 아우구스트에게 알린 것이다.

쌍둥이 교회와 코르소 거리

괴테가 머물렀던 집이 있는 코르소 거리는 쌍둥이 교회 사이에 있고, 포폴로 광장과 연결되어 있다.

코르소 거리

괴테는 이 거리를 창문으로 내려다 보며 여유를 즐겼고, 이 거리를 걸어 포폴로 광장으로 가곤 했다.

베수비오산 분화 모습(상), 시칠리아 풍경(하)

괴테는 1787년 2월부터 6월까지 이탈리아 남부 지방을 여행한다. 이때 베수비오산의 분화 모습을 직접 수채화로 그렸고, 시칠리아의 풍경도 그렸다.

바로 이러한 사실로부터 왜 괴테가 "다시 태어남"을 자신의 이탈리아 여행기의 핵심 주제 중 하나로 삼았는지 이해할 수 있다. 로마에 도착한 후 첫 기록인 이 여행기의 1786년 11월 1일 자에는 이렇게 쓰여 있다. "정말 나는 마침내 세계의 수도에 도착했다!" 어린 시절부터 꿈꿔 왔던 로마에 발을 디딘 괴테는 로마야말로 전 세계의 수도라며 감격한다. 이어서 벅찬 기대를 표현한다. "이제 나는 이곳에 있고 그래서 평온하다. 마치 일평생 누려야 할 평화를 다 얻은 것 같다. 왜냐하면 속속들이 알고 있던 것은 부분들뿐이었는데 이제 그 전체를 눈으로 직접 보니 새로운 삶이 시작되는 것 같았기 때문이다. 나는 젊은 날 꾸었던 모든 꿈을 지금 생생하게 눈으로 보고 있다." 아버지의 이야기를 통해, 그리고 아버지가 가져온 로마 동판화 등을 통해 간접적이며 부분적으로만 알고 있었던, 하지만 알고 있는 내용은 완전히 머릿속에 꼭꼭 담아 놓았던 로마를 직접 눈으로 보게 된 괴테는 단지 꿈처럼 머릿속에만 있던 것이 이제 현실이 되었음을 벅찬 마음으로 실감한다. 그러므로 로마에서 지내는 하루하루는 괴테에게 '새로운 삶'이자 새롭게 태어나는 경험이었다.

1786년 말 괴테는 빙켈만이 로마에서 썼던 편지들을 우연한 기회에 손에 넣는다. 그러고는 이 중 한 구절을 여행기의 1786년 12월 13일 자에 소개한다. "로마에는 전 세계를 위한 고귀한 학교가 있다고 생각합니다. 그러니 나도 정화되고 수련을 하게 됩니다." 괴테는 로마를 방문했던 빙켈만을 추억하며, 그의 생각이 "자신의 방식을 정확하게 표현해 준다."라고 말한다. 괴테는 이미

10대 후반 라이프니츠 유학 시절에 빙켈만을 그렇게도 직접 만나보고 싶어 했었다. 하지만 그가 갑작스럽게 세상을 떠나게 되자 괴테는 그를 영원히 만날 수 없게 되었음을 매우 안타까워했다. 로마에 온 후에 괴테는 이탈리어로 번역된 빙켈만의 『고대 예술사 Geschichte der Kunst des Altertums』를 구입한다. 이 책은 1764년 독일어로 출판된 것인데 이탈리아어 판이 1783/84년에 출판되었다. 괴테는 이 책의 도움으로 '전 세계를 위한 고귀한 학교'인 로마에서 배움을 넓혀가고 있다고 말한다. 로마에서 만난 빙켈만의 책은 괴테를 꿈으로부터 깨어나서 배움의 현실로 이끌었다. "여기서 나는 차츰차츰 나의 공중제비놀이로부터 벗어나고 있으며, 즐긴다기보다는 오히려 연구하고 있다." 로마에서의 삶은 공중제비를 도는 것과 같은 화려하고 즐거운 유희라기보다 이제 연구를 통해 무언가를 깨달아 가는 시간이었다. 괴테에게 로마는 여행을 위해 들르는 여느 도시와는 달랐다. "로마는 하나의 광대한 세계다. 그래서 사람들이 이곳에서 단지 자신을 깨닫는 데만 해도 여러 해가 걸린다." 괴테는 이제 이 새로운 세계에서 배움의 길을 걷는다.

괴테가 로마에서 즐김의 대상을 넘어 연구의 대상으로 삼은 것은 무엇일까? 마찬가지로 12월 13일 자의 기록을 보자. "자연은 자신의 모든 부분에서 진실하고 일관성을 지닌다. 이 자연의 대상들 외에, 분별력을 갖춘 훌륭한 한 사람이 남긴 흔적만큼, 그렇게 큰 소리로 말하는 것은 아무것도 없다. 즉 바로 자연처럼 일관성이 있는 진짜 예술만큼 큰 소리로 말하는 것은 없다." 로마에서 괴테를 향해 큰 소리로 외쳐서 그를 사로잡고 있는 것, 그래서 괴테가 주목하고 귀를 기울일 수밖에 없는 것은 두 가지였다. 자연과 예술! 항상 진실하고 항상 일관성을 유지하는 자연과 진짜 예술 말이다. 새로운 사귐이 가져다주는 설렘이 우리의 모든 것을 그 새로운 사귐에 집중하게 하듯이, 괴테는 이탈이아에서 새롭게 만난 자연에 자신의 모든 주의를 집중하게 되고, 그 외에는 무심히 흘려보낸다. 괴테를 사로잡은 것은 이탈리아의 자연만이 아니다. 그의 온 주의를 빼앗은 것은 바로 진짜 예술들이다. "예를 들면 판테온, 벨베데레의 아폴론상, 몇몇 거대한 두상들, 최근에 본 시스티나 예배당 등이 내 마음을 너무나 홀려서, 나는 옆에 있는 다른 것을 거의 보지 못했다." 괴테가 언급한 몇몇 거대한 두상 중의 하나가 바로 주노Juno의 두상이다. 1787년 1월 6일 폰 슈타인 부인에게 보내는 편지에서 이 두상을 가리켜 "로마에서 경험한 자신의 첫사랑"이라고 쓴다. 나중에 괴테는 이 두상의 모조품을 구입하여 바이마르에 있는 자기 집에 가져다 놓는다. 지금도 이 두상이 바이마르에 있는 괴테 하우스의 '주노의 방Junozimmer'에 있다. 여행기의 12월 3일 자에서 괴테는 이렇게 기록한다. 진짜 예술과 자연 연구를 통해 "나는 여기서 두 번째 탄생을 맞고 있다. 내가 로마로 들어선 날부터 진정한 다시 태어남이 시작된 것이다." '다시 태어남'이 주는 기쁨은 『이탈리아 여행』의 곳곳에 반복적으로 등장한다. 괴테는 편지로 칼 아우구스트 공작에게 자신이 작가로 다시 태어났음을 고백하기 며칠 전인 1788년 3월 14일 자신의 여행기에 이렇게 기록한다. "로마에서 나는 비로소 나 자신을 발견했다. 나는 처음으로 나 자신과 일치됨을 느끼면서 행복해졌고 제대로 된 상태가 되었다." 타고난 본성과 일치하는 자기 모습을 발견한 괴테는 이제 다시 태어나 새로운 삶을 사는 존재가 되었다고 느꼈다. 이것이 이탈리아 여행이 그에게 준 가장 큰 행복이다.

그가 작가로 다시 태어났다는 것은 그의 작품 활동과 관련하여 구체적으로 무엇을 의미할까? 그의 다시 태어남은 단지 잊히거나 묻혀 있던 자신의 옛 본성을 되살리는 것을 의미할까? 바이마르로 가기 전의 모습, 특히 『젊은 베르터의 슬픔』을 쓰던, 질풍노도적 성향을 지닌 작가 괴테가 부활한 것일까? 1786년 12월 23일 괴테는 칼 아우구스트 공작의 부인 루이제에게 편지를 쓴다. 로마에 남아 있는 여러 건물, 유물, 박물관 등을 이제 막 한 번 설핏 둘러봤다고 말한다. 이어서 로마에서 마주한 이 다양한 대상들을 대하는 자신의 태도를 다음과 같이 언급한다.

"이 도시를 이렇게 가득 채우고 있는 대상들을 대하면 무언가를 생각하고 느끼고 무언가에 대한 공상에 빠지는 것이 얼마나 쉬운지요. 하지만 주어져 있는 것들을 그것들 자체를 위해 바라보는 것이 이제 중요해지면, 즉 예술품들의 핵심으로 뚫고 들어가는 것, 이미 만들어져 있고 창작된 것을 그것들이 우리에게 미치는 효과에 따라서 판단하는 것이 아니라, 그것들이 지닌 내적인 가치에 따라서 판단하는 것이 중요해지면, 그런 다음에야 비로소 사람들은 느끼게 됩니다. 인간 정신이 만들어 낸 이러한 소중한 기념물에 더 많은 시간을 바치고 이 기념물들을 보다 더 진지하게 고찰하는 과제를 수행하는 것이 얼마나 어려운지를 말입니다."

괴테는 두 가지 태도를 비교한다. 하나는 대상들이 그 대상을 바라보는 자기 내면에 불러일으키는 '효과'에 주목하는 것이다. 어떤 대상을 대했을 때 그 대상이 불러일으키는 생각, 느낌, 공상 등이 바로 그 효과다. 괴테는 관찰자의 내면에 불러일으켜진 주관적 상태에 주목하기는 대단히 쉬운 일이라고 여긴다. 오히려 관찰 대상 자체에 주목하기가 훨씬 더 어렵다. 대상을 그 대상 자체만을 위해 바라봄으로써 대상 자체가 지닌 내적 가치를 파악하는 것, 관찰자의 외부에 놓인 예술품 자체가 지닌 핵심을 꿰뚫어 보는 것이 두 번째 태도다. 괴테는 이 편지에서 자기가 예술품과 같은 대상들을 대하는 태도가 변했음을 암시한다. 이전의 익숙하고 쉬운 방식이 아니라 더 많은 시간과 노력을 요구하는 태도를 선택한 것이다.

이러한 변화가 일어난 계기는 무엇일까? 우선 생각할 수 있는 것이 바이마르에서 보낸 10년 동안의 삶이다. 바이마르로 옮겨가기 전 괴테의 예술 이해는 『젊은 베르터의 슬픔』의 작가로 대변된다고 할 수 있다. 이는 심장과 감정에서 본인 정체성의 핵심을 찾는 주관주의적 경향이다. 감성적이고 주관적인 경향이 이제 외부에 있는 대상 그 자체를 주목하는 실재론적이며 사실주의적인 경향으로 전환된다. 공작부인 루이제에게 보낸 위 편지를 쓴 시점은 로마에 온 지 채 두 달이 되지 않았던 때였다. 로마를 겨우 한 번 훑듯이 둘러본 것이 경험의 전부였다. 이 짧은 기간 내 이루어진 로마에 대한 피상적 경험이 예술에 대한 괴테의 이해를 이렇게 극적으로 변화시켰다고 생각하는 것은 좀 어색해 보인다. 특히나 로마에 대한 경험이 쌓여갈수록 괴테는 이 여행을 즐기기보다는 무언가를 연구해야 하는 기회로 삼으려 했다. 그리고 이 편지를 쓴 것은 그러한 연구를 깊이 진행하기 이전이었다. 이 편지에서 괴테는 변화된 시각으로 더 많은 시간을 투자하여 더욱더 진지하게 예술품들을 고찰하는 것을 자신의 과제로 삼겠다고 밝히고 있다. 이 편지를 쓰기 사흘 전, 괴테는 로마에서 경험한 모든 것이 "즐거움이라기보다는 수고이고 염려"였으며 "이곳에서 제대로 배우고 있다."라고 여행기에 썼는데, 그 역시 이런 맥락에서 이해할 수 있다. 이는 곧 괴테가 말하는 주관주의 극복의 계기가 로마에 대한 경험만이 아님을 짐작하게 해 준다. 다시 말하면 괴테가 예술을 이해하는 방식이 변화한 것은 로마에 도착한 이후 갑작스럽게 발생한 일이 아니다. 실재론적이고 사실주의적인 방식으로 예술을 이해하는 태도를 갖게 되는 변화는 정치적이고 사회적인 현실의 문제에 집중하며 바이마르에서 보낸 10년 동안의 삶과도 무관하지 않다. 괴테 스스로는 이 10년이 삶을 위기에 빠뜨린 기간이라고 인식했으나 현실의 삶에 집중해야 했던 그 기간에 그는 『젊은 베르터의 슬픔』이 보여주는 감성적 주관주의로부터 어느 정도 멀어질 수 있게 되었으리라.

괴테는 이제 대상들이 자기 내면에 불러일으키는 감정에 따라서 그 대상들을 바라보는 것이 아니라, 대상들을 있는 그대로 바라보는 방식으로 로마에서 만나는 예술품들을 꼼꼼히 살펴보게 된다. 이탈리아 여행기의 1787년 「12월의 보고」 부분에서 괴테는 이러한 자신의 시도를 "가장 많은 것을 가르쳐 주고 정신을 고양해 주는 직접적 관찰"이라고 부른다. 괴테가 이 「보고」를 책으로 써서 출판한 것은 이탈리아 여행을 한 지 40년이 지난 1829년이었다. 말년의 괴테가 당시 여행이 지녔던 의미를 어떻게 평가하고 있는지 짐작할 수 있다. 괴테가 이러한 '직접적 관찰'이라는 방식의 도움으로 확인하게 된 것은 무엇이었을까? 이 「보고」는 이렇게 기록한다. 그가 베드로 대성당을 비롯하여 로마에 남아 있는 예술품과 유적들을 돌아보면서 알게 된 것은 "가장 고상한 의미에서 고전적인 토대의 현재성"이었다. 괴테는 고전적인 것이 무엇인지 설명한다. "나는 고전적인 것을 감각적으로 획득한 정신적 확신이라고 부른다. 즉 여기에 위대한 것이 존재했고 존재하고 있으며 존재할 것이라는 확신 말이다." 고전적인 것은 물론 과거의 것이다. 하지만 고전적인 것이 지닌 유효성은 시간적으로 제한되지 않다. 그래서 고전적인 것은 과거의 것이라 할지라도 현재에도 그리고 미래에도 여전히 일종의 표준일 수 있다. 로마에서 괴테는 바로 이러한 고전적인 토대가 여전히 현재에도 존재하고 있음을 "직접적으로 관찰"했다고 말한다. 고전적인 것에 대한 괴테의 설명에서 주목해야 할 것이 있다. 바로 '감각적으로 획득한 정신적 확신'이라는 대목이다. 그는 고전적인 것을 바라보는 자신의 방식을 '직접적 관찰Anschauung'이라고 부르는데, 이 말의 독일어 표현은 무엇인가를 바라보는 시선이 바로 대상 자체에 다가가 머문다는 의미이다. '직접적 관찰'은 감각적 행위이다. 그리고 여전히 온전한 형태든 폐허와 같은 형태든 현재에 존재하는 고전적인 것에 대한 '직접적 관찰'은 감각적으로 이루어진다. 감각적 관찰을 통하지만 결국은 시간의 한계를 넘어서는 고전적인 것의 가치는 동시에 정신적 확신으로 남게 된다.

　로마에 도착한 지 채 두 달이 되기 전인 1786년 12월 20일 자 여행기에서 괴테는 "나를 내면으로부터 만들어 내는 다시 태어남은 여전히 계속해서 진행되고 있다."라고 말했다. 이탈리아 여행을 끝내고 돌아가기 한 달 전쯤 괴테는 지난 1년 반 동안의 생활을 돌이켜 보면서 1788년 3월 22일 자 여행기에 이렇게 기록한다. "나는 로마에서 점점 더 행복해졌다. 그리고 매일 매일 나의 즐거움은 여전히 계속 커진다." 이탈리아에서 다시 태어남의 행복을 누리고 돌아온 괴테는 작가로서는 개인의 주관성에 경도되어 있던 문학에서 이른바 바이마르 고전주의라고 불리는 경향을 구체화하게 되고, 더욱더 많은 시간을 투자하여 자연 연구를 본격적으로 진행한다.

Goethes Wohnhaus

주노의 방(좌), 주노의 두상(우)

괴테는 주노의 두상을 가리켜 "로마에서 경험한 나의 첫사랑"이라고 말했다. 괴테는 이 두상의 모조품을 구입하여 바이마르의 자기 집에 가져다 놓았다. 그리고 그 두상이 있는 방을 '주노의 방'이라고 부른다. '주노의 방'은 괴테국립박물관 입장권에 사용되었다.

괴테가 자주 방문했던 카페 Antico Caffé Greco

괴테는 로마에 머무는 동안 이 카페를 자주 찾았다. 스페인계단에서 그리 멀지 않은 곳에
있다.

괴테 동상

이 동상은 구스타브 에벌라인Gustav Eberlein의 구상에 따라 만들어진 것으로 괴테가 즐겨 산
책하던 보르게세 공원Villa Borghese에 1904년 8월 세워졌다. 이 동상은 젊은 시절의 괴테를 재
현하고 있으며, 동상의 뒤편에는 파우스트와 메피스토펠레스가 조각되어 있다. 동상 앞면의
왼쪽에는『빌헬름 마이스터의 수업시대』에 등장하는 예술가인 미뇽과 하프 타는 노인이 있
고, 오른쪽에는 로마에서 운문으로 완성한『타우리스의 이피게니에』의 주인공 이피게니에
와 오레스트가 있다.

12

JOHANN WOLFGANG VON GOETHE

"행복한 사건"
― 실러와 만남

2018년 7월 말의 뜨거운 여름날, 바이마르 독일 국립극장 Deutsches Nationaltheater 앞 광장. 기온은 30도를 훨씬 넘었으나 건조한 공기 덕분에 그늘에 들어서면 뜨거움을 피할 수 있었다. 바이마르 시내 중심으로 들어선 나는 곧바로 독일 국립극장으로 향했다. 바이마르를 방문하는 사람이라면 아마도 예외 없이 누구나 보고 싶어 할 기념물이 이 극장 앞 광장에 있기 때문이다. 광장에 도착해 보니 햇볕이 뜨겁게 내리쬐는데도 사람들은 파라솔이 펼쳐진 주변의 아이스크림 가게보다 그 기념물 주변에 훨씬 더 많이 모여 있었다. 기념물을 둘러싸고 있는 사람들 사이로 들어갔다. 그 기념물의 아랫부분에는 다음과 같은 헌사가 새겨져 있다. "괴테와 실러 두 시인에게 조국이 바칩니다." 괴테와 실러의 동상이다. 괴테는 왼손을 실러의 어깨에 올린 채 오른손으로는 그에게 월계관을 건네주고 있다. 괴테는 엄중한 표정으로 약간 아래를 내려다보고 있는 듯했다. 동상을 보면서 들었던 아주 사소한 의문 하나. 괴테는 170센티미터가 되지 않는 작은 키였고, 실러는 괴테

괴테와 실러 동상

괴테와 실러는 문학사에서 찾아보기 힘든 시문학적 동맹관계를 맺고 있었다. 1805년 6월 1일 실러가 세상을 떠났을 때, 괴테는 "내 존재의 절반을 잃었습니다"라고 그 슬픔을 고통스럽게 표현한다. 동상 아랫부분에는 다음과 같은 헌사가 새겨져 있다. "괴테와 실러 두 시인에게 조국이 바칩니다."

보다 적어도 10센티미터 이상 컸는데도 왜 동상의 두 사람은 키가 같을까? 지금 독일 국립극장이 있는 자리는 괴테가 극장장으로 활동했던 바이마르 궁정극장이 있었던 곳이다. 바이마르 궁정극장에서는 괴테의 여러 작품뿐만 아니라 여러 작가의 작품이 그의 지도하에 공연되곤 했다. 때로는 홀로 때로는 실러와 함께 수도 없이 오갔을 그곳을 괴테는 지금도 실러와 함께 바라보고 있다.

　여러 날을 머무르며 둘러본 바이마르의 모습은 화려하지 않았다. 하지만 소박해 보이는 이 작은 도시의 구석구석에서 발견하게 되는 역사의 흔적은 화려함을 품고 있었다. 이 작은 공간 안에 어찌 이리도 많은 문화적 유산이 담겨 있을까? 바이마르는 괴테를 닮았다. 짧은 순간들이 쌓여 작은 거인 괴테가 '집단존재'로 남게 되었듯이, 작은 이 도시에는 수많은 유산이 소박하지만 위대하게 쌓여 있다. 이런 사실로부터 이 동상이 세워진 이유도 이해될 듯했다. 이 동상은 1857년 칼 아우구스트의 탄생 100주년을 기념하기 위해 세워졌다. 아우구스트의 탄생을 기념하기 위해 아우구스트 본인의 동상이 아닌 괴테와 실러의 동상을 세운 것이다. 아우구스트는 괴테를 바이마르로 불러들였다. 그뿐 아니라 괴테의 활동을 변함없이 적극적으로 후원했다. 26세에 바이마르에 온 괴테는 82세에 세상을 떠날 때까지 자신의 거의 모든 삶을 이곳 바이마르에서 보냈다. 그리고 그는 영주 칼 아우구스트와 그의 어머니 안나 아말리아의 후원 아래 빌란트, 헤르더와 같은 당대 최고의 지성들과 함께, 그리고 그 누구보다도 실러와 함께 바이마르의 황금기를 만들어 냈다. 아우구스트의 결정과 후원이 없었다면 작은 거인 괴테와 소박한 작은 도시 바이마르의 위대한 역사가 가능했을까? 이러한 바이마르를 가능하게 한 것이 아우구스트의 업적이라면, 이를 기념하기 위해 괴테를 기억하는 것도 억지는 아닌 듯했다.

괴테와 실러가 처음으로 마주친 것은 1779년 12월 14일이다. 이제 막 의학 공부를 마친 20살의 실러는 이날 뷔르템베르크 공국의 칼 오이겐 영주가 수여하는 상을 받기 위해 슈투트가르트에서 열린 한 행사에 참여한다. 실러보다 10살 위였던 괴테는 바이마르의 영주 칼 아우구스트와 함께 칼 오이겐 영주가 초대한 손님으로 시상식장에 배석해 있었다. 1773년과 1774년에 연이어『괴츠 폰 베를리힝엔』과『젊은 베르터의 슬픔』을 발표함으로써 이미 이때 괴테는 젊은이들에게 '천재'로 불리고 있었고, 실러 역시도 그런 명성을 누리던 괴테를 알고 있었다. 하지만 괴테는 실러를 알지 못했던 것으로 보인다. 이렇게 만남이라고 부르기엔 너무 짧게 스치듯 마주친 후, 이들이 서로가 누구인지 잘 아는 채로 만나는 것은 이로부터 거의 10년이 지나서였다.

1787년 7월 말 드레스덴 근교에 머물고 있던 실러는 살 곳을 알아보기 위해 바이마르를 방문한다. 몇 년 전 칼 아우구스트 공작이 실러에게 자문위원 직함을 준 것도 바이마르 방문의 계기가 되었다. 실러는 이때 헤르더, 빌란트, 라인홀트Carl Leonhard Reinhold (1757~1823) 등과 교류하게 된다. 특히 라인홀트와의 만남은 실러가 칸트 철학에 집중하게 되는 중요한 계기가 되었다. 이런 점에서 이 여행은 실러의 대표적인 미학 이론서인『인간의 미적 교육에 관한 일련의 서한*Über die ästhetische Erziehung des Menschen in einer Reihe von Briefen*』(이하『미학편지』)(1795)의 이론적 착안점이 만들어지는 시점이라고 할 수 있다. 괴테를 만나는 것은 이로부터 1년이 조금 더 지나서다. 실러가 바이마르를 방문했을 때 이탈리아를 여행 중이었던 괴테는 1788년 4월 24일 로마를 떠나 1788년 6월 18일 바이마르에 도착한다. 괴테가 돌아왔을 때 실러는 바이마르에서 그리 멀지 않은 루돌슈타트Rudolstadt에 머물고 있었다. 실러는 바이마르 여행 중 이 작은 도시를 방문했는데, 이때 샬로테 폰 렝에펠트Charlotte von Lengefeld라는 여인을 알게 되어서 렝에펠트 가족의 집에서 머물고 있었다. 폰 슈타인 부인이 샬로테 폰 렝에펠트의 대모代母여서 샬로테는 괴테와도 잘 알고 있었는데, 그녀의 주선으로 괴테와 실러의 만남이 이루어진 것이다. 샬로테 폰 렝에펠트는 나중에 실러와 결혼하여 평생의 반려자가 되었을 뿐만 아니라, 실러의 문학적 인생에서 가장 중요한 동반자를 연결해 주었다. 일요일이었던 1788년 9월 7일 루돌슈타트의 렝에펠트 집에서 괴테와 실러의 본격적인 첫 번째 만남이 이루어졌다. 실러가 9월 12일 친구 쾨르너에게 보낸 편지를 보면 실러가 괴테와의 만남에 대해 얼마나 기대를 많이 했는지 짐작할 수 있다. 이 편지는 "마침내 내가 그대에게 괴테에 관해서 이야기할 수 있게 되었네."라는 말로 시작한다. 첫 문장에서 이미 짐작할 수 있듯이 비교적 긴 편지의 대부분이 괴테에 관한 이야기다. 괴테의 외모나 눈빛, 목소리, 대화하는 방식 등에 대해서는 매우 좋은 인상을 받았다고 말한다. 그리고 아쉬웠던 부분에 대해서는 이렇게 쓴다. "그런데 우리 모임의 규모가 너무

컸고 모두가 그와 교제하기를 너무 심하게 시샘하듯이 원해서 내가 그와 단둘이 있을 수가 없었고 일상적인 것 외에 다른 것에 관해 그와 대화를 나눌 수가 없었어." 이날 실러가 경험한 괴테의 모습은 기대를 크게 벗어나지 않았던 것 같다. 하지만 괴테는 이날 폰 슈타인 부인, 폰 슈타인 부인의 누이 그리고 헤르더의 아내 카롤리네와 함께 실러를 방문했고, 자기보다 괴테와 훨씬 더 친숙한 사람들 여러 명이 함께 있다 보니 실러는 괴테와 깊은 대화를 나눌 기회를 잡지 못했다. 실러와 깊은 대화를 나눌 수 없었기 때문인지, 괴테는 이날의 만남에 대해서 아무런 언급도 하지 않았다. 실러가 그에게 깊은 인상을 주지 못했기 때문이기도 하겠지만, 무엇보다도 이탈리아 여행을 통해 현실과 예술에 관해 바뀐 견해를 갖게 된 괴테에게 (실러의 편지에 따르면 이날 괴테는 이탈리아에서의 경험에 대해 "격정적으로" 이야기했다) 오로지 『도적떼Die Räuber』(1781)의 작가일 뿐인 질풍노도적 실러는 그다지 매력적이지 않았을지도 모른다. 실러도 괴테와의 첫 만남에 대해 실망하고 자신에 대한 괴테의 이런 생각을 짐작했기 때문인지, 그 후 여러 달 동안 실러는 괴테와의 만남을 시도하지 않았다.

1789년 2월 2일 쾨르너에게 보내는 편지에서 실러는 괴테에 대한 자신의 이중적이고 복잡한 속내를 밝힌다. "괴테의 주변에 있을 때마다 나는 불행해지는 것 같아. 그는 가장 가까운 친구들에게조차 한순간도 자신의 속내를 드러내지 않아. 그는 어떤 것에도 사로잡히는 적이 없어. 나는 정말 그가 일상에서는 쉽게 찾아볼 수 없을 정도의 이기주의자라고 생각해. [⋯] 사람들은 그러한 존재를 자기 주변에 등장하도록 내버려 두어서는 안 돼. 그런 점에서 나는 그가 싫어. 물론 나는 그의 정신을 온 마음을 다해 사랑하고 그를 위대하다고 생각하지만 말이야." 괴테에 대한 실러의 이러한 생각은 사실 좀 의아한 면이 없지 않다. 왜냐하면 이 시점은 실러가 괴테의 추천으로 예나 대학교의 역사학과 교수로 임명된 직후였기 때문이다. 1788년 12월 9일 괴테는 실러를 예나 대학교의 역사학과 교수로 적극 추천하는 긍정적인 내용의 추천서를 공국의 추밀원으로 보냈고, 다음 해인 1789년 1월 21일 추천서의 내용대로 실러는 예나 대학교의 교수로 임명되었다. 물론 정해진 급여를 매월 지급하는 조건은 아니었지만, 그래도 이후 실러는 이제까지 문학적 저술을 통해 올렸던 수입보다 훨씬 많은 금액을 교수 활동의 대가로 받게 된다.

1789년 5월 26일 실러는 교수 취임 강연을 했다. 이날 「보편사란 무엇이며 무엇을 위해 보편사를 연구하는가?*Was heißt und zu welchem Ende studiert man Universalgeschichte?*」라는 제목의 이 유명한 강연을 듣기 위해 학생들이 몰려들었다. 청중이 전례가 없을 정도로 많이 모여들자, 학교 측은 실러의 교수 취임 강연을 원래 계획했던 장소에서 진행할 수 없어서 다른 장소를 찾아야 했다. 실러는 이 강연에서 진보의 구현이라는 이성적 목적에 부합하는 보편적 세계사 기술의 필요성을 강변한다. 원래는 필연적 연관관계가 있는 것도 아니고 특정한 목표를 지향하는 것도 아닐 수 있는 개별 사건들로부터 '이성적 목적'을 향해 나아가는 세계의 역사를 구성해내야 한다는 것이다. 이런 일을 해낼 수 있는 것이 바로 "철학적 정신"이다. 이것이 강연의 핵심적 주장이었다. "철학적 정신은 조화를 자기 내면으로부터 끄집어내서 그 조화를 자신의 외부에 있는 사물의 질서 속에 옮겨 심는다. 즉 철학적 정신은 이성적 목적을 세계의 진행 과정에 부여하며, 목적론적 원리를 세계사에 부여한다." 이 강연이 끝난 그날 저녁 예나의 시내에서는 곳곳에서 실러의 연설에 감동한 젊은이들이 술잔을 기울이며 열정적인 토론을 벌였다. 예나 대학교의 교수가 된 실러는 거주지를 예나로 옮겼다. 예나로 이주한 지 얼마 지나지 않은 1791년부터 실러는 만성적인 폐질환으로 고생하게 된다. 이 때문에 실러는 건강을 위해 맑은 공기를 마실 수 있는 곳에 거처를 마련하길 원했고, 마침내 1797년 정원이 딸린 집을 사게 되었다. 예나에 있는 실러하우스가 이곳이다. 지금은 이 집이 있는 곳이 예나 시내 한복판이지만, 당시는 시 외곽의 언덕 위에 있어서 조용하고 신선한 공기를 즐길수 있었다. 규모 면에서 바이마르에 있는 괴테하우스에는 비길 수 없지만, 그래도 집필과 연구에 집중할 수 있는 안정적인 분위기이다. 내가 그곳을 찾았을 때 특히 인상적이었던 공간은 맨 위층 다락방에 있는 실러의 서재였다. 실러는 『발렌슈타인*Wallenstein*』과 『마리아 슈투아르트*Maria Stuart*』를 비롯한 여러 작품을 이곳에 머물때 집필했다. 실러가 집필을 위해 애용했던 공간에는 정원 한구석에 계단으로 오르도록 설계된 작은 정자뿐만 아니라 서재도 포함되었다. 이 서재에 들어서면 실러 당시에 사용했던 푸른색의 벽지가 매우 인상적으로 느껴진다. 푸른색의 잔잔함과 싱그러움이 한편으로는 이상주의적이며 다른 한편으로는 순수하게 여겨질 정

예나에 있는 실러 하우스

실러는 예나 대학의 역사학과 교수로 임용된 1789년부터 바이마르로 이주한 1799년까지 예나에 머물렀다. 1791년부터 만성적인 폐렴으로 고생하던 실러는 건강을 위해 1797년 5월 이 집으로 이사하였고 바이마르로 이주할 때까지 머물렀다.

정원 정자와 돌 표지판

실러 하우스 정원의 왼편 모서리에 작은 정자가 있는데, 그 옆에는 큰 돌 표지판이 세워져 있다. 이 표지판에는 "이곳에서 실러는 『발렌슈타인』(1798)을 집필했다"고 쓰여있다.

예나의 실러 하우스 서재

실러 하우스의 맨 위층에는 실러의 서재가 있다. 이 집에 머물렀을 때 실러는 집필 활동을 가장 활발하게 펼쳤다.

정원 정자의 책상

실러 하우스의 정원 정자 안에 있는 책상 위에는 실러가 집중하기 위해 이 정자에서 많은 시간을 머물며 집필했던『발렌슈타인』이 펼쳐져 있다.

도로 현실 변혁에 관한 확신을 펼쳤던 실러를 연상시키기 때문일까?

괴테도 이 다락방 서재에 머무르며 실러와 대화하는 것을 즐겼다. 예나의 실러하우스에는 다락방 서재 외에도 괴테에게 실러와 보낸 시간을 추억하게 만드는 특별한 장소가 있다. 실러하우스 맞은편 정원 끝에 있는 돌로 만든 탁자다. 실러가 세상을 떠난 지 20년도 더 지난 1827년 10월 8일 괴테는 에커만과 함께 실러하우스를 방문했다. 이때 괴테는 실러하우스 정원에 접한 천문대를 둘러본 후 실러를 회상하는데 이에 대해 에커만은 이렇게 기록한다. "우리는 정원으로 갔고, 괴테는 그곳 정자처럼 만들어진 곳에 있는 돌로 만든 탁자에다가 간단한 아침 식사를 차리게 했다. '자네는 아마 모를 거야.' 하고 괴테가 말했다. '우리가 얼마나 중요한 장소에 와 있는지 말이야. 실러가 바로 여기에 있었네. 이 정자에. 이제는 거의 낡아버린 이 벤치에 앉아서 우리는 이따금 이 오래된 돌 탁자에 식사를 차려 놓고 먹으면서 유익하고 중요한 이야기들을 서로 나누었네. 그는 당시에 삼십 대였고 나는 사십 대였으니 둘 다 탐구심이 절정에 달해 있을 때였지.'" 돌 탁자 뒤편에 있는 기념 표지판에 괴테의 이 말이 새겨져 있다.

괴테와 실러가 이렇게 '유익하고 중요한 이야기들'을 서로 나눌 정도로 가까워지기까지는 제법 상당한 시간이 필요했다. 루돌슈타트에 있는 샬로테 폰 렝에펠트의 집에서 있었던 본격적인 첫 번째 만남 후에도, 그리고 괴테의 추천으로 실러가 예나 대학교의 역사학과 교수가 된 후에도 여전히 소원한 상태였던 둘의 관계는

천문대

실러 하우스 바로 옆에는 예나대학교 천문대가 있다. 이 천문대는 실러가 세상을 떠난 후인 1813년 괴테의 주도로 세워졌고, 1888~89년에 새로 개축되었다.

돌탁자와 기념표지판

실러 하우스 정원 한 가운데 나 있는 통로를 따라 정원의 끝까지 오면 그곳에는 둥근 돌로된 탁자가 있다. 괴테가 예나를 방문하면 실러와 함께 당시에는 우거진 나뭇잎에 둘러쌓여 있던 이 탁자에서 행복한 대화를 나누곤 했다. 실러가 세상을 떠난지 20년도 더 지난 1827년 이 탁자 앞에서 선 괴테는 에커만에게 이렇게 말한다. "자네는 아마도 모를 거야. 우리가 얼마나 중요한 장소에 와 있는지 말이야. 실러가 바로 여기에 있었네."

1794년 7월 20일에 있었던 "행복한 사건"을 계기로 완전히 달라진다. 괴테의 설명에 따르면 이 사건은 "우연히" 일어났다. 1793년 실러의 글『우아와 품위에 관하여Über Anmut und Würde』가 출판된 이후 괴테에게 실러는 더 이상 질풍노도의 대표작인『도적떼』의 작가가 아니었다.『우아와 품위에 관하여』에 대한 괴테의 생각은 긍정적인 점과 부정적인 점이 뒤섞여 있어서 한편으로는 실러를 다시 주목하게 했지만, 다른 한편으로는 가까워지는 것을 여전히 방해했다. 그러던 중 실러는『우아와 품위에 관하여』에서 제기한 문제의식을 구현하기 위해 1795년의 시작과 함께『호렌 Horen』이라는 잡지 출판을 준비하고 있었다. 1794년 6월 13일 실러는 매우 격식을 갖춘 문체로 편지를 써서 괴테에게 이 잡지의 편집위원으로 참여해 달라고 요청한다. 이미 빌헬름 폰 훔볼트, 피히테 그리고 볼트만Karl Ludwig Woltmann(1770~1817)이 편집위원으로 참여하기로 되어 있음도 함께 알렸다. 고민한 끝에 괴테는 10여 일 후 조심스러운 어조로 외교적 수사를 곁들여 실러에게 답장한다. "저는 기쁜 마음으로 진심을 다해 모임에 참여하겠습니다. 저의 미발표 원고 중에 잡지의 성격에 맞는 것을 찾게 되면, 기꺼이 알려드리겠습니다. 사업가들처럼 과감하신 분들과 맺게 될 좀 더 가까운 관계가 저에게 정체된 많은 부분을 다시 활기차게 움직이도록 해 주리라 확신합니다."(1794년 6월 24일) 실러의 초청에 응할 것임을 밝히는 이 글이 괴테가 실러에게 보낸 첫 번째 편지다. 괴테가 긍정적인 답변을 하게 된 데에는 편집위원으로서의 활동이 자신의 창작에 새로운 활력을 일깨울 수 있으리라는 기대도 한몫

한 것으로 보인다. 이 편지의 끝에 괴테는 "곧 이에 관해 직접 만나 논의하게 되길 바랍니다."라고 쓴다. 이러한 바람대로 괴테는 한 달이 채 못 되어 실러를 만나게 된다.

괴테는 편집위원들과 함께 『호렌』에 관하여 논의하기 위해 예나를 방문했다. 바로 운명의 날인 1794년 7월 20일이었다. 『호렌』의 편집위원들을 만나기 전에 괴테는 먼저 예나에 있는 '자연 연구자 협회'의 강연에 참여한다. 이미 16세기 후반부터 예나에 조성된 식물학 정원에 괴테는 관심을 많이 두었고, 1794년에 들어서면서 이 정원의 개선 및 확장 작업을 주도적으로 진행했다. 그런데 괴테는 이 행사에서 예상치 않게 실러를 만나게 된다. 이날의 만남을 괴테는 1817년에 발표한 「행복한 사건 _Glückliches Ereignis_」이라는 제목의 글에서 서술한다. 강연회가 끝나 강연장을 나가던 중 둘은 "우연히" 함께 걷게 되었고, 대화가 시작되었다. 괴테와 실러의 역사적인 '우정의 연대'는 이렇게 '우연히' 시작되었다. 괴테와 실러는 이날 진행된 강연의 내용에 관하여 토론하게 되는데, 이 토론은 "원형식물"에 관한 논쟁으로 이어졌다. 괴테는 이 논쟁에 얼마나 열정적으로 집중했는지, 이 논쟁이 실러의 집으로 이동한 후에도 계속 이어지고 있다는 사실을 알아차리지 못할 정도였다. 이 유명한 논쟁의 핵심은 '원형식물'에 관한 괴테의 구상이 "이념"인지 아니면 "경험"인지에 관한 것이었다. 괴테는 '원형식물'에 관한 자기 생각을 설명하기 위해 "펜으로 특징을 살려 쓱쓱 상징적 식물을 그려서 보여 주었다". '원형식물'을 전제하지 않고는 "이런 형상 또는 저런 형상이 식물이라는 사실"을 인식하는 것이 불가능

예나에 있는 괴테 은행나무(좌), 바이마르에 있는 괴테 은행나무(우)

예나에는 상당히 큰 규모의 '식물학 정원'이 있는데, 이곳에는 괴테 은행나무가 있다. 1794년을 전후한 시기에 심은 것으로 알려져 있고, 은행나무는 식물학에 대한 깊은 관심을 보여주는 일종의 상징과도 같다.

1813년에 괴테는 바이마르에도 은행나무를 심는다.

집이 있던 자리를 알리는 안내문

실러가 오늘날 예나의 실러하우스로 보존돼 있는 집으로 옮긴 것은 1797년이다. 괴테와 실러 사이에 "행복한 사건"이 벌어지던 시점인 1794년 7월에 실러가 살던 집은 제2차 세계대전 중 파괴되어 남아 있지 않다. 지금은 그 집이 있던 자리임을 알리는 안내판만 확인할 수 있다.

하다는 견해를 밝히기 위해서였다. 실러는 물론 이러한 주장 자체에 대해서 의문을 제기하지는 않았다. 다만 실러는 모든 현상의 내적 본질을 보증하는 '원형식물'이 감각적으로 지각할 수 있는 경험의 대상일 수 있는지에 대해서 비판적 견해를 밝혔다. 원형식물을 '눈으로 볼 수 있게' 묘사하는 괴테의 시도에 동의할 수 없었기 때문이다. 괴테가 '원형식물'을 그려 내자 실러는 이 상징적 식물을 가리키면서, "그것은 경험이 아니라 이념입니다."라고 분명히 말했다. "교육받은 칸트주의자"인 실러는, 원형식물은 인간의 주관적 사유 능력이 만들어 낸 구상이며, 따라서 직접 경험할 수 없는 순수이성 개념인 이념이라고 보았다. 원형식물에서 객관적인 원형을 감각적으로 볼 수 있다고 주장하는 괴테에 대한 반박이다. 실러의 반박에 대해서 괴테는 이렇게 답한다. "나는 심지어 이념을 눈으로 봅니다." 이 논쟁에 대해 괴테는 "우리 사이를 갈라놓은 지점이 극명하게 드러났다."라고 기록했다. 흥미롭게도 이 논쟁을 통해 드러난 괴테와 실러 사이의 시각차는 오히려 서로를 향해 공감과 매력을 느끼게 해 주었고, 둘의 관계를 세기의 우정 관계로 강화하는 결정적 계기가 되었다. 괴테는 이렇게 서술한다. "그리고 우리는 이렇게, 객체와 주체 사이의 가장 위대하고 아마도 결코 중재될 수 없는 싸움을 통해, 하나의 동맹을 체결했다. 중단 없이 지속된 그리고 많은 훌륭한 결과를 만들어 낸 동맹을." 괴테는 이날 우연히 이루어진 이 만남과 격정적인 논쟁에 관해 자세히 서술한 글에 "행복한 사건"이라는 제목을 붙였다.

13

JOHANN WOLFGANG VON GOETHE

『빌헬름 마이스터의 수업시대』
— 빌헬름의 수업시대는 끝났는가?

『수업시대』는 우리말 번역본을 기준으로 900쪽이 넘는 방대한 분량의 작품이다. 작품의 분량에 걸맞게『수업시대』에 관한 연구에서 다루어지는 주제는 그 목록만 나열해도 상당하다. 널리 알려진 연구 주제만 언급해도 인간의 교양, 딜레탕티즘 비판과 예술가 문제, 역사 문제와 셰익스피어, 아름다운 영혼과 아우구스티누스 비판 등이 있다. 또한 작품 연구를 전체적으로 조망하는 것이 간단하지 않을 정도로 다양한 방향과 방식의 연구가 이루어졌다. 하지만 여기에서는 이 작품이 세계 문학사에서 이른바 '교양소설'의 대표적인 전형으로 여겨졌다는 점에 주목하고자 한다. 물론 괴테 자신이 이 소설을 교양소설이라고 개념화하여 지칭한 것도 아니고, 실제로 주인공의 교양이 이 소설에서 성공적으로 이루어졌는지에 대한 논란이 여전한 것도 사실이다. 그렇다 하더라도 이 작품의 핵심 주제는 너무도 잘 알려진 것처럼 한 개인이 어떻게 자신의 '수업시대'를 끝내고 자기 자신으로 '형성'되는가와 결코 무관할 수 없다. 여기서 잠깐 독일어 번역에 관하여 말할 필요가 있다. 일반적으로 '교양'으로 번역되는 독일어는 Bildung인데, 괴테는 이 개념을 인간에만 국한하지 않고 모든 유기체에 사용한다. 그것도 동일한 의미로 사용한다. 그런 점에서 적어도 괴테의 경우에는 인간에게만 사용할 수 있을 법한 '교양'이라는 번역어 대신에 모든 유기체에 적용할 수 있고(전보다 이후가 더 좋다는 의미를 지니지 않은) 가치 중립적 개념인 '형성'이라는 번역어를 사용하는 것이 비교적 적절해 보인다(이후 이 개념은 이 글 전체에서 일관되게 '형성'으로 번역한다).

이 작품을 통해 괴테가 말하고 싶은 형성은 어떤 것일까? 제5권 3장에서 주인공 빌헬름은 친구 베르너에게 보내는 편지를 통해 설명한다.

> "자네에게 간단히 한마디로 말하겠네만, 전적으로 이렇게 있는 그대로의 나 자신을 완전히 형성해 나가는 것, 그것이 내가 어렸을 적부터 희미하게나마 품어왔던 소원이요 의도였어."

빌헬름은 어릴 때부터 '전적으로 있는 그대로의 자신', 즉 타고난 본성을 완전히 '형성'하길 원했다. 사소해 보이지만 여기서 주목해야 할 것이 있는데, '전적으로 있는 그대로의 나'라는 표현이다. 여기서 작가 괴테가 주인공인 빌헬름의 입을 통해서 형성의 문제와 '전적으로 있는 그대로의 나'라는 표현을 직접적으로 연결한 것은 결코 우연이 아니다. '전적으로 있는 그대로의 나' 또는 '타고난 본성'이라는 말은 인간의 형성에 관한 당대 주요 구상의 핵심을 구성하는 개념이기 때문이다. 예를 들면 당시 인간의 교육에 관한 논의를 주도하던 신인본주의도 '개체로서의 인간'이라는 개념을 통해 '전적으로 있는 그대로의 나'를 펼쳐가는 것이 중요하다고 강조했다. '개체/개인Individuum'이라는 말은 단어 자체의 의미가 더는 나눌 수 없는 최종적 단위를 가리킨다. 신인본주의가 인간을 개체로 여긴 것은 정체성을 구성하는 최종 단위인 개별 인간이 지닌 자유가 중요함을 강조하려는 시도였다. 인간의 본질은 종교나 정치 등 개별 인간의 외부에 존재하는 요소들에 의해 규정될 수 없다는 것이다. 왜냐하면 개개의 모든 인간은 반복될 수 없는 유일무이한 개별적 존재로서 그 본질을 이미 자기 내면에 지니고 있다. 따라서 더 이상 나눌 수 없는 개체인 개별 인간은 모두 자기 내면에 있는 '전적으로 있는 그대로의 나'를 온전하게 펼쳐나가기 위해 진력해야 한다. 『수업시대』의 주인공 빌헬름이 지향하는 형성이 바로 이것이다.

주인공 빌헬름의 이러한 생각은 건강한 형성에 관한 작가 괴테의 견해를 표현한 것일까? 모두 여덟 권으로 구성된 이 소설의 제7권에서 빌헬름은 탑사회Turmgesellschaft로부터 수료증서를 받는다. 이 장면은 빌헬름이 인생의 한 과정을 끝냈으며, 이 과정을 통해 정해진 수준의 형성에 도달했음을 짐작하게 해 준다. 수료증서를 수여하는 모든 의식이 끝난 후 탑사회를 구성하고 있는 주요 인물 중 한 명인 신부가 빌헬름에게 분명한 어조로 선언한다. "당신의 수업시대는 끝났습니다." 주인공 빌헬름의 수업시대가 끝났다는 이 선언과 함께 제7권도 끝난다. 그런데 이렇게 끝난 제7권에 바로 이어지는 제8권의 1장 첫 부분에서 이번엔 서술자가 독자들에게 매우 흥미롭게도 다음과 같이 보고한다. "빌헬름의 인생에서 가장 즐거운 날이었던 바로 그날, 그 자신의 형성도 비로소 시작되는 것만 같았다."빌헬름은 탑사회로부터 수료증서를 받은 직후 펠릭스라는 아이가 본인의 아들이라는 사실도 알게 되었다. 그리고 서술자가 여기서 말하는 '그날'은 바로 자기 아들 펠릭스와 정원에서 시간을 보낸 그날을 말한다. 바로 이날 빌헬름의 형성이 '비로소 시작되었다'는 것이다. 빌헬름의 어린 시절부터 그를 관찰해 왔던 탑사회는 마침내 그를 탑사회의 일원으로 받아들였고, 그의 수업시대가 완료되었다고 선언했다. 그런데 서술자는 이미 수업시대를 끝냈다고 선언된 빌헬름이 이제야 비로소 형성을 시작한다고 독자들에게 알려주는 것이다. 빌헬름의 형성은 끝났는가, 아니면 이제 시작되는가?

이 물음에 답하려면 빌헬름이 어떤 과정을 거쳐 탑사회로 들어오게 되었는지를 간략하게라도 살펴보아야 한다. 제5권 3장에서 빌헬름은 친구 베르너에게 '전적으로 있는 그대로의 나'를 형성해 가겠다고 밝힌 후, 이러한 형성을 위해 선택한 자신의 방법을 설명한다.

"내 본성을 조화롭게 완성해 나가는 것은 내 출신이 이미 나에게 허락하지 않은 일이지만, 나는 이제 바로 이러한 조화로운 완성을 이루고 싶은 억제할 수 없는 욕구를 지니고 있어."

빌헬름은 '전적으로 있는 그대로의 나'를 조화롭게 완성해 가길 원하지만, 현실적으로는 불가능하다. 왜냐하면 자신은 시민계급에 속해 있기 때문이다. 시민계급은 자신의 유용성을 입증하기 위해 항상 노동을 통해 무언가를 생산해 내야 한다. 그리고 이를 위해 "하나의 방법"을 선택할 수밖에 없고, 자신이 선택하지 않은 것은 소홀히 할 수밖에 없다. 그렇기에 시민계급의 내면에는 본질적으로 "조화가 있을 수 없다."고 빌헬름은 확신한다. 하지만 현실에서 이러한 불가능성을 극복할 방법이 없음에도 불구하고, 그는 여전히 '있는 그대로의 나'를 조화롭게 완성하고 싶은 강한 욕구를 포기하지 못한다. 그래서 그는 연극 세계에 투신하는 길을 선택한다. 베르너에게 이 편지를 보내는 시점은 바로 그의 연극 인생의 정점이라고 할 수 있는 셰익스피어의 〈햄릿〉 공연 직전이었다. 빌헬름은 실제 삶에서 '있는 그대로의 나'를 완성하는 것은 "공적 인간"인 귀족에게만 가능하다고 생각했다. 어떤 유용성이라는 목적을 추구하지 않고 '공적 인간'으로 살아가는 귀족들은 타고난 본성을 현실에서 조화롭게 완성할 수 있는 "특권"을 누리고 있기 때문이다. 시민계급이 이러한 '특권'을 맛보려 한다면 연극이라는 비현실 세계를 택하는 것 외에는 다른 대안이 없다. 그래서 빌헬름은 '있는 그대로의 나'를 구현하려는 억제할 수 없는 욕구를 실현하기 위해 연극 세계에 몰입하고 있다고 친구에게 밝힌 것이다.

　빌헬름은 〈햄릿〉을 무대 위에 올리는 데 성공하지만, 그의 연극 인생은 두 가지 측면에서 그의 기대와는 달랐다. 첫째는 연극 세계 자체가 그러했다. 그가 극단에서 만난 사람들은 그가 기대했던 것과는 너무도 다른 모습을 보여 주었다. 예술적 재능이 충분하지 않은 것은 물론, 눈앞에 놓인 이익을 취하기 위해 서로 반목하느라 올바른 예술을 구현하는 데는 큰 관심이 없는 이들의 모습은, 빌헬름이 연극 세계에 들어서면서 기대했던 타고난 본성을 구현하는 것과는 너무도 거리가 멀었다. 둘째는 빌헬름이 경험한 귀족세계가 그러했다. 빌헬름은 연극단을 이끌고 백작의 성으로 들어가게 되는데, 그곳에서 경험한 귀족들은 예술의 가치를 제대로 알지 못할 뿐만 아니라 그들의 삶 자체가 '있는 그대로의 나'를 구현하는 '공적 인간'의 삶과는 크게 달랐다. 귀족처럼 타고난 본성의 구현을 경험하기 위해 연극 세계에 들어갔지만, 연극 세계에서도 귀족들의 삶에서도 빌헬름은 타고난 본성을 형성해 내려는 욕구를 실현하지 못한 채 절망한다. 그러고 나서 빌헬름은 결국 연극 세계를 떠나게 된다. 이후 빌헬름이 탑사회에 들어간 후, 이제까지 그의 삶의 과정을 지켜본 탑사회가 수료증서를 수여하며, 그의 수업시대가 끝났음을 선언했다. 하지만 이러한 선언 직후 서술자가 빌헬름의 형성이 이제야 비로소 시작된다고 말함으로써 수업시대의 종료 선언이 적절한 것인지 독자들은 물을 수밖에 없다.

흥미로운 것은 주인공의 형성이 시작되었음을 알렸던 서술자가 얼마 지나지 않아서 빌헬름의 수업시대가 끝났다고 선언하는 장면이다.

"빌헬름이 설계하려고 생각하는 모든 것은 아들을 위주로 계획되어야 하고 건설하는 모든 것은 몇 세대는 존속되어야 한다고 여겼다. 이런 의미에서 그의 수업시대는 끝난 것이었으며, 아버지로서의 감정을 느낌과 동시에 그는 또한 한 시민으로서의 모든

덕성을 갖추게 된 것이었다."(제8권, 제1장)

수업시대가 끝났음을 선언하는 장면치고는 좀 특이하다. 서술자가 수업시대가 끝났다고 선언하는 근거가 되는 '이런 의미'는 바로 앞에 나오는 문장을 가리킨다. 그런데 이 문장은 빌헬름이 도달해야 할 어떤 목표나 그 목표의 달성 여부에 대한 그 어떤 내용도 담고 있지 않다. 다만 빌헬름의 모든 계획과 실행의 중심에 그의 아들 펠릭스가 있다는 사실, 그리고 그 사실을 빌헬름이 깨달았다는 사실 정도만 서술되어 있을 뿐이다. 그러면 아버지와 아들의 관계가 빌헬름의 수업시대의 종료와 어떤 관계가 있는 것일까? 아버지(또는 어머니)는 자녀에게 지대한 관심이 있다. 이 평범한 사실이 중요하다. 아버지의 관점에서 아들은 자신의 외부에 있는 존재다. 그런데 자신의 외부에 있는 어떤 존재에 대해 깊은 관심을 보이는 것이 곧 자신의(아버지의) 정체성을 규정하는 중요한 요소다. 서술자는 빌헬름이 이제 아버지로서 모든 것을 자기 아들을 중심으로 생각하고 계획해야 한다고 설명한다. 이는 빌헬름의 관심이 타자, 즉 자신의 외부 세계를 향하고 있음을 말해준다. 다시 말해, 빌헬름의 수업시대가 끝났다는 서술자의 선언은 이제 비로소 그가 외부 세계와 상호작용할 수 있게 되었다는 뜻이다. 이러한 사실은 탑사회가 선언한 것과는 달리 서술자가 제8권 제1장의 첫 부분에서 빌헬름의 형성이 새롭게 시작된다고 설명하는 부분을 조금 더 자세히 살펴보면 보다 분명해진다. 빌헬름과 함께 정원에서 뛰놀던 아들 펠릭스가 정원에 있는 것들에 대해서 지치지 않고 계속 질문하자 빌헬름은 정원사에게 도움을 청한다.

"마침내 그들 부자는 정원사를 만나 이야기를 나누게 되었는데, 그 정원사가 여러 가지 식물들의 이름과 용도를 말해 주어야 했다. 이제 빌헬름은 새로운 기관을 통해 자연을 바라보게 되었다. 아이의 호기심과 지식욕을 계기로 그는 비로소 자기가 자신의 외부에 있는 사물들에 대해서 얼마나 관심이 적었으며 자기의 지식이 얼마나 보잘것없었던 것인지 절실히 느끼게 되었다. 그의 인생에서 가장 즐거운 날이었던 바로 그날, 그 자신의 형성도 이제야 비로소 시작되는 것만 같았다."(제8권, 제1장)

빌헬름은 이미 제4권 제17장에서 자신의 "외부에 있는 사물들에 대해서 최소한의 주의도 기울이지 않았다."고 고백한 바 있다. 그런데 자신이 아버지임을 알게 되고, 펠릭스와 부자 관계를 누리게 되면서 비로소 빌헬름은 '자신의 외부에 있는 사물들'에 대해서 관심을 두게 되었다. 괴테의 시각에서 빌헬름의 이러한 변화를 본다면, 빌헬름은 아버지로서 각성한 연후에야 비로소 진정한 의미의 형성을 시작했다고 말할 수 있다. 아들 펠릭스의 자극을 통해 빌헬름의 내면에 '새로운 기관'이 형성되고, 이 새로운 기관을 통해서 빌헬름은 자신의 외부에 있는 사물을 인지하게 되었다. 외부 세계와 건강한 관계 맺음이 가능해진 것이다. 서술자가 빌헬름의 수업시대가 끝났다고 말한 의미가 무엇인지는 빌헬름의 다음과 같은 말을 염두에 두면 보다 분명해질 것이다.

"진정한 형성의 가장 효과적인 수단을 파괴해 버리는 온갖 형성
이 다 무슨 소용이며, 바로 과정 중에 우리를 행복하게 만들어 주
는 대신 우리에게 최후의 목적지만을 제시하는 온갖 형성이 다
무슨 소용이란 말인가."(제8권, 제1장)

빌헬름의 수업시대가 끝났다는 서술자의 선언이 곧 빌헬름의
형성이 사전에 제시된 '최후의 목적지'에 도달했음을 의미하지는
않는다. 서술자가 빌헬름의 수업시대가 끝났음을 선언하는 순간
의 빌헬름은 오히려 아들 펠릭스에게 자신의 모든 관심을 집중하
는 모습을 보여줄 뿐이다. 빌헬름은 '과정'과 '최후의 목적지'를 대
비시키면서 과정 중에 느끼는 행복의 중요성을 강조한다. 외부 세
계를 향한 관심을 일깨움으로써 진정한 의미의 형성을 시작한 빌
헬름이 그 형성을 진행해 가는 '과정' 속에서 참된 행복을 느끼게
되자 서술자는 빌헬름의 수업시대가 끝났다고 선언하는 것이다.
빌헬름의 수업시대가 종료되었음이 의미하는 바는 그가 최종적
인 목표 지점에 도달했음을 의미한다기보다는 과정의 행복함을
아는 진정한 형성의 원리를 체득했음을 의미하는 것으로 이해하
면 좋을 듯하다.

빌헬름이 체득한 형성의 원리에서 핵심은 무엇일까? 우선 두
가지를 언급해야 하는데, 이 둘은 서로 밀접히 연결된 것이기도
하다. 하나는 위에서 설명한 외부 세계와 상호적 관계 맺음의 중
요성이고, 다른 하나는 외부 세계와의 관계를 토대로 이루어져야
하는 자아 인식의 문제이다. 내용이 조금 어려울 수 있지만『수업

시대』를 이해하는 데 꼭 필요한 부분이므로 이 작품에서 다루어지는 자아 인식의 문제를 가능한 한 간략하게 살펴보자. 서술자에 의해 빌헬름의 수업시대가 끝났음이 선언된 것은 빌헬름이 자기 자신을 인식하게 되는 것과도 밀접하게 연관되어 있다. 탑사회 구성원인 야르노로부터 자신의 형성 과정이 기록된 두루마리를 받아 든 빌헬름은 그 기록을 읽으면서 자기 자신을 인식하게 된다.

> "그는 난생처음으로 자신의 외부에 있는 자기 모습을 보았는데, 그것은 거울에서 보는 그런 제2의 자아가 아니라 초상화에서 볼 수 있는 다른 자아였다."(제8권, 제1장)

여기에 서술된 빌헬름의 자아 인식은 좀 특이하다. 이에 대해서는 비교적 긴 설명이 필요한데, 그 전에 한 가지만 우선 언급하자. 빌헬름은 자신의 자아 인식을 거울이 아닌 초상화를 통해 설명하고 있다. 보통 거울은 자아 인식의 가능성을 보여주는 비유로 많이 사용된다. 그런데 빌헬름이 자기 자신을 인식하는 장면이 이렇게 묘사된 것은 결코 우연이 아니다. 괴테는 「셰익스피어와 무한함*Shakespeare und kein Ende*」(1813)이라는 글에서 "자기 자신을 인식하는 것"은 "인간이 도달할 수 있는 가장 높은 것"(FA 19, 637)이라고 말한다. 그만큼 자아 인식이 중요하다는 뜻이다. 하지만 자아 인식에 도달하는 것은 "거의 불가능할" 정도로 어렵다.(『시와 진실』, FA 14, 630) 괴테는 그렇게도 중요한 자아 인식의 어려움을 다음과 같이 설명한다.

"쉽게 완전히 무당파적으로 다시 묘사되는 것은 없다. 거울은 이러한 사실의 예외라고 사람들은 말할 것이다. 그러나 우리는 거울에서 우리의 얼굴을 결코 완전히 올바르게 보지 못한다. 정말이지 거울은 우리의 모습을 뒤바꿔 놓는다. 그리고 우리의 왼손을 오른손으로 만든다. 이러한 사실은 우리 자신에 대한 모든 관찰의 본질을 잘 보여 주는 범례일 것이다."(『빌헬름 마이스터의 편력시대』, 제3권, 「마카리에의 자료실」에서)

일반적으로 있는 그대로의 자신을 관찰할 수 있는 가장 효과적인 방법은 거울을 사용하는 것이었다. 그런데 괴테는 이러한 일반적인 기대와는 달리 사람들은 거울을 통해서 어떤 형태의 원래 모습이 아닌 좌우가 바뀐 모습만 관찰할 수 있을 뿐이라고 주장한다. 괴테가 생각하는 올바른 자아 인식은 거울에 모습을 있는 그대로 비춰보는 방식을 통해서는 이루어질 수 없다. 그러면 자아 인식은 어떻게 가능할까?

"사람들은 어떻게 자기 자신을 알 수 있는가? 주시함을 통해서는 절대로 알 수 없다. 그러나 아마도 행동을 통해서는 알 수 있을 것이다."(FA 13, 128)

괴테는 '주시함'과 '행동'을 대비시킨다. 거울에 비친 모습을 보는 것은 '주시함'의 한 예이다. 『수업시대』에는 거울에 비친 자신의 모습을 통해 자아 인식에 도달했다고 여기는 인물이 두 명 나온다. 제3권 제10장에 나오는 백작과 제6권 「아름다운 영혼의 고백」에 나오는 아름다운 영혼이라고 불리는 여인이다. 그런데 흥미로운 점은 이 두 인물은 모두 거울에 비친 모습에서 자기 자신을 인식한 이후, 삶의 방향이 외부 세계와 점점 단절되며, 결국에는 자기 내면에만 집중하는 병적인 상태에 빠지게 된다. 거울을 통해 있는 그대로의 나를 주시함으로 자아 인식에 도달할 수 있다고 여기는 것이 어떤 문제를 초래할 수 있는지 잘 보여주는 에피소드이다. 이들은 '주시함'을 통해 자아 인식을 획득했다고 확신했지만, 이들의 자아 인식은 왜곡된 것이었다. 1995년 독일에서 발행된 『철학 개념사 사전 *Historisches Wörterbuch der Philosophie*』 제9권에 있는 '거울Spiegel' 항목은 왜 거울 모티브가 자아 인식과 연결되는지를 다음과 같이 설명한다. 거울은 거울 앞에 서 있는 것과 거울에 비친 것이 "동시적으로 움직이는 것"을 보게 해 준다. 자아 인식과 관련하여 이러한 사실은 관찰하는 자와 관찰되는 자의 이중성을 동시적으로 관찰할 수 있음을 의미했고, 바로 이런 이유에서 거울은 전통적으로 자아 인식의 "절대적 비유"(한스 블루멘베르크)로 간주되었다. 이런 거울의 특징을 보다 분명히 드러내기 위해 '거울'에 관한 항목에는 그림의 특징이 서술되어 있다. "그림"은 그 그림이 지시하는 것으로부터 "시공간적으로" 독립되어 있다. 자신의 초상화를 관찰하는 경우를 예로 들면, 관찰하는 자와 (초상화에 그려진) 관찰되는 자는 같은 인물이지만 동시적이지 않다. 동시성이 거울 모티브를 자아 인식과 연결했다면, 비동시성은 그림 모티브를 자아 인식과 연결하는 것을 꺼리게 했다는 것이다.

이런 사실을 고려하면, 빌헬름이 '거울'이 아닌 '그림'을 통해서 자아 인식에 도달하는 것으로 묘사된 것은 매우 흥미롭다. 빌헬름이 자기 자신을 인식하는 장면을 다시 한번 살펴보자. 빌헬름이 자아 인식에 도달하는 것은 거울에 비친 '제2의 자아'와의 동일시를 통해서가 아니라, 초상화 속에 그려져 있어서 시공간적으로 자신과 독립된 '다른 자아'를 통해서다. 초상화 속에 그려진 나의 모습은 그 앞에 서 있는 나 자신과 동시적으로 움직이지도 않고, 따라서 제2의 자아라는 착각을 불러일으키지도 않는다. 오히려 초상화 속의 나는 온전히 외부 세계에 독립적으로 대상화되어 있으며, 따라서 나는 초상화를 통해서 외부 세계와 관계를 형성하게 된다. 빌헬름은 자아의 내면을 '주시'하여 제2의 자아를 발견하고 이로써 자아 인식에 도달하는 것이 아니라, 외부 세계와 관계를 맺는 '행동'을 통해서 자신을 인식한다. 빌헬름의 이러한 자아 인식 방식은 괴테가 생각하는 건강한 자아 인식과 닮았다. 1824년 3월 8일에 있었던 대화에서 괴테는 "자아 인식"에 관하여 다음과 같이 말한다.

"인간은 스스로를 결코 알 수 없으며, 스스로를 결코 순수하게 하나의 대상으로서 관찰할 수 없다. 나는 단지 외부 세계에 대한 나의 관계들만을 알 수 있으며, 내가 그 가치를 올바르게 인정하는 것을 배울 수 있는 것은 바로 외부 세계에 대한 나의 관계들뿐이다. 사람들은 자아 인식에 관하여 논함에 있어서 이러한 사실에 스스로를 한정시켜야 한다."

괴테가 강조하는 것은 '관계'의 중요성이다. 인간이 자신을 인식하려고 할 때 관찰되는 자신을 관찰하는 자신으로부터 떼어낼 수는 없다는 것이 괴테의 생각이다. 그러므로 인간은 자신을 관찰하는 자신과 분리된 '순수한 대상'으로 관찰할 수 없다. 인간은 자기 자신을 직접적으로 관찰할 수 없고, 따라서 그러한 관찰을 통해 스스로를 인식하는 것은 불가능하다. 하지만 인간이 도달해야 할 가장 높은 수준의 과제인 자아 인식을 수행하려면, 인간은 자신의 자아가 외부 세계와 관계를 맺고 그 관계에 대한 앎을 통해서 스스로를 알아간다는 점을 인지해야 한다. 참된 자아 인식에 도달하기 위해서 외부 세계와의 생동감 있는 만남, 즉 '행동'이 중요한 이유다. 1822년 라이프치히 대학의 정신병학 교수였던 하인로트Johann Christian Friedrich August Heinroth가 인간학에 관한 자신의 저서에서 괴테의 사유 방식에 대해서 언급하자 괴테는 이와 관련하여 자신의 견해를 밝히는 짧은 글을 쓴다. 괴테는 자아 인식과 관련하여 이렇게 주장한다.

"차제에 나는 다음과 같은 사실을 고백하고자 한다. 위대하고 그렇게도 중요하게 여겨지는 임무인 '너 자신을 알라.'는 요구가 나에게는 예전부터 항상 수상하게 여겨졌다. 도달할 수 없는 요구를 통해 사람들을 혼란스럽게 만들려고 하며, 사람들을 외부 세계를 향한 활동으로부터 그릇된 내적인 명상으로 미혹하려고 하는, 비밀스럽게 동맹을 맺은 성직자들의 꾀처럼 수상하게 여겨졌다는 말이다. 인간은 세계를 아는 한에서만 자기 자신을 안다. 인간은 자기 자신 안에서만 세계를 지각하고, 자기 자신을 세계 속에서만 지각한다. 모든 새로운 대상이 우리 내면에 새로운 기관이 생겨나게 한다."(FA 24, 595-596)

인간이 자기 자신을 인식하는 것은 단지 자신의 외부에 존재하는 세계를 알 때뿐이다. 외부 세계에 대해서 내가 지니는 관계를 앎으로써 나는 자아를 인식하게 된다. 따라서 '행동'을 통해 외부 세계와 관계를 맺지 않는 한 결코 자아 인식에 도달할 수 없다. 위 인용문에서 주목해야 할 또 하나의 사실은 '새로운 기관'에 관한 언급이다. 괴테는 외부 세계에 존재하는 '모든 새로운 대상'은 그 새로운 대상을 인지할 수 있는 '새로운 기관'을 '우리 내면에' 생겨나게 한다고 주장한다. 아들 펠릭스와 즐거운 시간을 보낸 빌헬름이 경험한 내용이 바로 이것이다. 빌헬름의 형성이 비로소 이날 시작되는 것 같았다고 말하는 장면에서 서술자는, 펠릭스로 인해 새로운 경험을 하게 된 빌헬름이 "이제 새로운 기관을 통해 자연을 바라보게 되었다."고 말한다. 외부 세계에 대한 (관계) 인식과 자아 인식은 동전의 양면처럼 밀접하게 연결되어 있다. '이런 의미에서 빌헬름의 수업시대가 끝났다.'고 서술자가 선언한 것은 수업시대 종료가 최종적 목표에 도달했는가 아닌가와 상관없이 빌헬름이 외부 세계 인식과 자아 인식의 뗄 수 없이 연결된 관계를 형성의 원리로 체득하였음을 가리킨다고 볼 수 있다.

서술자에 의해 선언된 빌헬름의 수업시대 종료는 그에 앞서 탑 사회에 의해 이루어진 수업시대의 종료 선언에 대한 비판으로 이해할 수 있다. 그러면 서술자의 시각에서 볼 때 빌헬름이 진정한 의미의 형성을 시작하기도 전에 탑사회가 빌헬름의 수업시대가 끝났다고 선언한 이유는 무엇일까? 다시 말하면 탑사회가 생각하는 형성의 본질은 무엇이기에 빌헬름의 수업시대가 끝났다고 주장한 것일까? 탑사회가 어떤 사람들에게 수업시대가 끝났다고 선언해 주는지를 야르노는 제8권 제5장에서 이렇게 말한다.

> "자신들이 무엇을 위해 태어났는지를 생생하게 느끼고 분명하게 고백할 수 있으며, 자신들의 길을 어느 정도 즐겁고 편안하게 갈 수 있기 위해서 충분히 연습한 사람들에게 우리는 우리만의 방식에 따라 수업시대가 끝났음을 알려주었소."

탑사회가 생각하는 '형성'에서 중요한 것은 한 명 한 명이 추구해야 할 인생의 '목적'과 '유용성'이다. 인생의 목적을 분명히 인식하고, 이 목적을 단계적으로 실현할 수 있는 능력을 갖추어 가는 것이 형성이라고 할 수 있는데, 그 능력을 바탕으로 인생의 유용성을 충분히 입증해 낼 수 있을 때 수업시대가 끝난 것으로 선언된다. 이런 점에서 형성에 대해 탑사회가 갖고 있는 이해 방식은 인간의 삶을 '무엇을 위해서'라는 기준에 근거하여 유용성을 구현하는 목적론적인 성격을 지닌 것으로 보인다. 그런데 여기서 한 가지 더 주목해야 할 점이 있다. 탑사회는 바로 한 인생의 목적을 선험적으로 결정된 것으로 여긴다는 사실이다. 무엇을 위해서 '태어났는지'라는 표현은, 한 개인이 삶을 살아가는 과정에서 인생의 목적을 찾고 구성해 가는 것이 아니라, 어떤 '목적을 위해' 태어났는지를 묻고 있기 때문이다.

야르노가 탑사회가 지향하는 형성에 관해서 위와 같이 설명하자, 빌헬름은 바로 대답한다. "그렇다면 저의 경우엔 당신들이 지나치게 서둘러 수료를 시켜 줬군요. 바로 그 순간 이후부터 저는 제가 무엇을 할 수 있으며, 무엇을 원하며, 무엇을 해야만 하는지 조금도 모르는 상태에 있었거든요."(제8권, 제5장) 빌헬름의 이러한 고백은 서술자의 설명을 통해서 사실에 부합하는 것으로 인정된 바 있다. 탑사회가 빌헬름의 수업시대가 끝났다고 선언한 직후, 서술자가 그의 형성이 비로소 시작되었다고 말했기 때문이다. 더욱이 이 말을 하는 빌헬름은 이전에 탑사회로부터 수료증서를 받을 때의 그가 아니다. 이 시점은 서술자가 빌헬름의 수업시대가 끝났음을 알린 후이고, 그는 탑사회가 강조하는 형성의 의미에 대해 비판적 시각을 확보한 상태다. 이처럼 진정한 의미의 형성 원리를 체득한 빌헬름은 탑사회가 추구하는 수업시대의 목표가 진정한 의미의 형성을 구현하는 것과는 절대 같지 않다는 것을 알고 있었다. 이런 이유에서 『수업시대』를 통해 괴테가 말하고자 하는 '수업시대의 종료'란 탑사회가 주장했던 것처럼 정해진 목표지점에 도달함을 의미하지 않는다. 빌헬름의 수업시대가 지니는 의미는 형성의 완료 여부를 따지는 것이 아니다. 그가 진정한 의미의 자아 인식과 형성의 원리를 체득하고, 그 원리에 따라 형성해 가는 '과정'을 중요하게 여기고 있는가 하는 데서 찾아야 한다.

14

JOHANN WOLFGANG VON GOETHE

"자연적인, 그리고 동시에 초자연적인"
— 괴테의 예술론

『수업시대』의 중심에는 주인공 빌헬름의 형성 과정이 놓여 있다. 그는 자신의 형성을 위해 연극 세계에 들어간다. 시민계급 출신인 탓에 자신의 타고난 본성을 있는 그대로 구현하는 것이 현실에서는 불가능하다고 판단했기 때문이다. 이런 점에서 연극으로 대변되는 예술세계는 빌헬름의 성공적인 수업시대에 중요한 의미를 지닌다. 그런데 빌헬름은 제5권이 끝나면서 이 연극 세계를 떠나 이성적 합리성을 본질적 특성으로 내세우는 탑사회로 들어간다. 주인공이 예술세계를 떠나는 것이다. 흥미로운 것은 빌헬름이 예술세계를 떠나 탑사회로 들어온 이후, 이 작품에 등장하는 대표적인 예술가 유형의 두 인물이 죽는다는 점이다. 빌헬름과 함께 탑사회에 들어온 미뇽은 제8권 제5장에서, 하프 타는 노인 아우구스틴은 제8권 제10장에서 죽음을 맞이한다. 주인공 빌헬름은 더는 예술 활동을 펼치지 않게 되었고, 예술가 유형의 인물들은 작품의 무대로부터 사라진다.

미뇽과 아우구스틴은 상실된 것에 대한 동경과 절대적 고독을 노래하는 인물이었다. 내면에 몰입한 결과 두 인물은 모두 주관적인 것을 절대화하게 되고, 멜랑콜리한 상태에 빠져 있었다. 이들이 탑사회에서 죽었다는 것은 외부 세계와 생산적 관계를 형성하지 못한 채 주관에 빠진 인물을 배제하는 탑사회의 경직성에 대한 비판으로 읽을 수 있다. 이는 당연히 타당하다. 하지만 다른 한편으로는 미뇽과 아우구스틴 그리고 빌헬름의 예술 활동이 과연 괴테가 지향하는 참된 예술을 구현하고 있는지도 살펴야 한다. 왜냐하면 빌헬름의 연극 활동이나 미뇽과 아우구스틴의 노래와 음악은 모두 괴테와 실러가 공동으로 구상했던 딜레탕티즘 비판 기획이 극복해야 할 대상으로 제시했던 딜레탕트적 예술의 특성을 지니고 있었기 때문이다. 괴테와 실러가 딜레탕티즘을 극복해야 한다고 여겼던 이유는 무엇일까? 괴테와 실러는 딜레탕티즘의 문제를 1799년에 작성한 「딜레탕티즘에 관하여*Über den Dilettantismus*」에서 다음과 같이 규정한다.

> "딜레탕티즘은 이중적 특성을 보인다. 즉 딜레탕티즘은 (필수불가결한) 기계적인 것을 무시하고, 정신과 감정을 드러내 보여 주는 것으로 할 일을 다 했다고 여기거나 시문학을 단지 기계적인 것에서 찾는다. 그런데 딜레탕티즘은 이 기계적인 것에서 수공업적인 숙련도를 획득할 수 있다고 믿음으로써 결국 정신과 내용을 결여한다."

딜레탕티즘의 문제는 이중적이다. 진정한 예술에 도달하기 위해 반드시 거쳐야 할 단계를 무시하고 창작자가 오로지 자신의 감정과 내면의 생각만을 드러내려 하는 것이 딜레탕티즘이 빠진 하나의 문제다. 다른 문제는 이와 정반대로 나타난다. 즉 다른 작품이나 대상을 기계적으로 정확히 모사하기만 하면 훌륭한 예술에 도달할 수 있다고 여긴다는 점이다. 첫 번째 경우는 아무런 예술적 법칙 없이 자의적으로 자기 자신의 감정과 느낌에 몰입하려는 주관주의적 태도에 대한 비판이다. 두 번째는 이미 주어져 있는 규칙을 맹목적으로 따라가면 훌륭한 예술작품을 만들어 낼 수 있다고 여기는 당대의 의고전주의적 자연주의 경향에 대한 비판이다. 『수업시대』에 나오는 미뇽과 하프 타는 노인 아우구스틴이 보여 주는 주된 경향은 내면에 몰입하는 주관주의적 태도이다.

그러면 괴테는 어떤 예술을 진정한 예술로 지향했을까? 진정한 예술은 어떤 특성이 있다고 여겼을까? 이 물음에 대답하려면 『수업시대』 출판 직후 괴테가 발행한 잡지 『프로필레엔*Propyläen*』에 실린 글을 먼저 살펴보아야 한다. 괴테는 자신이 지향하는 예술의 본질을 알리기 위해 1798년 여름 스위스 출신의 화가이자 예술사 연구가인 마이어Johann Heinrich Meyer(1759~1832)와 함께 이 잡지를 창간한다. 괴테는 마이어를 로마에서 만나 친구가 되었고, 마이어는 1791년부터 바이마르에서 살고 있었다. 괴테는 당시의 예술적인 분위기에 만족하지 않았다. 1798년 부활절에 슐레겔 형제는 낭만주의 운동을 강령적으로 설파하는 잡지인 『아테네움*Athenäum*』을 창간한 뒤 이를 계기로 종교적이며 애국주의적인 예술운동을 활발히 전개하고 있었다. 이러한 상황에서 괴테는 『프로필레엔』 창간호에 두 편의 글을 싣는다. 하나는 「예술작품의 진실성과 개연성에 관하여*Über die Wahrheit und Wahrscheinlichkeit der Kunstwerke*」이고, 다른 하나는 이 잡지의 편집자로서 기고한 「프로필레엔 서문*Einleitung in die Propyläen*」이다. 「프로필레엔 서문」에서 괴테는 예술가를 두 부류로 구분한다.

> "법칙을 부여하는 진정한 예술가는 **예술적 진리**를 추구한다. 맹목적 충동을 따르는 법칙이 없는 예술가는 **자연적 현실성**을 추구한다. 전자를 통해서 예술이 지고의 정점에 도달하게 된다면, 후자를 통해서는 예술이 가장 저급한 단계에 도달하게 된다."

'예술적 진리'는 예술 자체에 법칙을 부여하는 '진정한 예술가'의 작품을 통해 도달되며, 바로 이러한 점에서 예술작품이 추구하는 진리는 '자연적 현실성'의 재현과 구분된다. 이는 예술은 예술만의 고유한 법칙을 따른다는 견해에 근거한 것이다. 괴테는 이런 맥락에서 "예술작품은 전적으로 자기 자신에 근거하고 있다."(「프로필레엔 서문」)라고 말한다. 그러고는 이 생각을 「예술작품의 진실성과 개연성에 관하여」에서 보다 분명하게 밝힌다. 예술은 "하나의 독자적인 작은 세계"를 구축하는데, "이 세계 안에서 모든 것은 일정한 법칙에 따라 진행되며, 이 세계는 자신만의 고유한 법칙에 따라 판단하며, 자신만의 고유한 특성에 따라 느껴지길 원한다." 그리고 이처럼 자신만의 법칙을 따르는 예술로부터 획득한 진리는 "예술작품이 지닌 수미일관함으로부터 생겨나는 내적 진리"

이다.

　그런데 예술이 이처럼 하나의 자율적인 세계라면, 괴테는 왜 같은 글에서 예술의 자율성을 주장하는 동시에 그 주장과는 반대로 보이는 요구를 제기한 것일까? 「프로필레엔 서문」에서 괴테는 이렇게 말한다.

> "예술가에게 제기되는 요청 중 가장 고결한 것은 항상 다음과 같은 요청이다. 즉 예술가는 자연에 충실해야 하고, 자연을 연구해야 하며, 자연을 모사해야 하고, 자연현상과 유사한 것을 만들어 내야 한다."

　예술은 자신만의 고유한 법칙을 따르는 '하나의 독자적인 작은 세계'인데, 이러한 예술을 구현하기 위해 '자연에 충실해야 한다'는 것이다. '자연에 충실함'과 '자율적 예술'이라는 서로 모순된 구상 사이의 관계를 괴테는 어떻게 설명할까? 조금 복잡해 보일 수 있지만, 괴테가 「프로필레엔 서문」에서 제시하는 주장을 차분히 따라가 보자. 자신만의 고유한 법칙에 따라 구현된 참된 예술작품을 만들어 내는 것은 "자연이 자기 작품을 형성할 때 처리해 가는 방식을 우리가 자연으로부터 적어도 어느 정도는 배웠을 경우뿐"이다. 자연의 법칙, 즉 예술가의 내면이 아닌 외부 세계에서 관철되는 법칙을 아는 것이 중요하다는 뜻이다. 자연은 분명히 "예술적 소재의 보물창고"이다. 그러므로 예술작품을 만들어 낼 때 예술가는 적어도 '소재의 보고'인 자연에 충실해야 한다. 하지만 여기서 잊지 말아야 할 점이 있다. 예술가가 자연에 충실해야 하는 것은 단지 자연을 있는 그대로 모방하고 재현하기 위해서가 아니라는 사실이다. 예술가가 자연에 충실해야 하는 이유는 자연 연구를 통해 '자연과 경쟁'하기 위해서다. 자연에 관한 충실한 연구를 통해 자연의 법칙을 배움으로써 자연과 경쟁할 수 있는 예술 나름의 법칙을 만들어 내고, 이 법칙에 따라 예술품을 창출해야 한다는 뜻이다. 이로써 예술가가 해야 할 일이 하나 더 생긴다. 자연에 관한 충실한 연구 외에 "예술가는 **대상이 지닌 깊이**뿐만 아니라 **자기 자신의 감수성의 깊이**에까지 파고들 수 있어야 한다."는 것이다. 그 결과 예술가는 "단지 가볍고 피상적으로 작용하는 것을 자기 작품에서 창출해 내는 것이 아니라, 정신적이고 유기적인 것을 자연과 경쟁하면서 창출하게" 된다. 예술만의 고유한 법칙은 자연과 무관하게 예술가의 내면으로부터 주관적으로 만들어지지 않는다. 오히려 "가장 훌륭한 예술작품은 우리에게서 우리의 자의성을 빼앗아 버린다." 진정한 예술작품은 자연을 있는 그대로 모방하여 만드는 것도 아니고, 예술가의 주관적 자의성에만 지배되지도 않는다.

　괴테가 주장하는 자율적 예술이란, 예술가의 주관적 자의성으로부터 자유로운 동시에 자연의 법칙적 필연성을 그대로 구현하는 데서도 자유로워야 한다. 괴테는 자율적인 예술의 이러한 특성을 "초자연적인, 그러나 비자연적이지 않은" 또는 "자연적인, 그리고 동시에 초자연적"인 이라고 규정한다. 서로 모순되는 것처럼 보이는 이 규정을 설명하면서 괴테의 예술관을 요약해 보자. 자연에 충실한 태도는 예술작품 생산을 위한 근본적 전제조건이다. 그렇기에 자연에 충실하라는 요구는 예술가에게 제기될 수 있는 가장 고결한 요청이다. 바로 이런 이유에서 예술작품은 '자연적'이다. 이처럼 예술작품이 '자연적'이어야 한다는 사실은 자신만의 작은 세계를 형성하고 있는 자율적 예술이 다름 아닌 자연이라는 비예술적인 것에 근거함으로써 비로소 형성될 수 있음을 의미한다. 하지만 예술적으로 생산된 작품은 자연으로부터 출발했다 하더라도 결코 자연 그 자체일 수 없다. 자연 그 자체여서도 안 된다. 왜냐하면 "예술가가 자연에 있는 어떤 대상을 취함으로써 그 대상은 이미 더는 자연에 속하지 않게 되기"(「프로필레엔 서문」) 때문이다. 예술가가 자연으로부터 취해서 예술의 세계로 들여온 대상은 미적으로 질적 변화를 겪게 되는데, 이를 통해 (자연에서 취해진) 대상은 이제 더 이상 자연에 속하지 않는 것이 된다. 다시 말해, 자기 자신에 근거하며 스스로 법칙을 부여하는 자율적 예술작품으로 태어나게 되므로 이 예술작품은 '초자연적'이다. 그런데 초자연적 속성을 지닌 이 예술작품은 실상 자연에서 취한 대상으로부터 출발한 것이다. 예술가가 자연과 전혀 상관없이 자의적으로 만들어 낸 산물이 아니다. 따라서 훌륭한 예술작품은 초자연적이지만 그렇다고 해서 '비자연적인 것도 아니다'. "자연에 충실함"으로부터 출발한 예술작품은 단지 '자연적'인 것만도 아니고, 단지 '초자연적'인 것만도 아니다. 자율적인 예술은 '자연적인 동시에 초자연적'이며, '초자연적이지만 비자연적이지도 않다'.

15

JOHANN WOLFGANG VON GOETHE

스위스 여행과
『빌헬름 텔』

1797년 5월 17일 괴테는 실러에게 보내는 편지에 "지금은 매우 부당하게 취급되고 있지만 충분히 칭송받을 만한 그 나라를 보고 싶다는 희망이 나에게 다시금 일었습니다."라고 쓴다. 괴테가 다시 여행하고 싶어 했던 나라는 물론 이탈리아다. 하지만 괴테는 이탈리아로 여행하려는 계획을 실행에 옮길지 말지 망설이고 있었다. 불안정한 이탈리아의 정치적 상황 때문이기도 했고, 그가 이탈리아에서 만나길 원했던 마이어가 병에 걸렸기 때문이기도 했다. 이렇게 이탈리아로 여행을 떠날 수 있을지 불확실한 상황에서 괴테는 뭔가 집중할 일이 필요했다. 6월 22일 괴테는 실러에게 이렇게 편지를 쓴다. "나는 지금 내가 처한 불안정한 상황에서 나 자신에게 반드시 뭔가 해야 할 일을 스스로 만들어야만 합니다. 그래서 나는 결심했습니다. 나의 파우스트와 가까워지기로, 그리고 완성할 수 없다면 적어도 상당 부분 진척은 시켜야겠다고 말입니다." 이날 이후 괴테는 몇 주에 걸쳐 이미 1790년에 출판된『파우스트 *Faust. Ein Fragment*』미완성본을 토대로『파우스트』의 집필에 집중했다. 짧은 기간이지만, 이때 괴테는 작품에 관한 다양한 구상을 하게 되고 그 구상을 실제 집필로 구현하기도 했다. 7월 1일 다시 실러에게 쓴다. "나는 작품의 구도와 전체적인 틀을 고려했을 때 나의 파우스트를 빠르게 제대로 진척시켰습니다. […] 지금 딱 한 달만 안정적인 시간을 갖게 된다면 좋을 텐데요. 그러면 그 작품은 누구나 깜짝 놀랄 정도로, 커다란 버섯 무더기가 생겨나는 것처럼, 토양으로부터 자라날 텐데 말입니다." 그런데 며칠 지나지 않은 7월 5일 괴테는 실러에게 전혀 다른 고백을 한다. "파우스트에게 시간은 거꾸로 가게 되었습니다. 북쪽의 유령들이 남쪽에 대한 여러 추억에 밀려 잠시 후퇴했습니다." 남쪽 나라 이탈리아에 대한 추억이 괴테를 사로잡았고, 결국 이탈리아 여행을 위해 『파우스트』 집필을 중단한다. 이로부터 4주 정도 지난 7월 30일 괴테는 마침내 바이마르를 떠나 이탈리아로 향했다. 하지만 8월 3일 프랑크푸르트에 도착해서 머물던 괴테는 8월 24일 크리스티아네 불피우스Christiane Vulpius에게 보내는 편지에서 "이번에는 이탈리아로 가지 않을 거요."라고 쓴다. 여행의 목적지가 바뀐 것이다. 전운이 점점 더 강해지는 이탈리아의 정치적 상황 때문에 괴테는 이탈리아행을 포기했다. 여행의 목적지는 스위스가 되었고, 이로써 괴테는 1775년과 1779년에 이어 세 번째로 스위스를 여행하게 된다. 세 번째 여행에 관해 이야기하기 전에 먼저 두 번째 여행을 좇아가 보자.

첫 번째 스위스 여행에서 그랬듯이 괴테는 두 번째 스위스 여행에서도 고트하르트에 오른다. 그에게 두 번째 스위스 여행이 지닌 의미는 무엇이었을까? 1779년 8월 7일 일기의 내용이다.

> "집 안 정리, 내 문건들을 훑어보고 낡은 껍질과 같이 여겨지는 것은 모두 불태워 버림. […] 나의 삶을, 젊은 시절의 혼란과 활발한 활동, 호기심 등을 조용히 되돌아봄. […] 인간적인 것과 신적인 것 사이에서 나는 얼마나 근시안적으로 이리저리 헤맸던가. 행동에서도, 목적에 부합하게 생각하기에서도, 작품을 쓰는 것에서도 이루어 낸 것이 거의 없었듯이, 시간을 허비하는 감정과 격정의 그림자 속에서 얼마나 많은 날을 낭비했던가.

서른 번째 생일을 눈앞에 둔 괴테는 이제까지의 삶을 돌아보고 앞으로 자신이 가야 할 길을 찾길 원했다. 자기 자신이 누구인지 발견해야 한다는 과제 앞에 서면, 괴테는 여행이라는 길을 선택하곤 했다. 이번에도 마찬가지였다. 첫 번째 스위스 여행에서 고트하르트는 괴테에게 '근원적 체험'을 제공했다. 그런 만큼 괴테가 자신의 존재 의미와 삶의 방향을 근본적으로 고민하는 과정에서 결정한 두 번째 스위스 여행에서 다시 고트하르트를 찾는 것은 매우 자연스러워 보인다. 이번 여정은 칼 아우구스트와 함께였다. 9월 11일 바이마르를 떠난 일행은 10월 1일 바젤에 도착하여 스위스에서의 일정을 시작해서, 같은 해 12월 8일까지 스위스에 머물렀다. 괴테가 고트하르트에 두 번째 오른 것은 1779년 11월 13일. 이날 괴테는 폰 슈타인 부인에게 편지를 쓴다. "고트하르트 […] 여기 위에는 모든 것이 눈으로 덮여 있습니다. 어제 오전

11시부터는 한 그루의 나무도 보지 못했습니다." 12월 3일쯤 쓴 것으로 알려진 라바터에게 보내는 편지에서 괴테는 온통 눈으로 뒤덮여 있고 얼음처럼 차갑고 강한 바람을 맞으며 올랐던 "이번 여행이 얼마나 중요한지" 강조하면서, 이 여행을 계기로 "칼 아우구스트 공작의 삶과 우리의 삶에 새로운 근본적 전환점"이 마련되었다고 고백한다. 삶의 의미와 자기 자신을 발견하기 위해 떠난 여행은 실로 목적에 맞는 결실을 맺었다. 다음 해 1월 14일이 되어서야 괴테와 일행은 바이마르에 도착했다.

세 번째 스위스 여행에서도 괴테는 고트하르트 정상을 여행의 목적지로 삼았다. 괴테는 바이마르를 떠난 이후 여행 중 줄곧 실러에게도 여러 통의 편지를 쓰는데, 이 편지들을 보면 이번 여행에 대해서 괴테가 어떤 생각을 하고 있는지 짐작할 수 있다. 10월 14일 편지에서 괴테는 고트하르트 정상에 세 번째 올랐던 느낌을 쓴다. "이 지역이 20년 전에 나에게 미쳤던 영향을 다시 떠올리게 되었습니다. 그때 받은 전체적인 인상은 남아 있었지만, 세세한 것은 기억이 흐릿해졌거든요. 나는 그때의 경험을 다시 한 번 더 경험함으로써 그 경험을 분명하게 만들고 싶은 기묘한 욕구를 느꼈습니다. 내가 그때와는 다른 사람이 되었으니 이 지역도 나에게 다르게 나타날 것이 분명했습니다." 20년 전에 고트하르트에 올랐던 경험이 괴테에게 특별한 의미가 있었듯이 이번에도 그러하길 기대한 것이다. 그리고 이번에는 지난번 경험을 새롭게 되살리는 데서 멈추는 게 아니라 새로운 것들이 추가되기를 바라고 있었다. 그 새로운 것이 무엇일지는 괴테가 바이마르를 떠나 프랑크푸르트에 머물 때 실러에게 밝힌 글을 보면 짐작할 수 있다. 1797년 8월 16일 편지에서 괴테는 "이번 여행은 관찰하기, 즉 순전하게 바라보기라는 고요하고 냉정한 길"을 걷게 될 거라고 썼다. 그런 의미에서 괴테에게 세 번째 스위스 여행은 연구를 위한 관찰 여행과도 같았다. 이전 여행의 경험을 토대로 이번 여행에서는 만나는 모든 것을 꾸밈없고 순수한 시각으로 관찰한다. 그리고 관찰한 것을 이전 경험과 비교하며, 지난 여행의 경험 위에 이번 여행의 경험을 쌓게 되기를 바라고 있었다. 실제로 괴테는 세 번째 여행을 통해 스위스의 자연뿐만 아니라 관습, 문화적 유산, 산업적 특성, 상업적 교류 등 다양한 것을 관찰하고 그 결과를 수집해서 이 세계를 움직이는 가장 내밀한 것이 무엇인지를 연구했다. 10월 10일 자 일기에는 고트하르트에 올라갔다 내려오면서 수집한 광물의 목록을 작성했다고 기록되어 있다. 목록을 보면 40종이 넘는 광물을 수집하여 종류에 따라 분류한 것을 확인할 수 있다.

괴테는 스위스의 역사와 문화에도 관심이 아주 많았다. 이때 다시 주목한 것이 바로 빌헬름 텔에 관한 이야기다. 괴테는 이미 첫 번째 스위스 여행 중이었던 1775년 6월 말 빌헬름 텔의 무대인 뤼틀리 초원과 알트도르프를 직접 방문했다. 40대 후반이 된 괴테는 그때의 감동을 떠올리며 빌헬름 텔에 관한 기록을 다시 찾는다. 1797년 10월 9일 일기에는 "텔의 이야기 때문에 스위스 연대기"를 확인했다고 나온다. 그리고 "텔의 이야기를 어떻게 작품으로 다룰지"에 대한 이야기를 나누었다는 기록도 있다. 다음 날에는 "아들과 함께 있는 텔의 그림"에 관해서도 기록했다. 바로 빌헬름 텔이 아들의 머리 위에 사과를 놓고 활을 쏘는 장면이다. 지금도 알트도르프는 이 극적인 사건을 기억하고 있다. 2018년 여름 나는 뤼틀리 초원과 알트도르프의 시청 앞 장터를 찾았을 때, 그곳에는 사랑하는 아들과 함께 서 있는 강인한 모습의 빌헬름 텔이 알트도르프를 굳건히 지키내려는 듯 서 있었다. 괴테는 이번에도 이 장터를 방문했다. 빌헬름 텔을 중심으로 만들어진 전설적인 공동체가 자리 잡았던 것으로 알려진 천혜의 요새 뤼트리 초원도 다시한번 방문했다. 앞쪽으로는 깊고 거대한 호수가 짙은 옥색으로 펼쳐져 있고, 뒤로는 오를 수 없을 정도로 가파르고 높은 바위 절벽으로 막힌 곳. 목숨을 건 필생의 투쟁을 벌이기에 적합한 요새이지만, 그곳의 목가적 아름다움은 처절한 투쟁의 절박함을 보상해 줄 수 있을 것 같았다. 괴테가 이곳을 방문했을 때 갖게 된 느낌도 그러했으리라. 괴테는 빌헬름 텔의 이야기를 작품으로 만들어 그무엇으로도 대체할 수 없는 이 아름다운 초원에서 사람들이 살아가는 모습을 그리고 싶어 했다. 1804년에 괴테는 1797년 빌헬름 텔의 이야기를 듣고 또 직접 경험했던 사실들을 되새기면서 다음과 같이 쓴다. "당시 내 눈으로 직접 보았던 호수와 뤼틀리 초원, 알트도르프에서 경험했던 모든 것이 나의 상상력을 자극했다."(FA 17, 136) 괴테는 이때 직접 봤던 모습을 떠올리며 아름다운 뤼틀리 초원 위에서 텔과 그의 동지들이 역동적으로 살아가는 모습을 작품으로 그려 내길 원했다. 하지만 스위스 여행 후 4년이 지난 시점까지도 괴테는 빌헬름 텔 이야기를 작품으로 만들지 못했고, 결국 실러에게 그 소재를 넘겼다.

빌헬름 텔과 아들 발터

알트도르프의 시청 광장에는 빌헬름 텔을 기념하는 동상이 있다. 아들 발터와 함께 서 있는 모습은 그의 강인함뿐만 아니라 아버지의 든든한 사랑을 함께 보여 준다. 1827년 5월 6일 괴테는 30년 전 세 번째 스위스 여행에서 경험한 빌헬름 텔의 흔적을 기억하면서, 에커만에게 말한다. "나는 텔이야말로 아주 힘이 세고 스스로 만족할 줄 알며 어린아이처럼 순진한 영웅적 인물이라고 생각했습니다. … 이 모든 것을 나는 실러에게 이야기하였습니다. 그러자 그의 영혼 속에서 이러한 풍경과 등장인물들이 어우러져 하나의 희곡이 되었습니다." 동상 아래에는 두 개의 연도가 새겨져 있는데(73-2번 사진), 1307년은 뤼틀리초원에서 맹세를 했던 것으로 전해 내려오는 해이고, 1895년은 이 동상이 세워진 해이다.

1797년 11월 20일 괴테는 바이마르로 돌아왔다. 스위스로 여행을 떠나기 전에 괴테는 『프로필레엔』이라는 잡지를 준비하고 있었다. 프로필레엔은 고대 그리스 신전과 같은 건축물의 주랑이 있는 입구를 가리키는데, 이는 앞서 언급한 것처럼 고대 그리스에서 진정한 예술의 전범을 찾으려는 의도를 표현한 것이었다. 스위스 여행으로 중단되었던 잡지 창간 작업을 다시 시작한 괴테는 1798년 10월에 창간호를 발간한다. 이 잡지에 대한 반응은 실망스러웠다. 이에 대해서 괴테와 실러는 당시의 독자들을 "가련하다"(실러, 코타Cotta에게 보내는 1799년 7월 5일 편지)거나, "악의를 지닌 사람들"(괴테, FA 18, 1245)이라는 표현을 사용하여 비난하기도 했다. 『프로필레엔』 4호가 나오기까지 1년 정도 걸렸는데, 4호를 발간한 후 5호를 발간하기까지 또다시 1년여가 소요되면서 결국 이 잡지는 제5호를 끝으로 1800년 11월 말 폐간된다.

1800년 여름 『프로필레엔』이 실패할 것 같다는 예감이 괴테를 힘들게 했지만, 그를 더 힘들게 한 것은 무엇보다도 창작 작업이 진척되지 않았다는 점이었다. 괴테의 일기를 보면 같은 해 7월에 매우 자주 실러와 이와 관련한 대화를 나누었음을 알 수 있다. 그 덕에 실러는 괴테의 고민을 잘 알고 있었던 것 같다. 1800년 7월 22일 실러가 쾨르너에게 보낸 편지를 보면, 당시 괴테의 주된 고민이 본인의 창작과 연관된 것임을 짐작할 수 있다. "괴테가 나에게 말했습니다. 그는 여러 권의 책을 펼쳐 보지만 자신의 파우스트를 쓰기 위한 그 어떤 위로도 찾지 못한 것 같다고 말입니다." 괴테는 스위스로 여행을 떠나는 것 때문에 중단된 『파우스트』를 이어서 쓰고 싶어 했지만, 어려움을 느끼고 있었다. 며칠 후 괴테가 실러에게 쓴 편지에도 이러한 사실이 드러난다. "인생의 짧음과 덧없음을 바라보면서 그리고 나 자신 창작의 감정이 결여되었음을 느끼면서"(1800년 7월 25일) 지내고 있다고 말한다. 9월 초가 되자 괴테는 바이마르를 떠나 예나로 간다. 실러는 괴테가 예나로 가는 이유를 쾨르너에게 이렇게 설명한다. "괴테는 뭔가를 하기 위해서 고독의 세계로 들어갔습니다. 바이마르에서는 전혀 아무 것도 할 수 없는 불행에 처해 있었기 때문입니다. 그가 지난 4~5년간 쓴 모든 작품은 예나에서 탄생했습니다."(1800년 9월 3일 편지) 실러의 말대로 괴테는 예나로 옮겨 온 지 이틀 만에 "파우스트에 관한 몇 가지 아이디어"를 떠올린다(1800년 9월 5일 일기). 그리고 마침내 9월 중순부터 『파우스트』 집필에 집중하게 된다. "나의 헬레나가 실제로 등장했습니다. 하지만 헬레나의 아름다움이 나에게 너무도 매력적이어서, 내가 우선 그 아름다움을 제대로 그려 내지 못해 흉측한 모습으로 변형시켜야 할 때면, 잃어버린 아름다움 때문에 나는 슬픕니다."(1800년 9월 12일. 실러에게 보내는 편지) 헬레나는 『파우스트』 제2부에서 이상적 아름다움의 상징처럼 등장하는 매우 중요한 인물이다. 헬레나가 실제로 괴테의 삶 속에 등장했다는 것은 괴테가 『파우스트』 작업을 본격적으로 시작했음을 말한다. 하지만 괴테는 자신이 만들어 내는 헬레나의 모습이 그녀가 지닌 원래의 아름다움을 손상하는 것 같다면서 힘들어한다. 이날 이후 괴테의 일기에는 거의 매일 헬레나라는 이름이 언급된다. 11월 18일 그는 실러에게 보낸 편지에 "헬레나를 위한 몇 가지 홀류한 모티브를 찾았습니다."라고 썼다. 1800년 말로 접어들면서 마침내 『파우스트』 제2부의 작업이 진척되기 시작한다.

그런데 새해가 되면서 괴테의 창작 작업이 다시 중단된다. 괴테가 아프기 시작했기 때문이다. 1801년 1월 1일 하이든의 〈천지창조Die Schöpfung〉 공연에 갔다가 심한 감기에 걸렸고, 날이 지나면서 상태는 점점 더 나빠졌다. 열이 오르고 경련성 기침을 하기 시작했다. 1월 5일과 6일의 일기에 괴테는 "하루 종일 침대에서" 보냈다고 기록했다. 증세는 점점 나빠졌고, 그를 괴롭히고 있는 병은 얼굴과 눈에 심한 염증을 유발하는 대상포진으로 진단되었다. 헤르더의 아내 카롤리네와 실러가 지인들에게 전한 바에 따르면, "너무도 위중해서 갑작스러운 상태 변화를 염려해야" 했고, 의사들도 "염증이 뇌로 전이되어서" "불행한 결과가 생길 것을 두려워하지 않을 수 없는"(FA 32, 105-106) 상태였다. 이렇게 위중한 상황이 지속되는 중에도 괴테는 짤막하기는 하지만 거의 매일 자신의 상태를 일기에 기록하였다. 기록하지 않으면 더 이상 존재할 수 없게 되기라도 할 것처럼. 병이 심해진 지 2주쯤 지난 1월 19일 카롤리네 헤르더는 크네벨에게 편지로 알린다. "괴테가 살았습니다. 우리는 하느님께 감사합니다. 그가 없는 바이마르는 상상할 수 없습니다."(FA 32, 111) 2월 5일 마침내 괴테는 질병을 이겨내고 "삶으로의 복귀"를 알린다. 라이하르트Johann Friedrich Reichardt(1752~1814)에게 보내는 편지에서다. 그 감동을 이렇게 쓴다. "가깝고도 먼 죽음의 제국으로 가는 경계로부터 돌아왔을 때, 저는 제게 그렇게나 많은 관심을 보여 주신 분들을 만났습니다. 이분들은 제 기분을 좋게 만드는 확신을 주셨습니다. 제가 평소에 저 자신만을 위해 살아온 것이 아니라 다른 사람들을 위하며 함께 살아왔다는 확신 말입니다."

실러는 괴테로부터 뤼틀리 초원 위의 빌헬름 텔에 관한 이야기를 전해 들었다. 실러는 괴테가 읽었던『스위스 연대기』등의 자료를 꼼꼼히 검토했고, 뤼틀리 초원과 알트도르프 등과 같이 주요 무대가 되는 지역에 대한 묘사를 자신의 작품『빌헬름 텔』에 정확하게 구현했다. 스위스에 가 본 적이 없는 실러가, 뤼틀리 초원이나 알트도르프를 직접 본 적이 없는데도, 정확하게 지역을 묘사할 수 있었던 것은 아마도 예나 대학교에서 역사를 가르치는 역사가로서의 면모를 잘 발휘한 결과인 듯싶다. 1803년부터 작업을 시작한 실러는 1804년 초에 5막으로 구성된 작품을 완성한다. 1막부터 4막까지는『스위스 연대기』의 기록을 충실히 따랐다. 실러가 완성한 마지막 작품인『빌헬름 텔』은 1804년 3월 17일 바이마르 궁정극장의 무대에 처음으로 올려진다. 이날 공연은 괴테가 총감독을 맡아서 진행하였다.『빌헬름 텔』은 괴테의 스위스 여행에서 시작되어 실러의 창작 과정을 거쳐 괴테의 감독으로 무대에 올려졌다. 이런 점에서 볼 때『빌헬름 텔』은 괴테와 실러의 우정이 맺은 마지막 결실이라 하겠다.

16

JOHANN WOLFGANG VON GOETHE

절반의 상실,
새로운 시작

"나는 나 자신을 잃어가고 있다고 생각했습니다. 그런데 이제 친구를 잃었습니다. 그리고 그 친구 안에 있는 내 존재의 절반을 잃었습니다. 엄밀히 말해 나는 새로운 삶의 방식을 시작해야 할 겁니다. 하지만 새로운 삶으로 인도하는 길이 저에게는 더 이상 없습니다. 그래서 지금 나는 매일 그저 바로 앞만을 바라볼 뿐입니다. 그리고 바로 다음 것을 합니다. 그다음에 뭐가 올지 생각하지 않고요."

1805년 6월 1일 괴테는 이렇게 친구를 잃은 절망을 첼터에게 편지로 흐느끼듯 꺼내놓았다. 1805년이 시작된 후 1월 초부터 괴테는 건강이 좋지 않아 힘들어했다. 아파서 침대에서 보내는 날도 늘어났다. 2월에는 대상포진이 재발하여 곤혹스러운 나날을 보내게 되었는데, 대상포진에서 회복된 뒤에도 그는 여전히 통증에 시달려야 했다. 4월 말쯤 어느 정도 건강을 회복한 괴테는 실러에게 편지를 쓴다. "그래도 저는 좋아졌습니다. 매일 말을 타긴 하니까요. 하지만 휴식을 취할 때면 여전히 여기저기 불편함을 느낍니다. 곧 뵙게 되길 바랍니다."(1805년 4월 25일) 그러고는 이날 오랜만에 실러를 만나 대화를 나누었다. 이틀 후 괴테는 실러에게 짤막한 편지를 쓰는데, 이 편지가 실러에게 보낸 마지막 편지가 되었다.

괴테와 실러의 가까운 친구인 포스Johann Heinrich Voß Jr.(1779~ 1822)는 실러가 세상을 떠나던 날 괴테의 곁에 있었다. 그는 이날의 상황을 이렇게 서술한다.(FA 32, 570-571) 괴테는 실러가 아픈 것 때문에 매우 힘들어했다. 포스도 이 사실을 잘 알고 있었다. "최근 실러가 앓고 있는 질병 때문에 괴테는 너무도 힘들어했다. 나는 정원에서 울고 있는 그를 본 적이 있다. 그의 눈에 맺힌 눈물은 몇 방울뿐이었다. 하지만 그의 정신이 울고 있었다. 그의 눈이 아니었다. 나는 그의 눈빛에서 알 수 있었다. 그는 뭔가 거대한 것, 이 세상을 초월한 어떤 것, 무한한 것을 느끼고 있음을." 5월 9일, 실러가 세상을 떠난 지 채 한 시간이 되지 않아 그의 죽음에 관한 소식이 괴테의 집에 전해졌다. 하지만 "아무도 그에게 이 사실을 알릴 용기가 없었다." 이미 연초부터 몇 달 동안 병을 앓아 허약해진 괴테가 육체적으로 그리고 무엇보다도 정신적으로 이 충격을 어떻게 견뎌낼 수 있을지 걱정하지 않을 수 없었기 때문이다. 괴테와 함께 방 안에 있던 마이어를 밖에서 누군가가 불렀다. 마이어는 스위스 출신의 화가로 괴테가 이탈리아를 여행할 때 함께 시간을 보냈고, 세 번째 스위스 여행을 할 때도 함께했던 사람이다. 그는 1795년부터 바이마르에서 그림을 가르치는 교수로 활동하고 있었다. 밖으로 나온 마이어는 실러가 세상을 떠났다는 소식을 듣는다. 한동안 망설이던 그는 괴테에게 간다는 인사말도 전하지 않은 채 괴테의 집을 떠났다. 괴테가 빠질 수밖에 없는 고통의 순간을 함께 감내할 수 없었기 때문이다. 이 순간을 포스는 이렇게 묘사한다. "괴테가 처해 있던 홀로 있음, 그가 여기저기서 감지한 혼란, 그를 피하려 애쓰는, 아마도 그가 감지했을, 사람들의 노력, 이 모든 상황은 그에게 뭔가 위로가 될 만한 것을 기대할 수 없게 했다. 마침내 그가 말했다. "나도 눈치챘네. 실러가 정말 많이 아픈 게 틀림없군."" 이 시점에서 괴테는 실제로 벌어진 일이 무엇인지 알아차렸을지도 모른다. "사람들은 밤에 그가 우는 소리를 들었다."고 포스는 기록했다. 다음 날 아침 그는 크리스티아네에게 물었다. ""맞지, 실러가 어젯밤 정말 심하게 아팠던가 봐." 그는 '정말 심하게'를 강조해서 말했고, 그가 이렇게 강조하는 것이 그녀의 마음을 격하게 울려서 더 이상 참을 수 없었다. 그녀는 그에게 대답하는 대신 큰 소리로 흐느끼기 시작한다. "그가 죽었어?" 괴테가 단호하게 묻는다. "당신 스스로 이야기하셨어요!"라고 그녀는 대답한다. "그가 죽었다!" 괴테는 다시 한번 반복하고 두 손으로 눈을 덮는다." 여러 달에 걸친 아픔으로 자기 삶 역시 끝나가고 있음을 느끼던 괴테는 실러의 죽음으로 '존재 절반의 상실'이라는 절망에 빠진다. 하지만 삶의 중단과도 같은 상실감 앞에서 괴테는 이제 '새로운 삶의 방식'을 찾아야겠다고 마음먹는다. 우선은 바로 앞만 바라보면서 당장 해야 할 일들을 하는 방식으로 존재의 위기를 벗어나려 한다. 새로운 방식의 삶을 시작해야 한다고 다짐

한 것은 삶이 중단될 위기에서 벗어나기 위해, 살아남기 위해, 자기 자신에게 던지는 최종적 요구였으리라.

실러가 세상을 떠난 지 1년 후 역사적으로 새로운 시대가 시작된다. 1806년 8월 6일 프란츠 2세가 신성로마제국 황제의 관을 내려놓음으로써 독일제국은 해체된다. 제국의 몰락 자체는 괴테에게 그다지 큰 충격이 아니었던 것 같다. 이 소식을 전해 들은 괴테는 1806년 8월 7일 일기에 냉소적으로 쓴다. "마부석에서 벌어지는 하인과 마부의 불화가 신성로마제국의 분열보다 우리를 더 격정에 빠지게 했다." 제국의 몰락은 이미 오래전부터 예견되었기에 크게 새로울 게 없으며, 당장 타고 가는 마차의 안정적 운행보다도 관심거리가 되지 못한다는 뜻이다. 하지만 1806년 10월 14일 예나와 아우어슈테트에서 벌어진 나폴레옹이 이끄는 프랑스군과 프로이센의 전투는 괴테에게 완전히 다르게 다가왔다. 전투에서 나폴레옹은 프로이센 군대에 괴멸적인 패배를 안겼는데, 이 패배는 괴테에게도 직접적인 영향을 미쳤다. 괴테의 이날 일기다.

"이른 아침 예나 근교에서의 포격, 이어서 쾨트샤우 근교에서의 전투. 프로이센의 패퇴. 저녁 5시 여러 발의 포탄이 지붕을 뚫고 날아왔다. 5시 30분 프랑스군 저격병들의 진입. 7시 방화, 약탈, 끔찍한 밤. 단호함과 행운 덕에 우리 집을 유지함."

간략한 표현을 시간순으로 나열했다. 어떤 의미를 강조한다기보다 오로지 그냥 살아남는 것이 무엇인지에 대한 경험의 서술로

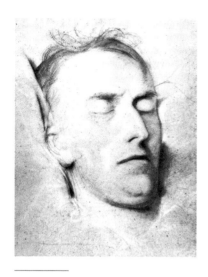

영면에 든 실러

실러가 숨을 거둔 채 침대에 누워 있는 모습을 그린 것이다.

사진 출처: Goethe, Sein Leben in Bildern und Texten, Frankfurt/M. u. Leipzig 1998, 293쪽

바이마르에 있는 실러 하우스(좌), 실러 박물관(우)

실러는 1799년 바이마르로 이주한 후 1802년 이 집을 구입했고 세상을 떠날 때까지 이 집에서 살았다. 실러 하우스 뒤편에 연결되어 있는 건물은 실러 박물관이다.

보인다. 이날의 포격으로 프라우엔플란에 있는 괴테의 집은 여러 곳이 파괴된다. 이런 포격과 프랑스군의 진입에도 불구하고 괴테의 집을 유지하게 해 준 '단호함'은 크리스티아네가 이날 취한 조처를 표현한 것이다. 그날 절박한 위기 상황에서 프랑스군을 대하는 크리스티아네의 단호한 태도가 위협으로부터 괴테를 보호했다. 이날 일생일대의 위기를 경험한 후 괴테는 크리스티아네와 결혼하기로 결심한다. 괴테는 1806년 10월 17일 궁정 목사 귄터 Wilhelm Christoph Günther(1755~1826)에게 편지를 쓴다.

"이 며칠 밤낮 동안 내 오래된 결심이 무르익었습니다. 나는 내게 수많은 일을 해 주고 이 시련의 시기를 나와 함께 겪어 낸 나의 작은 여자 친구를 완전하게 그리고 시민적으로 인정해 주려고 합니다. 내 여자로 말입니다. 존경하는 목사님, 가능한 한 빨리, 이번 일요일 또는 그보다 일찍 우리는 결혼하고자 합니다. 어떻게 시작해야 하는지 말씀해 주십시오."

편지를 쓴 날이 폭격과 약탈이 있은 지 3일 후인 금요일이니까 다음 날 또는 그다음 날 결혼식을 올리고 싶다는 뜻이었다. 괴테가 얼마나 갑작스럽게 결혼을 결정했는지 알 수 있는 대목이다. 일요일인 10월 19일 괴테는 프랑군의 포격으로 파괴된 궁정 교회에서 조용히 결혼식을 올렸다. 리머Friedrich Wilhelm Riemer(1774~1845)와 아우구스트August Walther von Goethe(1789~1830)가 증인으로 결혼식에 참석했다. 이때 이미 열일곱 살이 다 된 아우구스트는 괴테의 5명의 자녀 중 유일하게 살아남은 아들이었고, 리머는 괴테의 비서이자 아들 아우구스트의 가정교사였다. 크리스티아네는 괴테가 이탈리아 여행에서 돌아온 직후인 1788년 여름부터 괴테의 동반자로서 그와 함께 살았다. 신분이 서로 맞지 않는 이들이 함께 사는 것은 바이마르의 신분 높은 사람들 사이에서는 지속적인 가십거리였다. 오랜 세월 주변의 곱지 않은 시선 따위 개의치 않고 지내왔던 이들이 하필이면 대참사가 벌어진 순간에 결혼하자 주변은 다시 한번 술렁댔다. 누군가는 이날의 결혼을 "추잡한 결혼"이라고 비난했고, 누군가는 "예나에서 터진 포탄은 결혼식 축가였고, 바이마르에서 불타는 일곱 채의 집은 결혼식을 밝히는 횃불"이었다고 비꼬기도 했다.(FA 33, 854) 1년 반 전 자신의 존재 절반을 차지하던 실러를 잃은 후 채 회복되기도 전에, 실존 자체를 위협하는 패전이라는 처절한 현실의 폭력을 경험한 괴테는 아마 그 어느 때보다 현실이 자기 삶 안으로 몰려 들어오는 것을 절감했을 터다. 이것이 쏟아지는 포화와 처절한 파괴의 한가운데서 괴테가 "30년 넘게 결혼에 저항한 투쟁"(발터 베냐민)을 마감한 이유일지도 모른다.

실러의 죽음이 가져온 존재의 단절 이후 괴테는 존재를 지속하기 위해 새로운 방식의 삶을 모색해야 했다. 이때 그에게 새로운 시작을 위한 동력이 되어 준 것이 바로『색채론』과『친화력』에 관한 작업이었다. 물론『파우스트』도 다시 책상 위에 놓는다. 이 세 편의 저작에 관하여 서술하기 전에 중요한 일화를 하나 소개한다. 괴테는 이 작품들의 저술 작업에 막 돌입하려던 즈음 나폴레옹을

크리스티아네 불피우스

괴테가 크리스티아네 불피우스를 처음 만난 것은 이탈리아 여행에서 돌아온 지 한 달쯤 된 1788년 7월 13일이었다. 당시 23살이었던 크리스티아네는 베르투흐Bertuch에 있는 한 공장에서 조화造花 만드는 일을 하고 있었고, 이 둘의 결합은 신분상 전혀 어울리지 않는 것이었다. 두 개의 그림은 모두 괴테가 크리스티아네를 만난 1788년 경에 직접 그린 것이다.

사진 출처: Goethe. Sein Leben in Bildern und Texten, Frankfurt/M. u. Leipzig 1998, 245쪽

아들 아우구스트

아들 아우구스트는 짙은 검은 눈, 뚜렷한 이목구비, 그리고 절대 검게 변할 것같지 않은 금발을 지녔던 것으로 알려져 있다. 1794년 이전에 그려진 초상화이다.

사진 출처: Goethe. Sein Leben in Bildern und Texten, Frankfurt/M. u. Leipzig 1998, 262쪽

만난다. 프로이센을 점령한 나폴레옹은 1808년 9월 27일부터 10월 14일까지 유럽 제후의회를 바이마르 바로 옆 도시인 예나에서 개최했다. 일요일인 10월 2일 괴테는 나폴레옹의 요청에 따라 그를 만난다. 이 만남에 대해 당일의 일기에는 "나중에 황제를 뵙다."라는 간단한 메모만 남아 있다. 하지만 이날 있었던 일에 대해서 괴테는 1824년 「나폴레옹과의 대화Unterredung mit Napoleon」라는 제목으로 기록해 놓았다. 이 글은 괴테가 세상을 떠난 후인 1837년에야 출판되었다.

> 그는 화제를 베르터로 돌렸다. […] 그는 자신이 꼼꼼히 읽었다고 하면서 말했다. "그대는 왜 그렇게 했습니까? 그것은 자연스럽지 않아요." […] 나는 밝은 표정으로 그의 말에 귀를 기울였고 만족스러운 미소를 지으며 그에게 대답했다. "저는 누군가가 그러한 질책을 하리라고는 생각하지 못했습니다. 하지만 저는 황제께서 전적으로 옳다고 생각합니다. 그리고 이 부분에서 뭔가 진실하지 못한 것이 드러났음을 인정하고 고백합니다. 그래도 다음과 같은 사실은 말씀드려야 하겠습니다. 만일 작가가, 단순하고 자연스러운 방법으로는 도달할 수 없는 효과를 만들어 내기 위해서, 쉽게 드러나지 않는 기교를 사용한다면, 그러한 시도는 용서되어야 하지 않을까요." 황제는 이런 내 말에 만족하는 것으로 보였다.

괴테는 나폴레옹과의 만남에 긍정적인 의미를 부여했다. 그해 12월 2일 괴테는 자기 작품을 출판하던 코타Johann Friedrich Cotta

(1764~1832)에게 "자신의 인생에서 프랑스 황제 앞에 섰던 방식으로 서는 것보다 더 고상하고 더 기쁜 일은 없다."라고 썼다. 하지만 예나에서, 그리고 얼마 후 바이마르에서 나폴레옹을 만난 뒤 그와 연관된 일을 하는 데엔 대가가 따랐다. "이러한 일들 때문에 모든 문학적인 작업이 중단"되었기 때문이다. 그리고 괴테는 "이런저런 일의 실마리를 잡아 다시 시작하려고 시도"했지만 "여전히 잘 진행되지 않는다"면서 코타에게 고민을 털어놓았다.

그사이 중단되었던 작업으로 괴테는 우선 『색채론』을 꼽았다. 이때는 『색채론』 중 「역사 편」 부분을 집필하고 있었는데, 집필을 이어 가는 것이 쉽지 않았다. 이 밖에 『색채론』보다 독자들에게 훨씬 더 재미있을 것 같은 다른 작품들도 있었는데, 대표적인 것이 『친화력』이다. 괴테의 글 중에서 『친화력』이 처음으로 언급되는 것은 1808년 4월 11일 일기이다. "작은 단편들의 개요 구상. 특히 「친화력」과 「50세의 남자」에 관하여". 이 두 단편은 원래 『빌헬름 마이스터의 편력시대 *Wilhelm Meisters Wanderjahre*』(이후 『편력시대』)에 삽입하기 위해 기획된 것이었다. 집필을 진행하던 중 「친화력」은 분량이나 구성면에서 단편소설의 구조를 넘어서게 되었고, 독자적인 장편소설로 바뀌었다. 『친화력』의 집필은 상당히 빠르게 진척되었다. 『친화력』과 『색채론』을 집필하면서 괴테는 실러의 죽음으로 상실했던 절반의 존재를 가까스로 회복하게 되었다. 그리고 회복된 존재를 통해 괴테는 새로운 방식의 삶을 만들어 가고 있음을 입증할 수 있었다. 그는 이미 5월 1일에 "궁정 고문과 마이어에게 『친화력』의 전반부"를 설명해 주었다고 기록한다. 7월 말경에는 18개의 장으로 구성된 초고를 완성하였다. 하지만 나폴레옹을 정점으로 한 제국의 정치적 상황이 점차 첨예한 대립 양상을 띠게 되자 괴테의 집필 작업은 더 이상 진전되지 못한다. 1809년이 되어서도 상황은 크게 달라지지 않았다.

1809년 5월 26일 일기에 "『친화력』의 제3권을 시작했다."라고 기록한 것을 보면, 괴테가 『친화력』에 관한 작업을 본격적으로 다시 시작한 것은 1809년 5월 중순쯤이나 되어서인 것 같다. 『친화력』을 어떻게 집필했는지에 관한 거의 모든 자료를 괴테가 없애 버렸기 때문에 그 집필과정에 대해서 자세한 것은 알 수 없다. 다만 그의 일기나 편지에서 대략의 과정을 알 수 있을 뿐이다. 7월 28일 아내 크리스티아네에게 쓴 편지를 보면, 이 소설의 일차 완성분을 인쇄 중인 것으로 보인다. 이후 괴테는 인쇄된 판본의 수정작업과 이어지는 부분의 집필을 병행한다. 그리고 마침내 10월 9일 인쇄를 마친 완성본이 괴테의 손에 들어온다. 『친화력』이 이런 과정을 거쳐 탄생하는 동안 『색채론』에 관한 작업도 나란히 진행되었다. 『색채론』은 1791년 봄 프리즘을 사용해 관찰한 후 괴테의 머릿속을 떠나지 않았던 핵심 관심사였다. 특히 『색채론』과 『친화력』에 관한 작업이 동시에 이루어졌다는 것은 이 두 저작 사이에 무시할 수 없는 연관성이 있음을 암시한다. 『친화력』을 이해하는 데 꼭 필요한 주요 열쇠 중 하나가 『색채론』이라는 점이다.

17

JOHANN WOLFGANG VON GOETHE

'관계'는 원현상이다
― 『색채론』

독일 유학 시절 방문했던 바이마르의 프라우엔플란 거리에 있는 괴테하우스를 다시 찾은 것은 2018년 7월이었다. 괴테하우스를 처음으로 찾은 것이 박사학위 논문을 쓰던 유학 시절이었으니까 20여 년 만이다. 그 당시보다는 괴테하우스가 한결 친숙하게 느껴졌다. 사실 내가 괴테 연구에 전념하게 된 것은 괴테에게 매혹됐기 때문이 아니다. 시작은 의무감이었다. 여러 고민 끝에 독문학을 계속해서 공부하기로 결심한 후 괴테는 나에게 꼭 넘어야 할, 적어도 넘으려고 시도는 해야 할, 높은 산이었다. 그런 의무감에 시달리던 당시보다 괴테하우스가 친숙하게 느껴진 것은 괴테라는 세계가 이제는 어느 정도 익숙해졌기 때문일까? 괴테가 머물던 공간을 거니는데 문득 그곳에서 있었던 일화가 하나 떠올랐다. 괴테의 일생에 결정적인 흔적을 남긴 일화이다.

　어느 봄날 40대 초반의 남자가 바이마르에 있는 한 저택에서 바쁜 걸음으로 이동한다. 그의 손에는 프리즘이 들려 있다. 괴테다. 프리즘을 빌린 지 벌써 여러 달 지났지만, 아직 사용해 보지 않은 상태였다. 그런데 조금 전 프리즘의 주인인 예나의 궁정 추밀고문 관인 뷔트너Christian Wilhelm Büttner로부터 연락이 왔다. 프리즘을 급히 돌려 달라고 말이다. 돌려주기로 한 날짜를 이미 한 번 연기한 적이 있는 데다 프리즘은 상당한 고가의 물건이라 주인의 요구를 모른 척할 수 없었다. 괴테는 조금 전까지만 해도 처음 빌릴 때의 상태 그대로 포장된 채 책상 밑에 있던 상자에서 프리즘을 꺼내 들고 자신의 작업실로 가는 중이었다. "뉴턴의 이론을 기억하면서"(FA 23/1, 976) 프리즘을 눈앞에 갖다 댄다. 프리즘을 통해 방 안의 흰색 벽을 바라본 그는 깜짝 놀란다. 기대했던 무지개색의 스펙트럼이 보이지 않았기 때문이다. 흰색의 벽은 넓은 벽 전체가 여전히 그냥 흰색이었다. 그는 다시 프리즘을 통해 벽과 창틀의 경계 부분을, 그리고 창문의 투명한 부분과 창문틀의 경계 부분을 보았다. 그는 다시 놀란다. 흰색의 벽면에서는 볼 수 없었던 얇은 띠로 이루어진 색채 현상이 흰색의 벽과 창틀의 경계 부분에서 그리고 창문틀과 투명한 유리창의 경계 부분에서 관찰되었기 때문이다. 괴테는 이로부터 약 20년 후에 발표한 『색채론』의 마지막 부분에서 이날의 경험에 관해 이렇게 쓴다. "색채가 발생하기 위해서는 **경계**가 필수적이라는 사실을 인식하기까지 길게 숙고할 필요가 없었습니다. 나는 거의 본능적으로 외쳤습니다. '뉴턴의 이론은 틀렸어.'"(『색채론』, FA 23/1, 976)

최근의 연구 결과에 따르면 이 일은 1791년 5월 17일에 있었던 것으로 보인다. 무더웠던 2018년 여름 바이마르의 괴테하우스를 둘러보며 이 일화를 떠올린 이유는 200여 년 전 있었던 이 작은 사건이 내가 괴테를 이해하는 데 중요하다고 여기는 몇몇 관점을 가리키기 때문이다. 이날 경험의 결론은 색채의 발생에 관한 뉴턴의 이론이 오류라는 확신을 괴테에게 심어 준 것이었다. 10대 후반 법학을 전공하기 위해 라이프치히에서 유학(1765~68년)하던 괴테는 빙클러Johann Heinrich Winckler 교수에게서 물리학을 비롯한 여러 분야의 자연과학에 관한 강의를 들었고 이때 이미 뉴턴의 광학에 관하여 배워 알고 있었다. 뉴턴의 이론에 따르면 투명한 백색의 빛 안에 색채가 들어 있다가 적절한 실험을 통해 그 빛으로부터 분광되어 색채가 나타난다. 그런데 이날의 경험은 뉴턴의 이론에 대한 의심을 확신으로 바꾸어 주었다. 프리즘을 통해 빛의 굴절이 이루어지고 색채는 곧 이 굴절에 따라 발생하는 분광 현상이라는 뉴턴의 주장은 틀렸다는 것이다. 괴테가 내린 결론에 나의 관심이 쏠렸던 까닭은 뉴턴의 이론이 틀렸다고 한 그의 주장이 옳다고 생각했기 때문이 아니다. 뉴턴이 틀렸다는 결론이 흥미로운 것이 아니라 이 결론을 도출하게 한 출발점이 흥미로웠다. 바로 '경계의 중요성'에 대한 발견 말이다. 이 발견은 자연을 바라보는 괴테의 관점이 지닌 특징을 보여 준다. 그리고 자연을 바라보는 괴테의 이 시선은 인간 세계에도 동일하게 적용된다. 그래서 더욱더 흥미로웠다. 1791년 5월 17일의 경험은 아주 사소한 사건일 수도 있지만, '경계' 또는 (경계는 구분선이기도 하지만 동시에 접촉선이기도 하다) '관계'의 근본적 중요성을 드러내 주는 매우 중요한 사건이다.

'프리즘 착상'이라고 불리는 이 경험을 통해 색채의 생성이 뉴턴의 이론과는 다른 방식으로 이루어질 것이라고 확신한 괴테는 이후 프리즘을 사용한 관찰을 계속하여 반복한다. 그리고 반복되는 직접적 관찰을 통해 얻은 결과를 집적하여 기록으로 남긴다. 이 기록들은 몇 번에 걸쳐 출판되었고, 20여 년 동안 누적된 자신의 직접적 관찰의 경험을 자신만의 고유한 이론으로 구성해 가는 과정을 거친다. 이러한 노력은 1810년 『색채론』의 출판으로 마침내 결실을 본다. 괴테는 『색채론』을 본인의 저작 중 최고라고 꼽는다. 1829년 2월 19일 에커만과의 대화에서 괴테는 일생에 걸쳐 생산해 낸 자신의 저작들에 대해서 다음과 같이 말한다. "내가 시인으로서 이루어 낸 모든 것에 대해서 나는 아무것도 자랑할 것이 없습니다." 왜냐하면 당시뿐만 아니라 그 이전 시대에도 괴테 자신보다 "훨씬 더 훌륭한 작가들이 있다."고 생각했기 때문이다. 하지만 『색채론』은 다르다고 강조한다. 『색채론』은 당시에 괴테 자신만이 "올바른 사실을 알고 있는 유일한 사람"임을 입증해 주는 것이라고 하면서 바로 그렇기에 본인은 이 저작에 대해서 "최고라는 의식"을 갖고 있다고 고백한다. 80세를 눈앞에 둔 괴테의 이러한 고백은 의외다. 우리가 알고 있는 '작가' 괴테가 자신의 문학 작품보다 자신의 과학적 연구 결과물을 더 높이 평가하고 있다니. 물론 이 고백이 괴테 스스로 자신의 문학 작품을 무가치하게 여기고 있음을 의미하지는 않는다. 하지만 적어도 분명한 것은 괴테가 자연에 대한 앎, 자연에 관한 과학적 연구를 매우 중요하게 여기고 있다는 사실이다. 그리고 이러한 사실은 그의 문학 작품을 이해할 때 함께 고려되어야 한다.

경계 또는 관계의 중요성을 깨닫는 계기였던 '프리즘 착상'으로부터 출발하여 괴테가 도출해 낸 기본적인 원리는 어떤 것일까? 조금 복잡할 수도 있으나 괴테가 주장하는 물리색의 발생과 인지에 관한 기본적인 원리를 간단히 설명할 필요가 있다. 왜냐하면 이 원리는 괴테가 세계를 바라보는 방식이 지닌 중요한 특징을 잘 보여 주기 때문이다.

괴테는 이날의 경험을 체계적으로 관찰하기 위해 우선 검은색과 흰색만 칠해진 〈그림1〉의 카드를 만든다. 이 카드가 7번 카드인데, 괴테는 이 카드를 사진처럼 세로로 놓인 상태로 프리즘을 통해 관찰한다. 프리즘을 통해서 보면, 상이 아래로 일정 정도 이동하면서 원래의 그림 위에 프리즘 때문에 아래로 이동한 상이 겹친다. 〈그림1〉을 프리즘을 통해 관찰하면 위에 있는 검은색이 아래로 이동해서 원래 그림의 흰색을 배경으로, 즉 흰색 위에 겹친다. 검은색이 흰색 위에 겹치는 현상을 관찰하여 괴테는 검은색과 흰색의 경계 부분에 붉은색과 노란색의 띠가 생겨난 것을 확인한다. 이것을 그린 것이 〈그림2〉의 8번 카드이다. 이번에는 7번 카드의 위와 아래를 바꾸고 프리즘으로 관찰하는데, 그 결과를 그린 것이 〈그림3〉의 9번 카드이다. 앞의 관찰에서 검은색이 흰색 위에 겹쳤다면, 이번에는 흰색이 검은색 위에 겹친다. 이번에도 마찬가지로 프리즘을 통해 상이 아래로 이동했기 때문이다. 앞의 관찰에서 붉은색과 노란색 띠가 생겨났던 부분에서 이번에는 〈그림3〉의 9번 카드에 그려진 것처럼 푸른색과 보라색 띠가 관찰된다. 괴테는 같은 카드로 세 번째 실험에 돌입한다. 이번에는 〈그림1〉에 있는 7번 카드를 가로로 놓고 프리즘을 통해 본다. 흰색과 검은색의

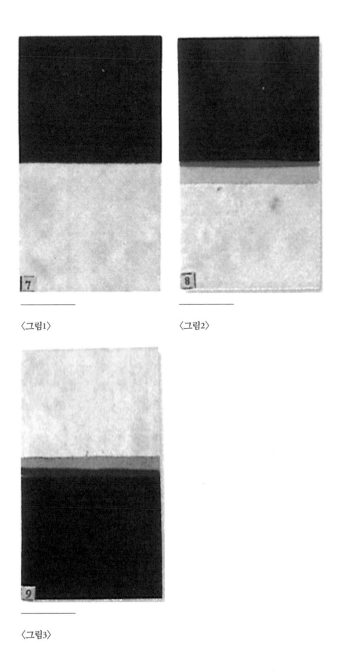

〈그림1〉　　　　　　　　　〈그림2〉

〈그림3〉

사진 출처: J. W. von Goethes Beiträge zur Optik und die Entwicklung der Farbenlehre, hrsg. v. Gisela Maul und Ulrich Giersch, Klassik Stiftung Weimar 2015, 28-29쪽.

경계가 세로로 놓이고, 프리즘을 통해 상이 아래쪽으로 이동하더라도 세로로 놓인 경계는 이동하지 않는다. 이 세 번째 실험의 결과를 『광학에 관한 기고. 제1편*Beiträge zur Optik, Erstes Stück*』(이 글은 괴테가 1791년 5월부터 10월 사이에 진행한 실험 과정과 결과를 모아 같은 해에 출판한 것이다) 47번 항에서 다음과 같이 기록하고 있다. "7번 카드를 검은색과 흰색 사이의 경계 부분이 수직으로 세워진 채 프리즘으로 관찰하면 특별히 주목할 만한 현상이 관찰된다. 이렇게 하면 우리는 이 경계 부분에 아무런 색이 생겨나지 않음을 관찰하게 된다." 첫 번째 실험과 두 번째 실험에서는 프리즘을 통해 검은색과 흰색이 각각 겹칠 때 그 경계 부분에서 색채가 발생하는 것을 관찰할 수 있었다. 이와는 달리 세 번째 실험에서는 이 경계 부분이 수직으로 세워져 있어서 검은색과 흰색이 프리즘을 통해 보더라도 겹치지 않기에 색채 발생을 관찰할 수 없었다. 이러한 실험을 통해 괴테는 자신이 도달한 잠정적인 결론을 같은 글 54번 항에서 다음과 같이 정리한다. "색채가 있는 대상들이 서로 겹치는 경계 부분에서 프리즘은 이제까지의 법칙에 따라, 즉 다른 색채 위에 겹치는 색채가 아래에 있는 색채보다 더 어둡거나 더 밝은 경우에만 색채를 보여 준다." 괴테는 (검은색이 흰색 위에 겹치거나 흰색이 검은색 위에 겹치는) 같은 성격의 실험을 다양하게 변형된 방식으로 진행한다. 그리고 반복된 이러한 관찰 경험으로부터 색채가 생겨나는 조건을 확인했다. 흰색과 검은색이, (괴테는 더 보편적인 개념으로 표현하곤 하는데) 또는 빛과 어둠이 겹치는 부분을 프리즘을 통해 관찰할 때 색채가 발생한다는 게 괴테의 결론이다.

괴테가 제시하는 이러한 결론에 관해 나는 두 가지 사실을 강조해서 설명하고 싶다. 첫 번째는 '다름'이다. 괴테가 '프리즘 착상'을 통해 빛과 어두움 사이의 경계가 중요하다는 사실을 깨달았다는 것은 달리 표현하면 그 경계를 기준으로 서로 다른 것이 구분되어 있음을 가리킨다. 동일한 밝기의 같은 색채가 칠해진 평면에는 경계가 없다. 다름이 없기 때문이다. 경계는 빛과 어두움, 더 밝음과 더 어두움을 구분해 주는 지점이며, 따라서 경계는 서로 다름의 증거이기도 하다. 두 번째는 이 경계가 서로 다름을 확증해 주는 증거로만 작동한다면 색채 발생을 경험할 수 없다는 사실이다. 예를 들어 7번 카드를 경계가 수직으로 놓이도록 한 상태에서 프리즘으로 관찰하면 색채 발생을 경험할 수 없었다. 이 경우에는 프리즘에 의한 굴절로 인해 검은색과 흰색이 겹치는 현상이 생기지 않았기 때문이다. 빛과 그림자는 경계에 따라 구분되어 있을 뿐, 경계를 넘어서지 않는다. 색채가 발생하기 위해서는 경계가 필수적이지만, 경계가 존재한다고 해서 반드시 색채 발생을 관찰할 수 있는 것은 아니다. 색채 발생은 (예를 들면 프리즘에 의한 굴절로 인해) 검은색과 흰색 사이에 있는 경계 넘기가 이루어지는 경우에만 관찰된다. 물론 괴테는 경계의 중요성은 강조하지만, 경계 넘기의 중요성은 직접 언급하지 않았다. 하지만 서로 다른 밝기를 가진 색채의 존재와 그 색채들의 겹침을 색채 발생의 조건으로 언급하고 있는 것은 바로 경계 넘기의 중요성을 가리키고 있는 것으로 보아도 무리가 없다.

1791년에 『광학에 관한 기고. 제1편』을 출판한 이후 괴테는 지속적인 반복 실험의 결과를 모아서 1810년에 방대한 분량의 『색채론』을 출판한다. 이 『색채론』에는 색채 발생을 경험하는 데 꼭 필요한 조건이 하나 더 강조되어 있다. 그가 흐릿함Trübe이라고 부르는 매체(여기서는 프리즘)의 중요성이다. 물론 1791년의 실험에서도 프리즘은 색채 발생을 경험하는 데 없어서는 안 될 핵심적인 매체였다. 하지만 『광학에 관한 기고. 제1편』에서는 이러한 매체의 근본적 중요성을 '흐릿함'과 같은 표현으로 개념화하지는 않았다. 빛과 어두움이라는 다름이 있어야 하고, 이 다름을 다름으로 경험하게 하는 경계가 있어야 한다. 그리고 그 경계를 넘어서는 현상을 통해서 색채 발생을 경험하게 되는데, 경계 넘기라는 현상을 발생시키는 것이 바로 프리즘이라는 흐릿함이다. 프리즘이라는 흐릿함은 경계 넘기 현상을 발생시킴으로써, 맨눈으로 검은색과 흰색의 경계를 관찰할 때 경험할 수 없었던 색채 발생을 경험하게 해 준다. 이러한 점에서 프리즘이라는 흐릿함은 색채 발생과 관련하여 관찰하는 자와 관찰되는 대상 사이의 관계를 가리킨다고 하는 것이다.

괴테가 다루는 흐릿함은 프리즘만이 아니다. 프리즘이 맨눈으로는 관찰할 수 없는 색채를 발생시키는 흐릿함이라면, 우리가 맨눈으로 색채 발생을 경험할 수 있도록 해주는 흐릿함도 있다. 괴테는 프리즘 없이 맨눈으로 관찰할 수 있는 색채 발생 현상의 예로 "대기색"을 든다. 아침과 저녁에 생기는 노을이 붉게 보이는 것이나 한낮의 맑은 하늘이 푸르게 보이는 것이 바로 대기색이다. 『색채론』 150번과 151번 항목에서 설명하는 바에 따르면, 이 경

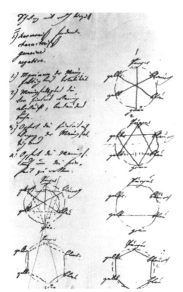
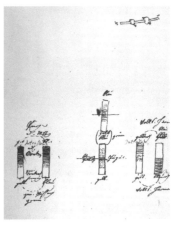

색채론에 관한 토론을 위해 사용한 메모 1(좌),
색채론에 관한 토론을 위해 사용한 메모 2(우)

괴테는 1798년 11월 11일부터 29일까지 예나에 머문다. 11월 14일 괴테는 색채의 조화에 관하여 실러와 토론을 벌이는데, 두 장의 사진은 그때 토론하면서 기록한 메모를 촬영한 것이다. 〈메모 1〉의 전부와 〈메모 2〉의 거의 대부분은 괴테가 펜으로 기록했다. 실러는 괴테가 작성한 〈메모 2〉에 연필로 Intension이라는 단어를 세 번 추가해서 기록했는데, 펜으로 작성한 부분보다 조금 흐린 필체로 쓰여진 Intension을 확인할 수 있다.

사진 출처: (좌) Goethe. Sein Leben in Bildern und Texten, Frankfurt/M. u. Leipzig 1998, 282쪽
　　　　　 (우) Goethe. Sein Leben in Bildern und Texten, Frankfurt/M. u. Leipzig 1998, 283쪽

우에는 대기가 프리즘과 같이 흐릿함이라는 매체로 작용한다. 대기라는 흐릿함을 기준으로 해가 뜨는 곳 또는 지는 곳은 빛이 있기에 밝고, 관찰자가 있는 곳은 해가 있는 곳에 비하면 어둡다. 대기라는 매체는 밝음과 어둠 사이에 있다. 어둠 쪽에 서 있는 관찰자는 대기라는 흐릿함을 통해 밝음을 본다. 이때 관찰자는 노란색과 붉은색을 본다. 아침노을과 저녁노을이 붉게 보이는 이유다. 이는 앞서 7번 카드를 프리즘으로 관찰하는 실험과 유사하다. 위에 있는 검은색이 프리즘을 통해 아래쪽으로 이동해 흰색 위로 겹치고, 바로 그 겹친 부분을 프리즘으로 보면 노란색과 붉은색을 관찰할 수 있다. 대기라는 흐릿함의 위치는 프리즘의 위치와는 다르다. 하지만 대기라는 흐릿함을 통해 (해가 있는 곳의) 밝음을 배경으로 (관찰자가 있는 곳의) 어두움이 위에 겹친다는 사실은 같다. 밝음과 어두움의 경계를 넘어 겹치는 부분을 흐릿함이라는 매체를 통해서 관찰하는 것도 동일하다. 7번 카드를 이용한 두 번째 실험과 유사한 것이 바로 한낮의 푸른 하늘이다. 이 두 번째 실험은 위에 있는 흰색이 프리즘을 통해 아래쪽으로 이동해 검은색 위에 겹치고, 바로 겹친 그 부분을 프리즘으로 보면 푸른색과 보라색이 관찰된다. 관찰자는 한낮에 해가 비치는 밝은 쪽에 있고, 대기라는 흐릿함을 통해서 암흑의 공간을 바라보게 되는데, 이때 우리에게 푸른색이 나타난다는 것이다. 아침과 저녁의 노을이 노랗고 붉게 보이는 것과 한낮의 하늘이 푸르게 보이는 두 가지 현상을 한꺼번에 보여 주는 예로 괴테는 '칼스바트의 유리잔'을 언급한다.

이 유리잔에는 뱀이 새겨져 있다. 괴테는 이 유리잔을 1820년

5월 칼스바트에서 구입했는데, 이 유리잔을 흰색 배경 앞에 놓을 때와 검은색 배경 앞에 놓을 때 뱀 문양의 색깔이 달라지는 현상이 관심을 끌었기 때문이다. 흰색 배경 앞에서는 노란색으로 보이는 뱀이 검은색 배경 앞에서는 푸른색으로 보인다. 뱀이 새겨져 있는 부분은 아무런 문양이 새겨져 있지 않은 다른 부분보다 흐릿하다는 점을 생각하면 이 유리잔이 왜 괴테의 관심을 끌었는지 짐작할 수 있다.

괴테는 뱀 문양이 프리즘이나 대기와 마찬가지로 흐릿함의 역할을 한다고 생각했다. 이 유리잔에 관한 글에서 괴테는 뱀 문양에서 관찰되는 색채의 변화로부터 "모든 물리적인 색채 현상들이 전개되는 흐릿함에 관한 이론"(FA 25, 749)을 확인할 수 있다고 썼다. 아침과 저녁의 노을이 붉게 보이는 것과 한낮의 하늘이 푸르게 보이는 것은 대기라는 흐릿함을 통해서 보다 더 밝은 쪽과 보다 더 어두운 쪽을 관찰한 결과였던 것처럼, 뱀 문양이라는 흐릿함을 통해 보다 더 밝은 쪽과 보다 더 어두운 쪽을 관찰한 결과 뱀 문양이 각각 "진한 노란색"과 "너무도 아름다운 푸른색"(FA 25, 750)을 띠었기 때문이다. 이런 이유에서 괴테는 『색채론』에서 색채발생과 관련하여 제시했던 "원현상"(FA 25, 750)을 칼스바트 유리잔에서도 확인할 수 있다고 말한다. 괴테는 『색채론』에서 색채의 발생과 인지에 관한 반복적인 실험을 기록한 후 175번 항목에서 다음과 같은 결론을 제시한다.

"우리가 이제까지 서술한 것이 바로 **원현상**이다. 우리는 한편에

사진 출처: J. W. von Goethes Beiträge zur Optik und die Entwicklung der Farbenlehre, hrsg. v. Gisela Maul und Ulrich Giersch, Klassik Stiftung Weimar 2015, 21쪽.

서는 빛, 밝음을, 다른 편에서는 암흑, 어둠을 본다. 우리는 이 둘 사이에 **흐릿함**을 가져다 놓는다. 그리고 이러한 대립들로부터 [흐릿함이라는] 계획된 매개의 도움으로 마찬가지로 대립적인 색채들이 생겨난다."

이 인용문의 핵심은 '원현상'과 '흐릿함'이라는 두 개념에 들어 있다. 프리즘, 대기, 칼스바트 유리잔에 있는 뱀 문양이 색채 발생과 관련하여 중요한 역할을 하는 '흐릿함'이며, 색채의 발생과 인지를 설명하는 핵심 원리인 '흐릿함에 관한 이론'이 바로 '원현상'이라는 말이다. '원현상'은 무엇일까? '원현상'은 괴테의 자연 연구에서 주목해야 할 중심 개념이다. 자연 연구에서 괴테가 추구하는 기본적인 관심사는 직접적인 관찰을 통해 접근할 수 있는 다양한 현상 속에서 '원현상'을 인식해 내는 것이기 때문이다. 하지만 동시에 '원현상'은 끊임없이 논란의 대상이 되는 개념이기도 하다. 원현상이 무엇인지에 대해 괴테가 설명하는 바를 따라가 보는 것도 이 개념을 이해하는 데 도움이 될 것이다. 괴테가 『색채론』의 175번 항목에서 설명하는 내용을 따라가 보자. 우리는 무엇인가를 경험하면 우선 "경험적" 기준과 방식에 따라 분류한다. 이렇게 경험적으로 분류된 사례들은 다시 "학문적 부류"로 분류할 수 있는데, 이때 학문적 부류로 분류하는 과정을 통해 "현상으로 나타나는 것이 [실제로 현상으로 나타나기 위해서] 어떤 불가결한 조건들을 충족해야 하는지"를 보다 자세하게 알 수 있게 된다. 그리고 이어서 괴테는 원현상이 무엇인지 설명한다.

"이제부터 모든 것이 더 높은 수준의 규칙들과 법칙들을 점차로 따르게 된다. 하지만 이 규칙들과 법칙들은 **말과 가설을 통해 지성에게** 자신을 드러내는 것이 아니라, 다름 아닌 **현상들을 통해 직관에게** 자신을 드러낸다. 우리는 그 현상들을 **원현상**이라고 부른다. 왜냐하면 현상 속에서는 그 어떤 것도 원현상보다 상위에 있지 않기 때문이며, 하지만 그것들은 반대로, 바로 전에 우리가 [일반적인 경험적 부류로부터 시작해서 학문적 부류를 거쳐 원현상으로] 단계적으로 올라왔듯이, 사람들이 이 원현상으로부터 시작해서 일상적 경험의 가장 평범한 사례에 이르기까지 단계적으로 내려가기에 완벽하게 적합하기 때문이다."

원현상을 통해 '직관'에 자신을 드러내는 '보다 높은 수준의 규칙들과 법칙들'은 인간이 자연 연구를 통해 경험할 수 있는 최고 수준의 것이다. 하지만 동시에 인간이 원현상의 뒤에 무엇이 놓였는지는 알 수 없다는 점에서 원현상은 (괴테가 1829년 2월 18일 에커만과의 대화에서 표현한 것처럼) 인간이 자연 연구를 통해 경험할 수 있는 "한계"이기도 하다. 그리고 원현상은 그 개념 자체가 의미하듯이 이념이 아니라 '실재하는 현상'이다. 그렇기에 원현상은 항상 인간이 현실에서 경험하는 대상 세계에 속해 있으며, 따라서 '가장 평범한 일상적 경험'에도 적용될 수 있다.

이제 다시 『색채론』에서 색채 발생과 관련한 설명으로 돌아오면, 괴테는 밝음과 어두움, 그리고 '흐릿함'이 바로 이러한 원현상이라고 주장한다. 그리고 색채의 발생과 인지에 관한 연구에서 괴테는 바로 이 원현상을 인식해 냈다고 확신했다. 색채가 발생하기 위해서는 먼저 서로 대립되는 것, 빛과 암흑, 밝음과 어둠의 경계가 있어야 한다. 다시 말하면 다름이 존재해야 한다. 다름이 존재하지 않는다면, 검은색만 있거나 흰색만 있다면, 그래서 다름의 경계가 존재하지 않는다면 색채는 발생하지 않는다. 그리고 서로 대립하는 것은 각각의 경계를 넘어야 한다. 대립하는 것들이 경계를 넘어서지 않고 자신의 경계 안에만 머문다면 색채는 발생하지 않는다. 서로 대립하는 것이 경계를 넘어선다는 것은 각각의 **다름이 제거되는 것이 아니라, 다름이 서로 중첩되는 것**이다. 흰색 위에 검은색이 겹치는 부분을, 또는 반대로 검은색 위에 흰색이 겹치는 부분을 프리즘으로 볼 때 색채 발생을 인지하게 되는 것처럼 말이다. 서로 다른 것이 만나 경계 넘기를 가능하게 해 주는 것이 바로 흐릿함이다.

원현상으로 이해된 흐릿함은 매우 중요한 자연현상을 가리키지만, 원현상의 개념 규정에 따르면 원현상으로서의 흐릿함은 보다 보편적인 의미를 지닌다. 괴테는 『색채론』의 181번 항목에서 다음과 같이 말한다. "전체 감각세계에서 모든 것은 **대상들 사이의 상호관계**에 달려 있다. 하지만 특히 이 지상에서 가장 중요한 대상인 **인간이 그 밖의 다른 대상에 대해서 지니는 관계**에 달려 있다." 색채의 발생과 인지에 관한 실험을 통해 괴테는 '관계'의 중요성을 알게 되었다고 말한다. 괴테가 흐릿함이라는 원현상에서 읽어낸 의미가 바로 '관계'인 것이다. 그런데 이 관계는 이중적이다. 첫 번째 관계는 '대상들 사이의 상호관계'다. 예를 들면 밝음

과 어두움의 관계가 그렇다. '프리즘 착상'이 강조하는 '경계'의 중
요성이 바로 이 관계를 가리킨다. 그뿐 아니라 아침과 저녁의 붉
은 노을이나 한낮의 푸른 하늘, 칼스바트 유리잔의 뱀 문양의 색
깔 변화 역시 밝음과 어두움의 관계에 근거한다. 밝음과 어두움의
관계가 없다면 색채의 발생도 불가능하다고 판단한 괴테는 '대상
들 사이의 상호관계'의 발견에 큰 의미를 부여한다. 두 번째 관계
는 (괴테가 사용한 표현에 따르면) 모든 대상 중 '가장 중요한 대상인
인간'과 '다른 대상' 사이의 관계, 즉 인간이라는 주체와 다른 객체
사이의 관계다. 예를 들어 프리즘으로 밝음과 어두움의 경계를 관
찰하는 경우를 생각해 보자. 프리즘의 경우에는 흐릿함이 관찰되
는 대상과 관찰하는 인간 사이에 위치한다. 이때 관찰하는 사람은
프리즘이라는 흐릿함을 통해 대상들과 관계를 맺는다. 인간이 밝
음과 어두움의 경계라는 대상을 흐릿함을 통해 관찰하게 되고, 이
는 흐릿함이 인간과 대상 사이의 관계를 맺어 주고 있음을 드러낸
다. 흐릿함이 원현상이라고 확신한 괴테는 이제 바로 이어지는
『색채론』의 182번 항목에서 흐릿함을 통해 표현되는 이중의 관계
를 명료하게 드러내는 것이 『색채론』의 주요 과제임을 밝힌다.

> "여기에서도 역시 여전히 가장 중요한 일은 **관계들**을 있는 그대
> 로 진실하게 **통찰하는** 것이다. 우리의 감각은 그 감각이 건강한
> 한, 외적인 관계들에 관하여 가장 진실하게 말하기 때문에, 우리
> 는 다음과 같은 사실에 대하여 확신할 수 있다. 우리의 감각은, 그
> 감각이 실제와 모순되는 것처럼 보이는 도처에서 참된 연관관계

를 더욱더 확실하게 그려낸다는 사실 말이다."

색채의 발생과 인지에서 관찰되는 '밝음과 어두움, 그리고 흐릿함'이라는 현상에 대한 괴테의 분석은 이중의 관계를 밝혀내는 것이었다. '관계들을 있는 그대로 진실하게 통찰하는 것'을 목표로 삼고 있는 괴테는 그 목표에 도달하기 위해 이념이나 추상적 사유를 중요하게 여긴 것이 아니라, 오히려 '감각'을 신뢰한다. 그가 자연 연구를 통해 도달할 수 있는 최고 수준을 굳이 '원현상'이라고 부른 것도 감각에 대한 그의 신뢰와 무관하지 않다. 원현상은 추상적 이념이나 관념적 구상이 아니라, 감각으로 직접 관찰하고 경험할 수 있는 현상이어야 하기 때문이다.

사랑은 다름의 중첩
―『친화력』

『친화력』의 주요 인물인 에두아르트와 오틸리에는 그 무엇으로도 끊어 낼 수 없을 것 같은 완벽한 결합을 보여 준다. 작품이 끝나기 직전인 제2부 17장에서 두 사람은 "서로를 향해 형용하기 어려운 거의 마법과 같이 끌어당기는 힘을 발산"(FA 8, 516)하는 관계로 설명된다. 이 결합은 너무도 강력해서 이 둘은 더 이상 "두 사람이 아닌 단 **한** 사람"(FA 8, 516)으로 존재하는 것처럼 보인다. 하지만 이렇게 완벽한 결합을 이룬 것으로 서술된 지 얼마 안 되어 갑작스럽게 오틸리에가 세상을 떠난다. 그리고 곧이어 에두아르트도 죽은 채 발견된다. 이 두 사람의 관계가 완벽한 결합에서 비극적 죽음으로, 너무도 강력한 반전 상황으로 그려진 이유는 무엇일까? 이 물음에 대한 괴테 자신의 답을 찾기란 매우 어려운 일이다. 왜냐하면 괴테가『친화력』이 생겨나는 과정을 추적할 수 있는 자신의 글을 거의 모두 없애 버렸기 때문이다. 상황이 이러하므로 괴테의 일기나 편지에서 산발적으로 언급된 것 외에『친화력』의 생성 과정을 보여 주는 (괴테가 직접 작성한) 유일한 자료인 광고문을 살펴볼 수밖에 없다.

괴테가 『친화력』의 완성된 출판본을 받은 것은 1809년 10월 9일이다. 이로부터 한 달여 전에 괴테는 이 작품의 광고 문안을 직접 작성하여 『교양 있는 신분을 위한 조간신문*Morgenblatt für gebildete Stände*』에 넘겼다. 광고문은 다음과 같다.

"이 소설의 저자가 꾸준히 진행해 온 물리학 연구가 저자로 하여금 이런 기이한 제목을 짓도록 한 것으로 보인다. 저자는 인간 지식의 범주로부터 아주 멀리 떨어져 있는 것을 보다 익숙하게 여겨지게 하려고, 자연학에서 윤리적인 비유들을 매우 자주 사용한다는 것을 깨달았던 것 같다. 그래서 그는 도덕적인 경우에도 화학적 비유를 써서 과학적 비유의 정신적 근원까지 소급해 가려고 한 것 같다. 도처에 오직 **하나의** 자연만이 있기에 더욱더 그러려고 했고, 밝은 이성과 자유의 제국을 통해서도 흐릿하고 열정적인 필연성의 흔적들이 제어할 수 없게 관철되고 있기에 더욱더 그러려고 했다. 이 흔적은 더 고귀하고 높은 손에 의해서만 완전히 지워질 수 있으며, 그리고 [지워진다 하더라도] 이번 생에서는 완전히 지워지지 않을 것이다."(FA 8, 974)

주목해야 할 것은 '도처에 오직 **하나의 자연**만 있다.'는 주장이다. 『친화력』은 도처에서 관찰되는 자연이 모두 동일한 단 하나의 자연이라는 생각에 근거한다. 괴테가 '도처'라고 말한 것은, 당시 전통적인 이분법적 분류에 따른 인간과 비인간(또는 자연)의 영역

모두를 가리킨다. 자연에 관한 과학적 연구에서 윤리적인 비유를 사용하는 것이 가능하듯이, 인간의 문제를 다루는 도덕적인 경우에도 (작품의 제목의 원래 의미에 해당하는) '선택적 친화력'과 같은 자연과학적 개념을 비유로 사용할 수 있는 이유다.

이어서 그는 도처에서 관찰되는 '오직 하나의 자연'을 다른 말로 바꿔서 보다 구체적으로 표현한다. '흐릿하고 열정적인 필연성'이다. '필연성'이라는 표현은 (예를 들면 당시 화학 분야에서 사용되던 개념인 '선택적 친화력'을 통해 표현되는 자연과학적) 법칙성을 가리키는 것으로 보이는데, 이 필연성은 자연의 영역에서만이 아니라 '이성과 자유의 제국'이라는 인간 고유의 영역에서도 관철된다. 그런데 이 필연성은 마치 입법적 규범처럼 명시적으로 관철되는 것이 아니라 '흔적'의 형태로 관철되며, 이 흔적은 제어할 수도 없고 지울 수도 없다. 흥미로운 점은 곳곳에서 관찰되는 이 법칙적 원리로서의 필연성이 '흐릿하고 열정적인'이라는 두 개의 형용사로 수식되고 있다는 점이다. 이 두 가지 형용사는 도처에서 관철되고 있는 필연성의 속성을 드러낸다. 『친화력』의 내용을 생각했을 때, '열정적인'의 의미는 이 작품의 핵심 주제 중 하나인 사랑의 문제와 연관될 것이 분명해 보인다. 선택적 친화력이라는 화학 개념이 사랑을 매개로 맺어지는 관계를 비유적으로 표현하기 위한 것이고, 실제로 작품에서도 등장인물들이 서로를 향해 펼치는 사랑의 '열정'이 일종의 '필연적' 끌림처럼 묘사되고 있기 때문이다. 그런데 '흐릿한'의 의미는 파악하기 쉽지 않다. '흐릿함' 역시 곳곳에서 관철되는 하나의 자연 원리인 필연성의 속성이다. '이성과 자유의 제국'에서 '흔적'의 형태로 관철되는 필연성은 '흐릿함'을 속성으로 지닌다. 필연성의 속성인 흐릿함은 일차적으로는 이 필연성이 분명하게 드러나지 않는다거나 명료하지 않다는 정도의 의미를 지닌다. 하지만 필연성의 속성인 흐릿함을 이와 같은 일반적인 의미를 지닌 것으로만 읽어도 충분할까?

필연성이라는 표현에 담긴 자연의 근본 원리가 흐릿함이라는 속성을 지녔다는 말의 의미를 밝히려면 『친화력』이 생겨난 배경을 살펴보아야 한다. 주요 배경 중의 하나가 『색채론』이다. 앞서 인용한 괴테의 광고문에 따르면, 이 작품의 제목이 『친화력』이 된 연유는, 작가가 '지속적으로 진행해 온 물리학 연구'에 있다. 선택적 친화력이라는 화학 분야의 개념을 인간의 문제를 효과적으로 그려 내기 위해 하나의 비유로 선택한 것이고, 이를 통해 과학적 '비유의 정신적 근원'을 밝혀내려 했다고 말한다. 그리고 이러한 목적 설정에 직접적으로 영향을 미친 것이 바로 '작가의 지속적 물리학 연구'였다는 것이다. 1790년대 초반 이른바 '프리즘 착상'을 경험한 것으로부터 시작해서 『친화력』을 완성한 이후까지도 괴테의 가장 큰 관심사는 여전히 『색채론』 연구였다. 이러한 상황을 고려하면, 그가 이 광고문에서 '하나의 자연'이 보여 주는 근원적 원리로 언급하는 '필연성'이 그의 『색채론』 연구와 무관하다고 보는 것이 오히려 어색할 지경이다. 괴테가 이 소설을 통해 드러내고자 하는 과학적 '비유의 정신적 근원'은 인간의 영역에 '흔적'의 형태로 관철되는 필연성이다. 그리고 이 필연성의 두 가지 핵심 속성이 바로 '흐릿함'과 '열정적임'인데, 이 중 흐릿함이라는 속성이 지닌 의미는 괴테의 『색채론』과 관련하여 해명되어야 한다. 『색채론』에서 다루어진 '흐릿함'을 염두에 두면, 괴테가 『친화력』에 관한 광고문에서 언급한 '흐릿한 필연성'은 어떤 의미를 지닐까? 이 책의 17장에서 설명한 바에 따르면, '흐릿함'은 서로 다른 것들이 각각의 다름을 유지한 채 경계를 넘어 관계를 맺을 수 있게 하는 것이다. 그렇다면 『친화력』에서 관철되고 있는 이러한 '흐릿한 필연성'의 '흔적'은 무엇인가?

『친화력』 제1부 4장의 끝부분에서 샤를로테는 에두아르트에게 여교장과 조교가 오틸리에에 관하여 쓴 편지 두 통을 넘겨 준다. 이 시점은 화학적 원소들 사이의 "선택적 친화력"(FA 8, 306)에 관하여 대화를 나눈 직후였다. 5장에는 이 편지가 소개되어 있는데, 편지를 다 읽은 에두아르트는 편지의 많은 내용 중 오틸리에에 대해서 다음과 같은 사실만 콕 집어서 말한다.

"조카는 하지만 정말 맘에 들어. 왼쪽에 약간 두통이 있다니 말이야. 나는 가끔 오른쪽에 두통이 있거든. 두통이 동시에 생기면, 그리고 우리는 마주 앉아서, 나는 오른쪽 팔꿈치로, 그녀는 왼쪽 팔꿈치로 괴고, 머리는 서로 다른 쪽으로 향하고 손으로 받치고 있으면, 분명 한 쌍의 멋진 대칭 형상이 생겨날 거야."(FA 8, 311)

오틸리에가 에두아르트의 마음에 드는 이유는 그녀가 '왼쪽에' 두통이 있기 때문이다. 에두아르트는 오른쪽에 두통이 있다. 그래서 자신과 오틸리에에게 동시에 두통이 생기고 서로 마주 앉아 있으면, 그 모습은 마치 원래의 상과 거울에 비친 상을 동시에 보는 것 같지 않을까 하며 흡족해한다. 자신의 거울상을 보는 것과 같아서 오틸리에가 마음에 든다는 말이다. 이처럼 에두아르트는 오틸리에가 자신의 거울상과 같은 모습을 보여 줄 거라는 생각만으로 그녀를 만나기 전부터 호감을 느꼈다. 그 이유는 대체 무엇일까? 오틸리에에 관한 소식으로부터 거울상에 관한 상상을 하기 전에, 화학적 요소들 사이의 선택적 친화력에 관한 비유를 주제로 대화를 나누던 중 에두아르트는 이렇게 말한다.

> "인간은 진짜 나르시스야. 인간은 어디에서든 자기 자신을 기꺼이 스스로 비춰 봐. 인간은 자기 자신을 유리 종이 삼아 온 세상의 밑바닥에 깔아 놓거든."(FA 8, 300)

누군가가 온 세상의 밑바닥에 자기 자신을 유리 종이처럼 깔아 놓아서 거울로 만든다면, 그렇게 만든 거울에서는 항상 자신만 볼 수 있을 것이다. 어디서든 오직 거울에 비친 자신만을 보게 되는 인간은 진짜 나르시스다. 에두아르트가 바로 이러한 인물이다. 오틸리에가 왼쪽에 두통이 있다는 이야기를 읽으면서도 에두아르트는 거기에 비친 자신의 모습을 보려고 한다. 그리고 오틸리에에 게서 자신의 거울상을 볼 수 있다는 상상만으로 그녀를 마음에 들어 한다. 오틸리에가 에두아르트의 장원으로 온 이후, 에두아르트는 그녀와 지내는 시간이 점점 더 많아지고, 마음속에 그녀에 대한 호감이 생겨난다. 그런데 이 시점에 에두아르트가 오틸리에에 대해서 느끼는 것과 이 상황에 대한 서술자의 서술 사이에는 미묘한 차이가 있다.

> "그녀[오틸리에]는 **누구에게나** 잘 돌봐줄 준비가 되어 있었고 맘에 들도록 행동했다. 그[에두아르트]**의 자기애**에는, 그녀가 **그에게 가장 맘에 들도록** 잘해주는 것으로 보이는 것 같았다."(FA 8, 320, 인용자가 강조함)

오틸리에는 모든 사람에게 친절하고 최선을 다한다. 그런데 에두아르트는 오틸리에가 유독 자신에게 가장 친절하고 가장 마음에 들게 행동한다고 여긴다. 서술자에 따르면, 그가 그렇게 여기는 이유는 그의 '자기애' 때문이다. 에두아르트는 보이는 것을 보는 것이 아니라 보고 싶은 것을 본다. 그리고 보고 싶은 것의 중심에는 늘 에두아르트 자신이 있다. '자기애'에 가득 찬 시선은 나르시스의 중요한 특징이다. 에두아르트의 나르시스적 시선에 대한 오틸리에의 반응은 어떠한가? 이와 관련해서는 두 가지 대표적인 에피소드만 언급하려고 한다. 첫 번째 에피소드는 에두아르트와 오틸리에의 합주 장면이다. 에두아르트는 플루트를, 오틸리에는 피아노를 연주한다. 서술자는 이 둘의 합주를 에두아르트와 그의 아내 샤를로테의 합주와 비교한다. 샤를로테는 "능숙한 솜씨와 자유로운 의지"에 따라, "때로는 머뭇거리고, 때로는 서두르는 남편을 위해 여기서는 멈추고 저기서는 함께 맞춰 가기도 하는"(FA 8, 328) 훌륭한 연주 능력을 보여 주었다. 샤를로테의 연주는 에두아르트의 연주에 잘 맞춘 것이었다. 이와 비교하여 서술자는 오틸리에의 연주를 이렇게 설명한다.

"청중들은 주목했다. 그리고 오틸리에가 그 곡을 혼자 얼마나 완벽하게 익혔는가에 놀랐다. 그런데 더 놀랐던 사실은 그녀가 에두아르트의 연주 방식에 그 곡을 맞춰 연주할 줄 알았다는 것이다. '맞춰 연주할 줄 알았다.'는 말은 적절한 묘사가 아니다. 왜냐하면 [⋯] 이 부부가 그 소나타를 연주하는 것을 몇 번 들었던 오틸리에는 마치 에두아르트가 그녀에게 맞춰 반주하는 것처럼 여겨질 만큼 그 소나타를 완전히 자기 것으로 만든 것으로 보였기 때문이다. 그녀는 그의 결함을 자신의 결함으로 만들어 버렸고, 그래서 그로부터, 박자에 들어맞게 움직이지는 않았지만 그래도 매우 편안하고 마음에 드는 소리를 내는 일종의 생생한 전체가 다시 생겨났다."(FA 8, 328)

오틸리에는 에두아르트의 연주에 맞춰 반주한다. 그럼에도 오히려 에두아르트가 오틸리에에게 맞춰 반주하는 것처럼 보인다. 왜냐하면 오틸리에는 이 작품을 완전히 소화해서 자기 것으로 만들었고, 그렇게 소화한 정도가 너무도 완벽해서 심지어 에두아르트의 '결함'조차도 자신의 '결함'으로 만들어 버렸기 때문이다. 오틸리에는 에두아르트의 결함을 보완하고 수정해 주는 연주가 아니라 에두아르트의 결함을 자신의 결함으로 만든다. 오틸리에가 에두아르트와 함께 연주함으로써 '일종의 생생한 전체를 다시' 만들어 내는 방식은, 거울로 모습을 그대로 되비추듯이, 에두아르트의 연주를 그대로 담아 내는 방식으로 이루어진다. 오틸리에가 에두아르트와 함께 하는 연주는 오틸리에 자신만의 고유한 연주가 아니다. 결함까지도 에두아르트의 것을 그대로 담아 낸 오틸리에의 연주는 따라서 에두아르트 연주의 거울상이 된다.

오틸리에가 청서한 필사본을 에두아르트 자신의 원본 문서와 비교하는 장면 역시 오틸리에와 에두아르트의 관계를 극적으로 보여 준다. 에두아르트는 오틸리에가 필사한 것을 하나씩 들여다 본다. 처음 몇 장은 "섬세하고 여성적인 필체로" 쓰여 있다. 그리고 점차 필체가 "보다 가볍고 자유롭게"(FA 8, 355) 바뀌어 간다. 마침내 마지막 몇 장을 본 에두아르트가 놀라서 외친다.

> ""이건 뭐지? 이건 내 필체잖아!" 그는 오틸리에를 유심히 바라보고 다시 종이들을 봤다. 특별히 마지막 부분은 그가 직접 쓴 것 같았다. 오틸리에는 말이 없었다. 하지만 그녀는 매우 만족해하면서 그의 눈을 들여다보았다. 에두아르트는 두 팔을 높이 들었다. "너는 나를 사랑하는구나!"라고 크게 외쳤다. "오틸리에, 너는 나를 사랑하고 있는 거야!" 그리고 그들은 서로 껴안았다. 누가 먼저 껴안았는지 구별할 수 없었을 것이다."(FA 8, 355)

에두아르트가 자신을 향한 오틸리에의 사랑을 확신하고 확인하는 장면이다. 오틸리에의 필체가 점차 변해서 자신의 필체와 같아졌다는 사실이 사랑의 증거이다. 이들은 누가 먼저랄 것도 없이 서로의 사랑을 확인한 듯 껴안는다. 이러한 사실을 볼 때, 단지 에두아르트만 자신을 향한 오틸리에의 사랑을 확인한 것이 아니라 오틸리에도 자신의 사랑을 입증했음을 확신하는 듯하다. 오틸리에는 자신이 구현한 에두아르트의 필체에서 사랑을 확인하는 에두아르트를 '매우 만족해하면서' 바라본다. 에두아르트는 이번에도 오틸리에의 필체에서 자신의 필체를 발견한다. 그리고 오틸리에는 이번에도 에두아르트를 재현한다. 상대방에서 자신이 보고 싶은 것, 즉 자신의 거울상을 봄으로써 에두아르트가 사랑을 확인한다면, 오틸리에는 거울이 되어 상대방의 모습을 되비추어 보여줌으로써 사랑을 확인한다. 이러한 둘의 관계는 분명 '나르시스와 에코'라는 신화적 원형의 변주이다.

'나르시스와 에코'의 관계가 그러하듯이, 에두아르트와 오틸리에 사이에서 볼 수 있는 거울과 거울인식의 관계는 둘이 지닌 각각의 특성을 통해 점점 더 강화된다. 오틸리에와 떨어져 있어야만 했던 상황에서 에두아르트가 보여 준 모습이 그러하다. 집을 떠난 에두아르트는 오틸리에에 관한 생각에서 벗어날 수 없다. 이때 에두아르트는 오틸리에에 대한 그리움을 달래기 위해 편지를 쓴다. 그런데 그 방식이 매우 특이하다. 그는 오틸리에의 이름으로 자신에게 편지를 쓰고, 그 편지에 대한 답장을 쓰고, 다시 오틸리에의 이름으로 편지를 쓴다. 이러한 시도가 가능한 것은 일차적으로는 둘의 필체가 같기 때문이다. 오틸리에의 이름으로 쓴 편지와 그 편지에 대한 에두아르트의 답장은 사실 어느 것이 누구의 편지인지 구분하기도 쉽지 않다. 외견상으로는 필체가 같기 때문이며,

동시에 내적으로는 모든 편지가 에두아르트의 마음이자 그 마음의 거울상이기 때문이다. 오틸리에의 이름으로 자신에게 쓴 편지에는 당연히 에두아르트의 생각과 마음이 담겨 있고, 그 편지를 읽는 에두아르트는 오틸리에의 이름으로 된 편지에서 실제로는 자신을 읽게 된다. 이런 시도를 하는 에두아르트는 오틸리에와 떨어져 있어서 누리게 되는 "유일할 즐거움 한 가지"(FA 8, 387)에 대해서 말한다. 그것은 그녀에 관한 꿈을 꾸는 것이다. 그가 꾸는 꿈은 이렇다.

> "그녀와 함께 나에게 벌어지는 것은 모두 서로 뒤섞여 버리고 서로 중첩됩니다. 때로는 우리가 어떤 계약에 서명하기도 합니다. 거기에는 그녀의 손과 내 손이, 그녀의 이름과 내 이름이 있습니다. 둘이 서로를 지웁니다. 둘이 서로 뒤얽혀 버립니다."(FA 8, 387)

혼자 주고받는 편지가 누구의 편지인지 구분하기 어려운 것처럼, 꿈속에서 만나는 에두아르트와 오틸리에는 서로의 손과 이름이 지워지고 뒤얽혀서 어느 것이 누구의 손이고 어느 것이 누구의 이름인지 분별해 내기 어려운 상태가 된다.

서로 떨어져 있던 두 사람이 다시 만나게 되는 것은 에두아르트와 샤를로테 사이에서 아들 오토가 태어나고 에두아르트는 훈장을 가득 단 채로 전쟁에서 돌아온 이후다. 소령으로 진급한 친구와 함께 샤를로테에게로 향한다. 그녀를 설득해서 소령과 결혼하도록 하고 자신은 오틸리에와의 관계에서 "행복한 결말"(FA 8, 491)을 이뤄 내기 위해서였다. 공원의 숲을 지나 호수로 향한 에두아르트는 "이 호수의 거울 같은 수면을 처음으로 완전하고 순수하게 바라보았다."(FA 8, 491) 이 장면은 맑은 물에 자신을 비춰보는 나르시스를 연상시킨다. 오틸리에를 다시 찾아온 에두아르트는 여전히 나르시스이다. 이때 에두아르트는 오틸리에를 만나게 되고, 그녀가 품에 안고 있는 오토를 처음으로 본다. 에두아르트는 두 가지 사실 때문에 놀란다. 우선 오토가 친구 "소령의 모습"을 그대로 닮았기 때문에 놀란다. 이는 에두아르트의 착각이 아니다. 오토를 본 다른 사람들도 그렇게 느꼈기 때문이다. 뿐만 아니라 에두아르트는 이 아기의 "커다랗고 검고 또렷한 두 눈"이 오틸리에의 눈과 똑같기(에두아르트는 오틸리에에게 "이건 너의 눈이야"라고 말한다) 때문에 놀란다.(FA 8, 492) 오토의 눈이 오틸리에의 눈을 그대로 닮았다는 사실을 근거로, 에두아르트는 "이 아이는 이중의 간통에서 생겨났어!"(FA 8, 492)라고 오틸리에에게 말한다. 그리고 그녀에게 호소한다.

> "이 애가 나에게 불리한 증언을 해 준다면, 이 놀랍도록 아름다운 두 눈이 네 눈에, 다른 여자의 품에 안긴 내가 너의 것이었다고 말해 준다면 좋겠어. 네가 느낀다면, 오틸리에, 내가 그때 저지른 잘못, 그때 저지른 범죄를 오직 네 품 안에서만 속죄할 수 있다는 걸 네가 정말 제대로 느낀다면 좋겠어."(FA 8, 492)

에두아르트는 우선 오토의 눈이 전해주는 메시지가 자신에게 불리한 증언이었으면 좋겠다고 말한다. 불리한 증언이란, 이어지는 말에서 드러나듯이, 자신이 다른 여자의 품에 안겼다는 사실일 것이다. 그는 이 사실을 '잘못', '범죄'라고 부른다. 하지만 에두아르트가 진심으로 말하고자 하는 바는 잘못을 속죄하는 고백이 아니다. 그가 말하고 싶은 것은, 다른 여자의 품에 안겼음에도 불구하고 자신은 오틸리에의 남자였고, 그랬기 때문에 자신을 품에 안았던 다른 여인, 즉 자신의 아내 샤를로테가 낳은 아기가 오틸리에의 눈을 그대로 닮았다는 사실이다. 그가 실제로 강조하고 싶은 것은 오토(또는 오토의 눈)는 오틸리에를 향한 자신의 사랑의 증거라고 말하고 싶은 것이다. 자연의 법칙으로는 설명할 수 없는, 그렇기에 우연일 수밖에 없는 이 현상에 에두아르트는 마치 필연인 듯한 의미를 부여한다. 그리고 이를 근거로 그는 잘못에 대해 속죄하는 유일한 방법으로 오틸리에의 품에 안길 수 있길 요구한다. 에두아르트의 이러한 요구는 자기 잘못에 대한 속죄라기보다는 속죄를 핑계로 오틸리에를 유혹하고 싶은 욕망의 투사일 뿐이다.

에두아르트의 이러한 요구가 얼마나 자기중심적이며 매 순간 오로지 자기 자신만을 읽어 내려는 것인지는 앞서 있었던 오토의 세례식에 함께한 오틸리에를 살펴보면 짐작할 수 있다. 오틸리에는 오토를 팔에 안고 있다. 그녀는 아기를 내려다보다가 깜짝 놀란다. 왜냐하면 "그녀는 자기 눈을 들여다보고 있다고 생각"(FA 8, 457)했기 때문이다. 이 세례식에서 충격적이 일이 벌어지는데, 이 세례식의 집례를 맡았던 늙은 성직자가 갑작스럽게 죽는다. "탄생과 죽음, 관과 요람을 이렇게 직접 나란히 보고 생각하는 것"은 누구에게나 "어려운 과제"다. 이는 오틸리에에게도 마찬가지였을 텐데, 오틸리에의 내적 상태에 대한 서술자의 진술은 좀 낯설다. 숨을 거둔 후 "친절하고 따뜻한 표정"으로 누워 있는 늙은 성직자의 모습을 오틸리에는 "일종의 질투를 느끼면서"(FA 8, 458) 바라본다. 죽은 사람에 대해서 질투를 느끼는 이유는 무엇일까? 서술자는 이렇게 설명한다. "그녀 영혼의 생명은 죽은 상태였다. 왜 육체는 여전히 유지되어야 하는가?"(FA 8, 458) 자기 눈을 닮은 오토를 보면서 오틸리에는 영혼의 생명이 끊어짐을 경험한 듯하다. 에두아르트에 대한, 그리고 샤를로테에 관한 생각 때문일 것이다. 영혼이 죽은 상태인 오틸리에는 육체의 생명을 유지해야 할 필연적 이유를 찾지 못하고 있다. 그래서 도리어 육체의 죽음을 맞이한 늙은 성직자에게 질투를 느끼는 것이다. 오틸리에가 오토의 눈을 보면서 자신의 영혼이 죽게 되는 상황을 마주했다면, 이제 오틸리에를 다시 만난 에두아르트는 오토의 눈을 근거로 오틸리에가 자신과 다시 결합해야 할 필연성을 강조한다. 결국 에두아르트는 오틸리에에게 다시 한번 자신의 욕망을 되비추는 것이다. 에두아르트의 이러한 요구에 오틸리에는 "저는 당신의 것이에요. 그녀[샤를로테]가 기꺼이 허락하는 한에서요. 허락하지 않으면 저는 당신을 체념해야만 해요."(FA 8, 493)라고 답하면서, 에두아르트에게 떠나 달라고 요구한다. 헤어지는 장면이다.

"에두아르트는 그녀를 **처음으로** 격정적인 눈빛으로 바라보다가

그녀를 꼭 자신의 품에 안으면서, "너의 말대로 할게."라고 외쳤
다. 그녀는 자신의 두 팔로 그를 감싸 안고 그를 아주 부드럽게 가
슴에 꼭 껴안았다. 하늘에서 떨어지는 별처럼 희망이 그들의 머
리 위로 지나갔다. 그들은 서로에게 속한다고 생각했고 그렇게
믿었다. 그들은 **처음으로** 마음껏 거리낌이 없이 입을 맞추었고
억지로 고통스럽게 헤어졌다."(FA 8, 493, 인용자가 강조함)

'처음으로' 격정적인 사랑의 입맞춤을 나누는 이 장면은, 마치
'희망'의 약속인 것처럼 묘사된다. 하지만 에두아르트와 오틸리에
의 격정적인 만남과 헤어짐은 실제로는 '희망'의 약속이 아닌 비
극적 사건의 출발점이 된다. 이 만남과 헤어짐 이후 마음이 "산란
하고 동요된"(FA 8, 493) 오틸리에가 실수로 오토를 물에 빠뜨리기
때문이다. 오토의 죽음 이후 에두아르트와 오틸리에는 다시 만나
기는 하지만, 더는 서로 대화를 나누지 못한다. 오틸리에가 침묵
에 빠졌기 때문이다. 성으로 돌아온 후에도 오틸리에는 먹을 것도
입에 대지 않으면서 여전히 침묵을 고수했다. 그럼에도 에두아르
트는 그녀와 함께 있는 것만큼 자신을 행복하게 해 주는 게 없다
고 여긴다. 이러한 행복감은 오틸리에도 동일하게 느낀다.

"그녀도 이러한 행복한 **필연성**을 벗어날 수 없었다. 예나 지금이
나 그들은 서로를 향해 형용하기 어려운 **거의 마법과 같은 끌어
당기는 힘**을 발산했다."(FA 8, 516, 인용자가 강조함)

에두아르트와 오틸리에가 서로를 향해 발산하는 '끌어당기는 힘'은 마법과 같다. 왜냐하면 서로에 대해서 생각하지도 않고, 서로 다른 일을 하고 있더라도, 그리고 다른 사람들의 요구로 이리저리로 옮겨야 할 때도, 이 두 사람은 오래 걸리지 않아 서로 나란히 서 있거나 나란히 앉아 함께 있게 되기 때문이다. 에두아르트는 오틸리에에게 끊임없이 자기 자신을 비추어 보고, 오틸리에는 지속적으로 에두아르트 되비추기를 반복한다. 그러니 이 두 사람이 서로를 끌어당기는 힘은 '거의 마법처럼' 강력할 수밖에 없다. 이 끌어당기는 힘이 '마법과 같은' 또 다른 이유는 오틸리에가 이미 에두아르트를 '체념'하기로 강력하게 결단하였음에도 불구하고 이 힘은 여전히 작동하여 두 사람을 함께 존재하도록 만들기 때문이다. 마법같이 서로를 끌어당기는 힘에 따라 결국 함께 있게 되는 행복함은 이 두 사람에게는 피할 수 없는 하나의 '필연성'이다.

"단지 서로 **가장 가까이에 있는 것**만이 그들[에두아르트와 오틸리에]을 안정시킬 수 있었다. 정말이지 완전히 안정시킬 수 있었다. 그리고 이러한 **가까이 있음** 그것만으로 충분했다. 어떤 눈길도, 어떤 말도, 어떤 몸짓도, 어떤 접촉도 필요하지 않았다. **오직 순수하게 함께 있음**만 필요했다. 그러고 나면 두 사람이 존재하는 것이 아니었다. 무의식적이고 완전한 편안함 속에서, 자기 자신에게 만족하는 그리고 세계에 대해서 만족하는 **오직 단 '한' 사람**만이 존재했다."(FA 8, 516, 인용자가 강조함)

마법처럼 서로를 끌어당기는 힘을 지닌 에두아르트와 오틸리에에게는 다른 조건은 모두 배제하고 오직 순수하게 함께 존재하는 것만이 중요했다. 그들은 함께 있으면 완벽한 편안함을 느끼고, 스스로에게뿐만 아니라 자신의 외부에 존재하는 세계에 대해서도 만족한다. 그들이 순수하게 함께 있는 것은 둘 다 결코 피해갈 수 없는 필연성이다. 피할 수 없는 필연성에 따라 완벽한 편안함을 구현하는 에두아르트와 오틸리에는 이제 더는 서로 구분되지 않는다. 그렇기에 이 두 사람은 두 명이 아니다. 이 두 사람은 **오직 '단 한 명의 사람'으로만 존재**한다. 제1부 4장의 화학적인 비유에 관한 그 유명한 대화에서 언급되었듯이, 선택적 친화력이라는 "자연필연성"(FA 8, 304)에 따라 **두 요소**가 결합하여 **하나의 물질**이 되는 법칙이 구현되는 것이다. 하지만 이렇게 완벽해 보이는 두 사람의 결합은 희망찬 새로운 시작이 아니라 끝을 가리킨다. 얼마 지나지 않아서 오틸리에는 세상을 떠난다. "오틸리에는 이미 오래전부터 거의 아무것도 먹지 않은 거나 다름없었다."(FA 8, 522)는 사실이 밝혀진다. 그리고 얼마 후 에두아르트도 죽은 채 발견된다.

인간 고유의 영역에서도 관철되는 '하나의 자연'의 원리, 즉 '흐릿하고 열정적인 필연성'이라는 근본 원리는 에두아르트와 오틸리에의 관계를 이해하는 데 어떤 의미를 지닐까? 에두아르트와 오틸리에의 '완벽한' 결합(둘이 하나가 되는 것만큼 완벽한 결합이 또 있을까?)은 왜 비극적 결말을 맞을 수밖에 없었을까? 이에 답하려면 우선 다음과 같은 질문을 던져야 한다. 거울에서 자신을 인식하려는 에두아르트의 시도는 적절한 것일까? 앞서 이 책의 15장에서 언급했듯이, 괴테는 거울을 통한 자아 인식에 대해서 비판적인 견해를 갖고 있다. 보통 거울을 통해서는 있는 그대로의 나를 인식할 수 있다고 여기지만, 실제로는 그렇지 않다는 것이다. 거울은 **있는 그대로의 나**를 되비춰 주는 것이 아니라, 모습의 왼쪽과 오른쪽을 바꿔 놓음으로써 차이를 발생시킨다. 신화 속의 나르시스가 맑은 물에 비친 자신을 모습을 봤을 때도 이러한 차이의 발생은 피할 수 없다. 만일 거울에 비친 모습이 원래 나의 모습이 아니라 (에두아르트처럼) 내가 만들어 낸 모습을 투사한 것이거나 다른 사람이 만들어 낸 것이라면, 이 경우의 거울인식은 더욱더 문제적일 수밖에 없다. 왼쪽에 두통을 갖고 있는 오틸리에, 에두아르트의 결함까지도 자신의 결함으로 만들어 낸 오틸리에의 합주, 에두아르트의 필체를 너무도 닮은 오틸리에의 필체, 이 모든 것은 에두아르트 자신의 모습이 아니라 오틸리에가 산출해 낸 것이다. 그런데 그것을 에두아르트는 거울에 비친 자신으로 인식한다. 이때 에두아르트는 자신의 거울인식이 만들어 내는 차이는 전혀 인지하지 않고 단지 보고 싶은 것, 자신과 같은 것만을 인지한다. 모든 거울인식에 담겨 있는 본질을 놓친 셈이다. 괴테에게는 거울인식에서 차이(의 발생)를 아는 것이 중요하다. 거울이 차이를 만들어 낸다는 사실을 깨닫지 못하고, 거울에서 자아 인식에 도달했다고 여기는 것은 따라서 위험하다. 더구나 자기 인식은 자신의 내면을 들여다보거나 거울을 통해서 얻게 되는 것이 아니라, 세계와 관계 맺음을 통해서 가능하다는 것이 괴테의 확신임을 떠올린다면 거울인식이 지닌 문제는 분명해 보인다.

인식의 과정에서 차이의 발생을 알아채지 못하는 것은 오틸리에에도 마찬가지다. 오비디우스의 『변신 이야기』에 따르면, 에코는 원래 명랑하고 말하기를 즐겨하는 성격이었다. 하지만 헤라의 저주 이후 눈에 띄지 않게 숨어 살아야 했고, 듣는 말의 끝부분만 따라 하는 요정이 된다. 나르시스를 보자마자 사랑에 빠진 에코는 나르시스가 하는 말의 끝부분만 따라 한다. 오틸리에가 에두아르트의 거울이 된 것처럼 보이는 것은 에코의 이 같은 모습의 변주이다. 에코의 반복은 반복되는 것의 동일한 재현이 아니다. 기본적으로 끝말만 따라 한다는 점에서 그러하고, 소리 자체도 나르시스의 목소리와 같을 수 없다. 하지만 오틸리에는 자신이 에두아르트를 반복하고 재현한다고 여기는 듯하다. 또한 오틸리에의 반복과 재현은 에두아르트에게는 거울인식의 확신을 가져다준다.

거울과 거울인식이라는 관계를 맺고 있는 이 두 인물은 서로가 서로에게 필요한 존재다. 상대방을 통해 거울의 역할과 거울인식이라는 각각의 욕망을 채워가기 때문이다. 이들 둘이 '단 하나의 사람'이 된 것은 거울인식의 과정에서 발생하는 차이를 간과한 것일 뿐만 아니라 두 사람이 각각의 개인으로서 지닌 자신만의 고유성을 인정하지 않는 것이기도 하다. 괴테는 이미 1780년 9월 20일 라바터에게 보내는 편지에서 "개인에 관하여 진술하는 것은 불가능하다."고 쓴 적이 있다. 이 말은 개인의 고유성은 그 누구도 대신할 수 없다는 뜻이다. 개인의 고유성에 관한 괴테의 이러한 견해는 그가 『색채론』에서 제시한 '흐릿함'의 의미와 같은 맥락이라고 볼 수 있다. '흐릿함'과 관련하여 괴테가 강조한 것은 경계의 중요성, 그리고 경계 넘기이다. 이때 경계가 중요한 이유는 서로의 다름을 존중한다는 의미이고, 경계 넘기란 다름을 제거해서 같아지는 것이 아니라 서로 다른 것들이 자신만의 다름을 지닌 채 중첩되는 것이다. 그리고 『색채론』에서 다름의 중첩으로서의 경계 넘기를 가능하게 하는 것이 바로 '흐릿함'이었다. 에두아르트와 오틸리에가 하나가 되었다는 말은 경계 넘기를 한 것이 아니라 경계를 제거하는 것과 다르지 않다. 경계를 제거하는 것은 다름을 인정하지 않는 것이며, 그렇기에 경계를 제거하는 것은 파괴적일 수 있다. 진술할 수 없는 개인의 고유성을 깨뜨리는 것이기 때문이다.

에두아르트와 오틸리에가 '단 하나의 인간'이 되는 것은, 제1부 4장에서 선택적 친화력에 관한 비유에서 언급되는 것처럼, "서로에게서 어떤 것도 변화시킴 없이 재빨리 만나서 하나로 합쳐지는"(FA 8, 302) 물질들과 유사하다. 대위는 '선택적 친화력'이라는 개념을 화학적 원리로 사용하는 것이 정당하다는 사실을 이렇게 같이 설명한다.

"우리가 석회석이라고 부르는 것은 어느 정도 순수한 상태의 석회토인데, 이 석회토 안에는 일반적으로 기체로 알려진 부드러운 산이 결합되어 있습니다. 이 석회석 한 조각을 희석한 황산에 넣으면 황산이 석회와 결합하여 석고가 됩니다. 반대로 [석회석과 결합해 있던] 그 부드러운 기체 상태의 산은 날아가 버립니다. 여기서 **분리**가, **새로운 결합**이 발생합니다. 그래서 사람들은 이제 심지어 **선택적 친화력**이라는 단어를 사용하는 것이 타당하다고 생각하는 것입니다. 왜냐하면 실제로 어떤 관계가 다른 관계보다 선호되고, 어떤 것이 다른 것보다 앞서 선택되는 것으로 보이기 때문입니다."(FA 8, 304, 인용자가 강조함)

에두아르트와 오틸리에는 서로에게서, 또 서로를 위해 무언가를 변화시키지 않고도 자연스럽고 강력하게 서로에게 끌린다. 석회와 황산이 결합하여 견고한 석고를 형성하듯이 이 두 사람은 서로를 향해 발산하는 '거의 마법에 가까운 끌어당기는 힘'으로 단단하게 결합한다. '단 하나의 사람'이 된 것이다. '한 사람'이 되었다는 말은 분명 선택적 친화력의 표현이다.

선택적 친화력을 가리키는 것으로 보이는 '열정적 필연성'은 항상 경계를 제거하고 반드시 '하나 되기'를 추구하는가? 괴테가 말한 바에 따르면, "극소수의 사람만이 다른 사람에게서 **있는 그대로**의 그를 사랑한다". 이러한 사랑은 "단지 그들이 그에게 부여한 것만, 즉 자기 자신을, 그리고 그에 관한 그들 자신의 표상을 사랑하는 것"과는 분명히 다르다. '있는 그대로'의 상대를 사랑하는 것은 경계를 기준으로 다름을 인정하고, 다름이 중첩되는 방식으로 그 경계 넘기를 시도하는 것이다. 이에 비해 에두아르트와 오틸리에는 자신이 상대방에게 부여한 것을 **사랑하는 것**이 자기 자신을 사랑하는 것이 되어 버렸고, 결국 경계를 지워버리는 결과를 초래한 것이다. '있는 그대로' 사랑하는 것 역시 사랑이라는 점에서 '열정적 필연성'의 표현이다. 만일 '열정적 필연성'이 '있는 그대로'의 상대를 사랑하는 것으로 표현될 수 있다면, 에두아르트와 오틸리에의 경우처럼 항상 반드시 경계를 해체하는 것이어야만 하는 것은 아닐 수도 있다.

  '완벽한 결합'을 통해 '단 하나의 사람'이 된 이 두 사람의 관계가 극단적 비극으로 끝난 것은 '흐릿하고 열정적인 필연성의 흔적들'이 **제어할 수 없는** 방식으로 관철'된 것과 무관하지 않다. 괴테에게 '체념'은 삶의 제한성을 인정하는 것을 뜻했다. 하지만 오틸리에가 작품의 마지막에서 모든 섭식을 중단함으로써 목숨을 끊는 장면은 '삶의 제한성을 인정하는 것'이라는 체념 개념으로는 다 설명할 수 없다. 이런 점에서 오틸리에의 죽음은『빌헬름 마이스터의 편력시대』에서 탑사회의 구성원들이 공동체를 건설하고 스스로 선택한 질서를 세우기 위해 자신들의 실존적 안전을 포기한다는 의미의 체념과는 분명히 다르다. 하지만 또한 분명한 것은 오틸리에의 죽음은 체념에 대한 그녀의 결심과 무관하지도 않다는 사실이다. 오틸리에가 처음으로 에두아르트를 체념하겠다고 결심하는 것은 오토가 태어난 직후이다. 오토를 보며 오틸리에는 에두아르트에 대한 사랑을 완성하기 위해서는 오히려 그를 체념해야 한다는 사실을 깨닫는다. 그리고 오토가 죽은 후에는 에두아르트에 대한 사랑으로부터 출발했던 체념이 속죄의 결심과 결합한다. 오토와 샤를로테를 향한 속죄가 이루어졌다고 오틸리에가 믿을 수 있는 것은 "완전한 체념"을 통해서 뿐이었다.

"그녀는 이제 자신에게 스스로 가하는 어떤 폭력도 더 이상 필요로 하지 않았다. 그녀는 **완전한 체념**이라는 조건 아래에서만 그녀의 마음 깊은 곳에서 자기 스스로를 용서할 수 있었다. 그리고 [완전한 체념이라는] 이 조건은 **영원히** 피할 수 없는 것이었다."(FA 8, 502)

오틸리에의 '완전한 체념'은 이후 보다 극단적인 형태로 표현되어 삶을 스스로 마감하게 된다. 삶의 한계를 인정하고 그 한계로부터 거리를 두기 위한 시도가 체념이라면, 오틸리에의 체념은 완벽한 결합을 지향하는 '열정적 필연성'으로부터 벗어나려는 시도였던 것 같다. '흐릿하고 열정적인 필연성의 흔적들'이 인간의 '이성과 의지'로는 전혀 제어할 수 없는 방식으로 관철되고 있다면, 그리고 '완전한 체념'이 '영원히' 유효하다면, 이러한 한계에서 벗어나기 위한 체념은 강력한 방식으로 표출될 수밖에 없을 것이다. 괴테가 광고문에서 표현하고 있듯이 이 필연성의 흔적들을 '이번 생에서 지울 방법은 없기' 때문이다.

'있는 그대로' 사랑하는 방식으로 '열정적 필연성'을 충족해 갈 수 있다면, 이러한 '열정적 필연성'은 '단 하나의 사람'이 되는 것과 같은 완벽한 결합을 추구하지 않을 것이다. '있는 그대로' 사랑하는 것은 다름을 인정하는 것이고, 그 다름의 위에 또 다른 다름을 중첩하는 것이기 때문이다.

새로운, 하지만 너무 이른 시도
—『빌헬름 마이스터의 편력시대』

실러의 죽음 이후 괴테는 자기 작품을 위한 미학적 방향을 새롭게 설정한다. 이러한 새로움이 가장 두드러지게 나타나는 것이 소설 분야다. 괴테의 존재 절반을 차지하던 실러가 그의 곁을 완전히 떠난 후에 쓰인 소설이 『친화력』과 『빌헬름 마이스터의 편력시대』다. 『빌헬름 마이스터의 수업시대』가 실러의 적극적인 참여로 이루어 낸 결과물이었다면, 더는 그의 생각을 물을 수 없는 상태에서 탄생한 것이 위 두 편의 소설이다. 따라서 두 작품은 여러 면에서 『수업시대』와 다를 수밖에 없었다. 잘 알려져 있듯이 『친화력』과 『편력시대』는 발을 딛고 있는 토대가 유사하다. 특히나 『친화력』은 원래 『편력시대』에 삽입하기 위해 구상한 여러 편의 단편소설 중 하나였다. 두 소설 모두 '체념Entsagung'을 핵심 주제 중 하나로 삼고 있다는 점 역시 태생적 공통성을 드러내 준다.

괴테는 『수업시대』를 완성한 후 이 소설에 등장하는 인물들이 계속해서 등장하는 연속물을 써야겠다고 생각하던 참이었다. 그는 이러한 생각을 실러에게 보낸 1796년 7월 12일 자 편지에 밝힌다. 하지만 괴테는 그로부터 10년도 더 지난 1807년 5월 중순이 되어서야 『편력시대』 집필에 집중하게 된다. 5월 17일의 일기에는 "아침 6시 반에 『빌헬름 마이스터의 편력시대』 첫 번째 장 구술을 시작하다."라고 기록되어 있는데, 『편력시대』의 구술 작업은 5월 22일까지 매일 진행되었다. 괴테의 비서 리머의 일기에도 5월 17일에는 「이집트로의 도피」를, 5월 21일에는 「새로운 멜루지네」를 구술한 것으로 기록되어 있다. 집필 작업은 비교적 순탄하게 잘 이루어졌다. 1809년 11월 20일 리머의 일기에 "부활절에 『편력시대』의 제1권을 보낼 계획"이 언급된 것을 보면 머지않아 『편력시대』의 출판도 가능할 것으로 기대했던 것 같다. 하지만 집필 작업은 예상대로 진행되지 않았다. 괴테가 1년이 지난 1810년 11월 16일 출판업자 코타에게 보낸 편지를 보면, 『편력시대』의 집필은 잘 진행되지 않고, 그 대신 자서전인 『시와 진실』이 괴테의 관심을 끌고 있다는 것을 알 수 있다.

"『편력시대』의 집필은 더 이상 진행되지 않고 있습니다. […] 내가 여름 여행으로부터 집으로 가져온 것 중 가장 좋은 것은 나의 전기에 관한 개요입니다. 이 개요는 적어도 기본적인 구상에 있어서는 상당히 완성된 상태입니다. 이제 이 개요를 바탕으로 개별적인 부분을 다듬는 작업을 하고 있습니다. 지금 나의 관심은 나의 전기를 쓰는 일에 가장 많이 집중되고 있습니다.

괴테가 편지에서 고백한 대로 『편력시대』에 들어갈 계획이었던 단편소설 몇 편만 별도로 출판된 채『편력시대』의 완성은 기약 없이 미뤄진다. 대신 괴테의 관심을 온통 끌었던 자서전 집필은 곧바로 결실을 본다.『시와 진실』제1부는 1811년에, 제2부와 제3부는 1812년과 1813년에 출판되었다. 그리고 마지막 부분인 제4부는 미완성인 채로 1831년 가을 출판된다. 괴테가『편력시대』작업을 다시 시작한 것은『시와 진실』제3부까지 출판한 후인 1819년이 되어서다.『편력시대』제1판의 마지막 편집 작업은 1821년 5월 초에 마무리되었고, 마침내『빌헬름 마이스터의 편력시대 또는 체념하는 사람들. 소설. 제1부*Wilhelm Meisters Wanderjahre oder Die Entsagenden. Ein Roman. Erster Teil*』라는 제목으로 첫 출판이 이루어졌다. 괴테는 바로 이어서 제2부를 집필하여 발표할 생각이었지만,『편력시대』는 "독자들에게 수수께끼같이 난해했기"(1821년 6월 8일 뮐러와의 대화) 때문에 매우 부정적이고 비판적인 반응이 주를 이루었다. 이는 당연히 괴테에게 많은 고민을 안겨주었다. 이러한 상황에서 괴테는 전혀 예상하지 못한 어려움에 맞닥뜨리게 된다. 푸스트쿠헨Friedrich Wilhelm Pustkuchen이라는 개신교 목사가 괴테를 비판하기 위해 괴테의『편력시대』가 출판되자마자『빌헬름 마이스터의 편력시대』라는 같은 제목의 소설을 익명으로 출판하였는데, 이 소설이 괴테의『편력시대』보다 더 큰 성공을 거두었기 때문이다. 푸스트쿠헨은 당시 보수적이었던 비판가들이 그러했던 것처럼 괴테를 종교와 도덕 그리고 질서를 파괴하는 자로 묘사하였다. 그런데 이러한 시도는 성공적이어서 그의『편력시대』는 1828년까지 5부에 걸쳐 출판되었을 정도다. 이러한 상황은 괴테가『편력시대』제2부의 집필에 전념하는 것을 방해했다. 괴테는 그 상황을 이렇게 표현했다.

> "전체적 연관관계, 목표 그리고 목적은 이 작은 책 자체 안에 들어 있습니다. 그것이 **하나의** 조각으로 이루어진 것은 아니지만, 그러나 **하나의** 의미로 이루어져 있습니다. 이로 인해 바로 다음과 같은 과제를 수행해야 합니다. 서로 다른 종류의 여러 가지 외적인 사건들이 서로 일치하는 것으로 느껴지도록 하는 것 말입니다."(1821년 9월 7일, 차우퍼Joseph Stanislaus Zauper에게 보내는 편지)

괴테는『편력시대』를 통해서 '하나의 의미'를 전달하고자 했지만,『편력시대』를 구성하고 있는 다양한 종류의 자료와 이야기들이 '하나의 완결된 조각'으로 보이지 않으므로 독자들이 이해하기 어려웠을 것이라는 뜻이다.『편력시대』의 제2부에 관한 본격적인 작업은 4년이 지난 1825년에야 다시 시작된다. 1825년 6월 27일 일기에 괴테는 "수업시대의 새로운 편집에 관하여 곰곰이 생각했다."라고 쓴다. 그리고 그다음 날에는 "편력시대를 두 부분으로 나누는 일을 함. 출판하지 않은 사전 작업 원고를 정리함"이라고 기록한다.『편력시대』를 2부로 구성하려는 이날의 계획은 이후 모두 3권으로 나누는 것으로 변경되었다. 괴테 연구자들은 1829년에 출판된 제2판의 제2권 7장의 끝부분에 있는「막간의 말」이 원래 2부로 구성하려고 했던 흔적이라고 본다.

괴테는『편력시대』의 제2부를 집필할 때 앞서 출판된 제1부를 그대로 두고 이어서 쓰는 방식이 아니라 작품 전체를 새로 구성하여 쓰는 방식을 택했다. 이러한 시도는『빌헬름 마이스터의 연극적 사명』을『수업시대』로 개정한 과정과 유사하다.『편력시대』제1판은 모두 18개의 장으로 이루어졌는데, 이 부분은 개정하는 작업을 통해 제2판의 제3권 9장까지에 담겼다. 괴테는『편력시대』제2판을 전집에 포함하여 출판했을 뿐, 단행본으로는 출판하지 않았다. 아마도 제1판을 출판한 후 맞닥뜨렸던 일반 독자들의 몰이해와 비난에 가까운 비판을 고려한 탓인 듯싶다. 위에서 인용했듯이『편력시대』제1판을 출판한 후 차우퍼에게 쓴 편지에서 밝혔던 괴테의 생각은『편력시대』제2판을 발표한 후에도 여전히 유효했다. 로흐리츠Johann Friedrich Rochlitz(1769~1842)에게 보낸 편지에서 괴테는『편력시대』를 "극도로 이질적인 개별적인 것들을 단지 연결하기 위해 시도된 것"(1829년 7월 28일)이라고 소개한다. 그리고 "삶 자체가 그러하듯이" 이 소설에서는 "전체라는 복합체 안에서 필연적인 것과 우연한 것"의 연결이 "때로는 성공하고 때로는 실패"하는 것으로 그려진다고 말한다. 이를 통해 "이 작품은 일종의 무한성을 획득하게 되며, 이 무한성은 지성적이고 이성적인 말로 파악할 수도 없고 다 담아낼 수도 없다."(1829년 11월 23일)고 평가한다. 삶이 온전히 이해될 수 없듯이, 그 삶을 닮은『편력시대』도 논리적인 말로 온전히 설명하는 것이 어렵다고 작가 스스로 생각한 터다.

　『편력시대』에 대한 괴테의 판단은 그의 미학적 경향이 새로운 지향점을 찾고 있음을 보여 준다. 괴테는 자신의 예술적 경향이 당대의 독자나 비평가의 눈에 상당히 낯설게 보인다는 것을 명료하게 인식한 상태에서『편력시대』의 제2판을 써야 했다. 그런데『편력시대』의 제2판을 출판하던 1829년쯤의 괴테는 자신의 미학적 경향이 독자들의 기대를 만족시키지 못하는 정도가 아니라 독자들이 기대하는 방향과 근본적으로 다르다는 사실을 분명히 알아차렸다. 실러의 죽음 이후 새로운 시작이 필요함을 절감했던 괴테는 새로운 방향으로 예술적 작업을 진행해 가고 있었지만, 아마도 이 새로운 시작은 너무 이른 것이었는지도 모른다.『편력시대』는 당시 대다수 독자에게 이해하기 어려운 것으로 여겨졌다. 만일 이 소설에 대한 제대로 된 깊이 있는 이해가 가능하다면 그것은 아직 오지 않는 먼 미래 세대에게나 가능할 일이었다.

괴테는 애초『편력시대』의 구조를 전통적인 소설형식을 깨뜨리는 방식으로 구성함으로써『수업시대』와는 다른 형식의 소설을 쓰려고 했다. 제2판의 제목을 제1판의 제목에 있던 '소설'이라는 표현을 빼고『빌헬름 마이스터의 편력시대 또는 체념하는 사람들』이라고 정한 것도 이런 의도를 반영한 것이다.『편력시대』는 극도로 이질적인 개별 이야기들을 단순히 연결해 놓은 구조다. 이러한 구조는 일정한 줄거리가 있고, 하나의 목표 지점을 향해 전개되는 전통적 소설 형식에 익숙한 당대의 독자들에게는 낯설 수밖에 없었다. 소설에 관한 전통적인 견해에 따라『편력시대』를 파악하려 한다면, 괴테의 시도가 성공할 가능성은 매우 낮아 보인다. 괴테가 1830년 2월 18일 한 대화에서 당시『편력시대』를 파악하려는 지인이나 독자들의 시도에 관해 다음과 같이 이야기한 것도 바로 그런 이유에서다. 괴테에 따르면, 이 작품의 "전체를 체계적으로 구조화하고 분석하려는 것은 어리석은 생각"이다. 왜냐하면 "그 책은 단지 일종의 이질적인 것의 혼합체를 제시할 뿐이고", 따라서 소설에 관한 전통적 견해에 따라 이 작품을 파악하는 것은 "전적으로 불가능하기" 때문이다.

『편력시대』의 이러한 형식적 특성은 사실 이 소설의 구조에만 국한되는 게 아니다. 이질적인 것의 혼합체 또는 복합체로서의 전체라는 구조적 특성은 '체념'이라는 이 소설의 핵심 주제와 서로 잘 부합한다. 『편력시대』와 같은 시기에 집필된 『시와 진실』 제4부(1831년 9월 출판)의 시작 부분에서 괴테는 스피노자에 대한 성찰을 토대로 자신의 인생을 돌아보며 다음과 같이 쓴다. "육체적인 삶뿐만 아니라 사회적 삶이, 도덕과 관습, 세상의 지혜, 철학, 종교, 그리고 심지어는 우연한 여러 사건이, 이 모든 것이 우리에게 소리친다. **체념**해야 한다고."(FA 14, 729) 괴테에게 '체념'은 기본적으로 개인의 삶이 제한되어 있음을 인정하는 것으로부터 출발한다. "노력해서 얻은 것과 친절하게 허락받은 것을 강탈당하는" 경험은 우리의 삶에서 끊이지 않는다. 그리고 "이러한 사실에 대해서 제대로 분명하게 깨닫기도 전에, 우리는 우리들의 인격성을 처음에는 조금씩 조금씩, 그러다가 나중에는 완전히 포기해야만 한다."(FA 14, 729)고 괴테는 경고한다. 그러니 이러한 사실을 직시하고, 모든 것을 한꺼번에 완전히 포기해야만 하기 전에, 매 순간 우리가 처한 이러한 한계를 인식하고 사는 것이 오히려 지혜로울 것이라고 괴테는 생각했다. 더욱이 활동적인 삶을 지향한다면 이

러한 제한성을 삶의 필연적 조건으로 인정하고, 자기 자신의 제한
성을 의식한 상태에서 활동을 펼치는 것이 올바른 삶의 태도일 것
이다. 체념이라는 윤리가 내용적인 측면에서『편력시대』의 근본
적 원리로 요청되는 이유는 삶 자체가 복합적이고 중층적이며 하
나의 논리나 시각으로 해명될 수 없기 때문이다. 체념이라는 작품
의 내용적 핵심 주제가 삶 자체로부터 생겨났듯이 괴테가 이 작품
의 형식적 구조를 당대의 시대적 한계를 뛰어넘는 것으로 구성하
려 했던 이유 역시 삶 자체에 있다. 이런 구조를 통해 작품에 실제
삶의 불가해함을 담아내려 했던 것처럼 괴테는 삶의 유기적 전체
속에서 의미를 상실하지 않은 채 살아갈 수 있는 것은 단지 체념
하는 삶의 태도를 통해서만 가능하다는 것을 보여 주고자 했다.

  이 작품에서는 다양한 삶의 영역이 묘사된다. 이 삶의 영역들은
서로 보완해 주는 관계를 맺고 있다. 마찬가지로 이 소설에 등장
하는 여러 인물의 역할도 상호보완적이다.『수업시대』에서는 빌
헬름이 독보적인 주인공으로 분명하게 그려졌지만『편력시대』의
빌헬름은 더는 전통적인 의미의 주인공이 아니다. 빌헬름은 이미
『수업시대』에서 등장한 본인의 아들 펠릭스와 함께 편력의 길을
떠난다. 이때 '체념하는 사람들의 모임'의 요구에 따라 편력 과정
에서 지켜야 할 수칙에 관해 약속하게 되는데, 그 수칙은 한 곳에
서 사흘을 머물러서는 안 되고, 그곳을 떠난 후에는 1마일 이상 떨
어진 곳에 다음 숙소를 잡아야 한다는 등의 내용이다. 이 수칙을
지키며 편력을 진행하는 것이 소설의 기본 줄거리를 이룬다. 빌헬
름의 편력을 통해 서로 다른 삶의 영역들이 연결됨으로써 그의 편

력 과정이 외적인 줄거리의 구조를 결정한다. 그뿐 아니다. 그의 편력 과정은 내용적인 측면에서 소설의 주제와도 무관하지 않다. 서로 다른 삶의 영역에서 전개되는 이야기들이 바로 소설의 주제를 구성하는 핵심 요소이기 때문이다. 『편력시대』의 빌헬름이 『수업시대』와 같은 전통적인 소설의 주인공과 다르게 보이는 것은 바로 이러한 사실로부터 기인한다. 빌헬름은 소설의 전개 과정에서 작품 전체를 관통하는 결정적 역할을 하기보다는 개별 인물들에게 부여되는 다양한 역할 중 하나를 자신의 편력 과정을 통해 수행하는 한 명의 개인으로 등장한다.

　이 소설에서 드러나는 괴테의 새로운 미학적 경향은 무엇보다도 이 작품의 형식적 특성에서 잘 드러난다. 괴테는 원래 이 소설을 여러 편의 독립적인 단편소설들을 모은 부분과 이 연작을 하나로 묶어 주는 틀에 해당하는 외적인 줄거리를 결합한 형태로 구상했다. 하지만 틀에 해당하는 전체 줄거리와 그 안에 삽입된 단편소설들의 내부 이야기의 경계가 명료하게 구분되지 않는 경우가 발생한다. 예를 들면 「갈색 피부 아가씨」와 「쉰 살의 남자」는 외부 이야기와 내부 이야기를 구분하는 경계를 넘어서 틀에 해당하는 외부 이야기 안으로까지 연결된다. 이런 이유에서 괴테가 『편력시대』에서 외부의 기본 줄거리와 내부 이야기 사이의 경계를 모호하게 만드는 방식은 독일 낭만주의 소설에서 사용되던 서사 층위 간의 경계를 무너뜨리는 시도를 연상하게 한다. 대표적인 예로 호프만E. T. A. Hoffmann의 『수고양이 무어의 인생관*Lebensansichten des Katers Murr*』(1819/1821)을 들 수 있다. 호프만은 이 작품에서 서사 층위 사이의 경계를 무너뜨림으로써 서술자의 서술 행위가 지닌 허구성을 강조했고, 이런 점에서『편력시대』는 낭만주의자들과 같은 당대 젊은 세대의 서술 기법과 궤를 같이하는 것으로 볼 수 있다.

『편력시대』의 구조적 특성을 가장 잘 드러내는 것은『수업시대』를 이끌어 갔던 전지적 시점을 지닌 서술자가 더 이상 등장하지 않고, 허구적 "편집자"가 전지적 서술자의 자리를 대신한다는 점이다. 괴테는 자기 소설에서 이미 이러한 편집자를 등장시킨 바 있다. 첫 번째 소설인『젊은 베르터의 슬픔』에서인데, 여기서는 편집자가 작품 전체에 걸쳐 등장하지 않고 첫 시작과 끝에서만 부분적으로 등장하거나 전개되는 줄거리의 뒷면에 머물러 있다. 이와 달리『편력시대』에서는 편집자가 작품 전체를 구성하고 있음을 의도적으로 드러낸다.『편력시대』의 편집자는 짧은 이야기들, 보고문, 기록문, 일기, 편지, 연설, 잠언 등의 문서들을 독자에게 중개해 준다. 이때 그는 마카리에 서고와 이주자동맹의 서고로부터 문서 자료들을 가져와서 그대로 인용하거나, 요약 또는 편집 등의 방식으로 가공하여 사용한다. 편집자의 이러한 역할은 작품 전체의 일관된 줄거리나 주제를 형성하는 것과는 거리가 멀다. 서로 다른 형식의 문서들, 그리고 그 안에 담겨 있는 다채로운 주제의 이야기들을 어느 정도 형식적으로 통일되게 독자들에게 전달하는 것이 그의 역할이다.『편력시대』제1판에서는 편집자가 스스로 자신의 역할을 독자들에게 알린다. 제11장의 끝부분에 있는 〈막간의 말〉에서 편집자는, 자신이 할 수 있는 일은 "우리가 갖고 있는 것을 전달하고, 유지되어 온 것을 알리는 것 외에는 아무것도 남아 있지 않다."고 말한다. 편집자는 이렇게 모든 내용을 "단지 그냥 급하게 지나가는 형태로만" 전달하는 것이 자신의 역할임을 밝힌 후, 그러면 독자들이 해야 할 일은 무엇인지 설명한다.

> "독자는 여기에 무엇인가 결여되었다는 것을 느낄 뿐만 아니라, 그 결여된 것이 무엇인지에 대해서 보다 더 자세히 배워야 한다는 것을 느껴야 합니다. 그래서 독자는 완전하게 형성되지 못한 것을 스스로 형성해 내야 합니다."(FA 10, 128)

편집자가 전달하는 정보는 완전하지 않다. 항상 무엇인가 결여되어 있다. 바로 이러한 사실로부터 편집자는 독자의 역할이 무엇인지 분명한 어조로 설명해 준다. 부족한 부분이 무엇인지 알아내어 완전하게 형성해 내는 것이 독자의 몫이라고 말이다. 그런데 위에 인용된 내용은 제2판에서 모두 삭제된다. 편집자의 역할과 그로 인해 생겨나는 독자의 역할에 대한 설명이 없어짐으로써, 제2판은 제1판에 비해 열린 형식을 취하게 된다. 이러한 역할이 독자에게 실제로 주어지는지조차 독자 스스로 알아채야 한다. 그만큼 소설은 난해해지지만, 동시에 그만큼 독자들의 몫은 확장된다. 제2판에서 편집자는 자신의 존재를 더욱 분명히 드러낸다. 그러나 자신이 편집하여 전달하는 내용에 관한 판단 과정에서 독자가 지니게 되는 독자성, 주체성은 더 강화되고, 소설에 대한 해석의 폭과 가능성 역시 더욱 확장된다. 한 편의 소설 안에 편집된 다양한 장르, 다양한 형식의 글들을 어떻게 읽을 것인지는 이제 독자의 몫이다. 『편력시대』의 이러한 특징들은 현대 소설의 구조적 특성을 일찌감치 앞서서 보여 주었다고 말할 수 있다. 하지만 『편력시대』의 형식이 아직 도래하지 않은 시대의 특성을 앞서서 보여줄수록 괴테는 자기 작품이 동시대인들에게는 낯설게 여겨지는 딜레마를 감수해야 했다.

괴테의 작품 중 당대 독자들이 작품의 질적 수준을 가장 의심했던 것은 아마도 『편력시대』일 것이다. 특히 이 소설의 형식 때문에 그러했다. 물론 괴테의 『편력시대』를 옹호한 비평가가 전무했던 것은 아니다. 예를 들어 바른하겐Varnhagen von Ense(1785~1858)은 이 소설에서 묘사되는 공동체에 대한 구상을 생시몽주의와 연관하여 해석하였다. 『편력시대』가 제기하는 공동체에 관한 견해에서 초기 사회주의의 정신을 읽어 낸 것이다. 하지만 바른하겐처럼 『편력시대』의 긍정적인 부분을 강조하는 몇 안 되었던 비평가들마저도 이 소설의 내용적 측면에만 주목할 뿐, 소설의 형식에 대해서는 예외 없이 비판적이었다. 형식적 측면까지 포함하여 이 소설이 지닌 의미를 전면적으로 다시 평가하는 시도는 20세기 중반이 되어서야 시작되었다. 물론 20세기 초반에도 『편력시대』를 긍정적으로 평가하려는 시도가 없었던 것은 아니다. 하지만 이제까지 이 작품을 부정적으로 평가하도록 만들었던 요소들, 즉 전통적으로 요구되었던 통일성을 깨뜨림으로써 파편적 특성을 갖게 만드는 요소들 자체에 관심을 집중하고, 이러한 요소들로부터 이 작품의 의미를 새롭게 읽어 내려는 시도들은 슐레히타Karl Schlechta

(1904~1985)의 『괴테의 빌헬름 마이스터*Goethes Wilhelm Meister*』(1953) 이후 비로소 이루어졌다. 삶을 마감하기 불과 2년여 전에야 결실을 본 새로운 시도, 『편력시대』는 정말이지 너무나 이른 새로운 시도였다. 80세의 괴테에게 너무 이른 새로운 시도라니!

안나 아말리아 도서관

나는 독일에서 유학 중이던 2004년 9월 2일에 있었던 일을 잊을 수 없다. TV를 통해 화재 현
장이 중계되고 있었다. 안나 아말리아 도서관이 불타고 있었다. 불타는 건물을 안타깝게 바
라보며 눈물을 흘리는 사람들이 적지 않았다. 괴테는 칼 아우구스트의 요청에 따라 1797년
부터 세상을 떠날 때까지 총감독관으로서 이 도서관을 운영을 이끌었다. 물론 이 도서관이
보관하고 있던 장서는 괴테를 위한 중요한 보고寶庫이기도 했다. 안나 아말리아 도서관에 면
해 있는 광장에는 안나 아말리아의 아들이자 영주인 칼 아우구스트가 말을 탄 동상이 세워
져 있다.

안나 아말리아 도서관의 연구센터

2005년 2월 일반인 사용자들을 위한 이 도서관의 연구센터가 문을 열었다. 이 센터의 중앙 열람실 내부는 거대한 정육면체 모양이고 사방이 책으로 가득 채워져 있다. 그래서 이 연구 센터를 '도서 큐브'라고 부른다.

20

JOHANN WOLFGANG VON GOETHE

"태초에 행동이 있었다"
— 『파우스트』

"파우스트에 관한 구상을 하나의 작품으로 완성하기까지 60년이 넘게 걸렸습니다." 괴테가 세상을 떠나기 며칠 전인 1832년 3월 17일 훔볼트Wilhelm von Humboldt에게 쓴 인생의 마지막 편지에서 한 말이다. 기록에는 남아 있지 않지만, 괴테는 이미 어린 시절에 파우스트 이야기를 다룬 인형극을 보았던 모양이다. 그리고 슈트라스부르크 유학 시절(1770~1771년)에도 인형극 공연을 봤는데, 이 경험이 파우스트라는 소재에 처음으로 깊은 관심을 가지게 된 계기였다고 한다.(『시와 진실』, 제10권) 어린 시절의 경험은 고려하지 않더라도 『파우스트』 제2부를 완성한 것이 1831년이니 이렇게 오랜 시간이 소요된 『파우스트』는 괴테 필생의 작품이라 할 만하다. 『파우스트』의 집필 과정은 크게 네 단계로 나눌 수 있다. 첫 번째 단계는 괴테가 슈트라스부르크 유학을 마치고 프랑크푸르트로 돌아온 후인 1772년부터 칼 아우구스트의 초대로 바이마르로 가기 전까지의 시기이다. 괴테는 이 기간에 작업한 부분을 생전에 출판하지 않았다. 이 시기에 집필된 부분은 대중에 알려지지 않은 채

문혀 있다가 100년도 더 지난 1887년 에리히 슈미트Erich Schmidt가 그 원고를 발견하여 『초고 파우스트Urfaust』라는 제목으로 출판했다. 두 번째 단계는 이탈리아 여행 기간과 여행으로부터 돌아와서 『파우스트. 미완성 단편Faust. Ein Fragment』이라는 제목으로 출판한 1790년까지이다. 『파우스트』 집필의 두 번째 시기가 이탈리아 여행 기간부터 시작된다는 것은 괴테가 1775년 11월 바이마르에 도착한 이후 1786년 9월에 이탈리아로 갑작스럽게 여행을 떠나기 전까지 10여 년 동안 『파우스트』 집필에 거의 진척이 없었다는 뜻이기도 하다. 『파우스트. 미완성 단편』은 괴테가 『파우스트』라는 제목으로는 처음 출판한 것이다. 괴테가 실러와 나눈 깊은 정신적·인간적 교류는 1797년부터 『파우스트』 집필에 강력한 동기를 제공한다. 이 시기에 작업한 결과가 우리 모두가 알고 있는 『파우스트』 제1부이다. 이것이 세 번째 단계의 결과인데, 1806년에 완성되어 『파우스트. 비극 제1부Faust, der Tragödie erster Teil』라는 제목으로 1808년 출판되었다. 괴테의 일기나 편지를 살펴보면, 이 세 번째 단계에 이미 마지막 단계의 핵심 모티브 중의 하나인 헬레나에 관한 작업도 어느 정도 진척되었던 것으로 보인다. 예를 들면 괴테는 1800년 9월 12일 실러에게 "나의 헬레나가 실제로 등장했습니다."라고 쓰고 있고, 11월 18일에는 "헬레나를 위한 몇 가지 훌륭한 모티브를 찾았습니다."라고 쓰기도 했다. 1825년부터 1831년 사이의 기간이 『파우스트』 작업의 마지막 네 번째 단계에 해당한다. 괴테는 세상을 떠나기 전해인 1831년 『파우스트. 비극 제2부 Faust, der Tragödie zweiter Teil』의 집필을 끝낸다. 하지만 그는 자신이 살

마법을 거는 메피스토펠레스(상) 마법에 걸린 대학생(하)

괴테는 라이프치히 유학시절 아우어바흐 지하 술집의 벽에 그려져 있는 파우스트 박사에 관한 두 개의 그림을 봤다. 그 지하 술집으로 내려가는 계단 앞에 두 개의 동상이 있다. 괴테가 아우어바흐 지하 술집에서의 경험을 『파우스트』의 소재로 사용했다면, 지금의 아우어바흐 지하 술집은 괴테의 『파우스트』를 자신을 소개하기 위한 소재로 사용한다. 『파우스트』의 「라이프치히의 아우어바흐 지하 술집」에 메피스토펠레스가 지하 술집에서 만난 대학생들에게 마법을 거는 장면이 나오는데, 이 두 개의 동상은 이 장면을 묘사한 것이다.

아우어바흐 지하 술집에 있는 포도주 통

아우어바흐 지하 술집에는 커다란 포도주 통이 있는데, 파우스트와 메피스토펠레스가 이 포도주 통을 타고 날아가는 모습의 모형이 만들어져 있다.

커다란 포도주 통 정면에 '475년 아우어바흐 지하 술집. 라이프치히. 1525~2000'이라는 문구가 새겨져 있는 것을 보면 이 조형물을 만들어 놓은 것은 2000년일 것으로 짐작된다.

아 있는 동안에는 이 작품이 출판되는 것을 원하지 않았다. 아마도 『편력시대』에 대한 독자들의 반응과 비평가들의 공격이 그에게 큰 충격을 주었기 때문이리라. 네 번째 단계 동안에는 『파우스트』 제2부의 집필이 이루어졌을 뿐만 아니라 1808년에 출판되었던 『파우스트』 제1부의 초연이 이루어지기도 했다. 출판된 지 21년이 지난 1829년 1월 19일 브라운슈바이크의 궁정극장에서 초연되었고, 같은 해 8월 29일 괴테의 80회 생일을 기념하여 바이마르에서도 무대에 올려졌다. 이날 일기에 괴테는 이렇게 기록했다. "저녁에 혼자 있었다. 극장에서는 파우스트 공연이 있었다." 괴테는 이날 공연에 가지 않았다. 왜 가지 않았을까? 그 이유에 대해 괴테가 직접 뭐라고 말했는지 전해지는 바가 없어서 분명하게 알 수는 없다. 하지만 괴테가 『파우스트』를 "무대에 적절한bretterrecht"(괴테는 1826년 7월 26일 에커만과 대화하던 중 칼데론의 천재성을 칭찬하면서 이 단어를 사용한다) 작품이 아니라고 여러 번 밝힌 바 있다는 사실에서 그 이유를 유추할 수 있을 듯하다. 실제로 이날의 공연에 대한 관객들과 비평가들의 반응도 괴테의 생각과 크게 다르지 않았다.

무대 위에서 공연된 『파우스트』뿐만 아니라 글로 읽는 『파우스트』 역시 많은 사람에게 다가가기 어려웠다. 1827년 5월 6일 괴테는 에커만과 『파우스트』에 관해 꽤 긴 대화를 나눈다. 『파우스트』 제2부가 완성되기 전의 일이다. 그러므로 이 대화는 『파우스트』 제1부에 대한 사람들의 반응을 염두에 둔 것이라고 봐도 좋을 것이다. 괴테는 이렇게 말한다. "사람들이 나를 찾아와서 이렇게 묻곤 합니다. 『파우스트』에서 내가 어떤 이념을 구현하려 했느냐고 말이지요. 마치 나 자신이 그것을 알고 있기라도 하다는 듯이, 그래서 말해 줄 수 있을 것처럼 말입니다!" 이 말은『파우스트』라는 작품은 하나의 통일된 이념에 따라 구현된 것이 아니라는 뜻이다. 괴테는 작가니까 이러한 이념을 알고 있을 것이라고 사람들은 생각하지만, 원래부터 그런 통일된 이념은 없다. 사람들은 "악마가 내기에서 지는 것, 고통스러운 혼란에서 벗어나 보다 나은 것을 향해 끊임없이 나아가고자 애쓰는 사람은 구원받아야 한다는 것" 등과 같은 내용이 작품 전체를 관통하는 이념 아니냐고 말한다. 이에 대해 괴테는『파우스트』에 그려진 이런 내용은 "여러 가지를 해명해 주는 효과적이며 훌륭한 사상"인 것은 틀림없지만 이러한 내용들이 "작품 전체나 개개의 특수한 장면의 토대를 이루는 이념은 아니다."라고 강조한다. 자신은 "『파우스트』에서 매우 풍성하고 다채롭고 다양하기 그지없는 **삶**"을 보여 주고 싶었다고 하면서, 만일 그 전체를 "꿰뚫는 단 하나의 이념이라는 가느다란 실"로 다양한 삶을 엮어내는 것이 가능했다면 "어떤 아름다운 것"이 생겨났을지도 모른다고 말한다. 하지만 이렇게 작업하는 것은 자신의 방식이 아니라고 덧붙인다. 다양하고 다층적인 삶 자체를 "시인으로서" 하나의 이념으로 꿰뚫어 엮는 것은 "어떤 **추상적인 것**을 구현하려는 것"이어서 자신의 방식과 거리가 멀다는 것이다. 괴테는 '**추상적인 것**의 구현'에 대비해서 '**인상들**의 묘사'를 강조한다. 그는 "자기 내면에 있는 **인상들**, 즉 활기찬 상상력이 자신에게 제공하는 감각적이고, 생동감 넘치며, 사랑스럽고 다채로운 수많은 종류의 인상들"을 받아들인다. 그리고 이 인상들을 "예술적으로 잘 다듬어서 살아 있는 것처럼 묘사함으로써 다른 사람들이 내가 묘사한 것을 듣고 읽으면 내가 받았던 것과 같은 인상을 얻을 수 있도록 하는 것"이 자신의 방식이라고 말한다. 이런 이유에서 괴테는 다음과 같은 말로 『파우스트』를 변론한다. "나는 오히려 이렇게 주장합니다. **'문학 작품이란 이해하기 어려우면 어려울수록 그리고 지성으로 파악하기 어려우면 어려울수록 더욱 좋다.'**고 말입니다." 괴테가 『파우스트』 제1부에 대한 사람들의 반응에도 불구하고 제2부를 제1부와는 비교가 되지 않을 정도로 방대하고 복잡한 방식으로 구성한 것도 이런 이유 때문이 아니었을까? 어찌 보면 괴테가 『파우스트』 제2부를 자신의 생전에 출판하기를 원하지 않았던 것도 피할 수 없는 선택이었을 것이다. 제1부에 대한 사람들의 반응을 경험한 괴테는 제2부에 대한 반응 역시 이미 경험한 것이나 다름없었을 테니까.

『파우스트』 제1부와 제2부를 모두 아우르는 하나의 통일된 이념을 찾는 일은 난망하다. 분량 탓도 있고, 그 분량 안에서 다루어지는 다양한 모티브와 주제 탓도 있으며, 다양한 모티브와 주제가 다층적으로 얽혀 있다는 문제도 있다. 하지만 『파우스트』를 읽을 때마다 맞닥뜨리는 일종의 절망감의 원인이 우리에게만 있는 건 아니다. 저자 괴테 스스로가 그러한 이념을 제시하는 것을 의도하지 않았다고 하니 말이다. 그저 괴테의 말대로 그의 내면에 일어났을 법한 인상 한두 가지를 따라가는 것으로 만족해야 하지 않을까.

『파우스트』 제1부 「서재(1)」 장면에서 파우스트는 신약성서 요한복음 1장 1절을 새롭게 번역해야 한다고 생각한다.

"이렇게 씌어 있군.〈태초에 말씀이 계셨다!〉

여기서 벌써 막히는구나! 누가 나를 계속하도록 도와줄까?

나는 말이라는 것을 그렇게 높이 평가할 수는 없어.

나는 이것을 다르게 옮겨야만 해.

나는 정신에 의해 제대로 깨우침을 받았으니 말이야. […]

정신이 나를 돕는다! 갑자기 좋은 생각이 떠오른다.

편안한 마음으로 적는다, 태초에 행동이 있었다!"(1224-1237행)

파우스트는 루터가 독일어 '말씀das Wort'으로 옮겼던 로고스 Logos를 어떻게 번역해야 할지 고민한다. 어떻게 해야 그 의미를 제대로 새길 수 있을지 고민한 것이다. '의미Sinn'와 '힘Kraft'을 대안으로 떠올려 보았지만, 결국 파우스트는 '행동Tat'을 로고스의 최종적 번역으로 선택한다. 왜 '말'이 아니라 '행동'인가? '말'에서 '행동'으로의 변화는 『파우스트』를 이해하기 위한 하나의 열쇠다.

파우스트는 이 번역 작업을 시작하기 바로 전에 스스로 목숨을 끊기 위해 독약이 든 잔을 들이키려 했었다. 그가 자살을 결심한 이유는 이렇다. 파우스트는 "이 세계를 가장 내밀한 곳에서 / 결속시키고 있는 것이 무엇인지 알아내기 위해"(383-383행) 이제까지 온 힘을 기울였다. 그는 "철학", "법학과 의학" 그리고 "신학"까지도 "열성적인 노력으로 철저하게 연구"(354-357행)하였고, 그 결과 "박사"(360행)가 됐지만, 그의 모든 학문적 노력은 허사였다. 열정적이고 지난한 학문적 연구를 통해 파우스트가 알아낸 것은 이 세계의 근본 원리가 아니라 "우리가 아무것도 알 수 있는 것이 없다는 사실"(364행)뿐이었다. 이러한 사실을 깨달은 파우스트는 "나는 흙먼지를 파헤치는 벌레와도 같다."(653행)라고 고백한다. 파우스트는 "진리를 향한"(667행) 자신의 절박한 노력을 통해 얻게 된 학문적 결과를 "지식의 희뿌연 연기"(396행), "메마른 사유"(426행), "가을철 메마른 잎사귀 사이로 스쳐 가는/안개 바람"(556-557행) 등으로 표현한다. 파우스트의 학문적 연구의 결과는 모두 불명료하며, 생명력을 잃어버려 쉽게 바스러질 수 있는 것들로 표현된다. 최고 수준에 도달한 그의 지적 노력은 역설적으로 그의 무능력을 입증한다. 그렇기에 그의 깨달음은 고통스럽다. 이제 그는, "더는 말 속에서 쓸데없이 찾아 헤매지 않기 위해서"(385행) "죽음의 통로"(716행)를 지나 "암흑의 동굴"(714행)로 들어가야 한다고 판단한다. 죽음을 결심한 것이다. 하지만 부활절을 알리는 합창 소리를 듣고 파우스트는 자살을 포기한다. 그리고 새롭게 삶을 시작한 파우스트가 수행한 첫 번째 작업이 바로 '태초에 말씀이 계셨다.'로 통용되던 문장을 '태초에 행동이 있었다.'로 바꿔 번역하는 것이었다. 죽음을 결심하기 전 학문적 작업에 전념했던 파우스트에게는 '말/언어'가 중요했다. 하지만 이제 그는 자기 삶의 근본에 '말'이 아닌 '행동'을 놓고자 했다. 죽음의 결심에서 새로운 삶의 시작으로 극적 전환을 경험한 파우스트가 자신의 궁극적 관심을 '말'에서 '행동'으로 바꾼 것은 『파우스트』 제1부를 이해하는데 어떤 의미가 있을까?

이 물음에 답하려면 『파우스트』 제1부가 시작되기 전에 나오는 「천상의 서곡」을 살펴보는 것이 좋다. 구약성서 욥기의 구조를 차

'대지의 영'의 등장

『파우스트』제1부의 첫 장면「밤」에서 파우스트는 자살을 결심하기 바로 전에 '대지의 영'을
만난다. 파우스트는 노스트라다무스가 직접 쓴 신비스러운 책을 펼친 후, 그 책에 있는 대지
의 영의 표기를 읊조린다. 그러자 대지의 영이 등장하는데, 괴테는 대지의 영의 등장을 이렇
게 묘사한다. "붉은 불꽃이 번쩍이고, 대지의 영이 불꽃 속에서 나타난다."(481행 다음 지문)
이 그림은 괴테가 이 장면을 설명하기 위해 직접 그린 것이다. 이 그림에 대해서 1819년 6월
2일 브륄 백작에게 보낸 편지에서 다음과 같이 쓴다. "대지의 영에 대한 이 묘사는 전체적으
로 내 의도와 일치합니다. 이 영이 창문으로 들여다 보고 있는 것은 유령으로 여겨지기에 충
분하다고 생각합니다."

사진 출처: Goethe, Sein Leben in Bildern und Texten, Frankfurt/M. u. Leipzig 1998, 366쪽

용한 이 서곡에서 메피스토펠레스는 주님에게 우선 인류 전체에 대해서 말한다. 메피스토펠레스는 주님을 향해 자신은 온갖 피조물 중 "오직 인간들이 얼마나 괴로워하는지"(279-280행)에 대해서만 관심이 있다고 말한다. 왜 인간들이 고통 속에서 괴로워하는지를 그는 이렇게 설명한다. 인간들은 주님이 그들에게 준 "하늘의 빛의 허상"인 "이성"에 의지하여 스스로를 "이 세상의 작은 신"이라고 여긴다. 그런데 인간들은 이 이성을 "어떤 짐승보다도 더 짐승처럼 사는 데만 써먹는다."(283-286행) 메피스토펠레스가 볼 때, 인간 고통의 근본적 원인은 이성에 있다. 인간을 모든 짐승과 본질적으로 다른 존재이게끔 해 주는 것이 이성이다. 그런데 현실 속에서 인간을 그 어떤 짐승보다도 더 짐승처럼 만드는 것 역시 이성이다. 이성을 이성에 걸맞게 사용하지 않고 오히려 짐승보다도 더 짐승처럼 사용하기 때문이다. 이성적 주체인 인간이 처해 있는 비극은 바로 이성으로 인해 생겨난다.

메피스토펠레스가 이성적 존재를 자처하는 인류 전체에 대해 비판한 후, 이제 한 명의 구체적인 인간이 거론된다. 바로 파우스트다. 메피스토펠레스가 이성으로 인해 고통받는 인간들에 대해 비판하자 주님은 "파우스트를 아느냐?"라고 묻는다. 그리고 바로 이어서 주님은 파우스트를 "나의 종"(299행)이라고 부름으로써, 마치 파우스트는 메피스토펠레스가 제기한 비판의 예외일 것처럼 기대하게 만든다. 하지만 이러한 기대는 곧 깨져 버린다. 메피스토펠레스는 파우스트를 "바보"(301행)라고 부른다. 메피스토펠레스도 그가 "박사"(299행)인 것을 이미 알고 있다. 세상의 근원적 원리를 알아내기 위해 온갖 학문 분야를 섭렵한 파우스트를 '바보'로 여기는 이유는 무엇일까?

내면의 "들끓음"에 의해 이리저리 움직이는 파우스트는 "하늘로부터는 가장 아름다운 별을, / 땅으로부터는 최상의 향락을 요구"한다. 하지만 "가까운 것이나 먼 것 모두 / 깊이 격동하는 그의 가슴을 만족시키지 못"한다. 왜냐하면 그가 "먹고 마시는 것 모두 지상의 것이 아니"기 때문이다.(301-307행) 최상의 것을 추구하는 파우스트의 노력은 결코 충족될 수 없다. 그가 발을 딛고 있는 곳은 이 지상이 아니고, 그의 모든 노력은 비현실적이기 때문이다. 필연적으로 항상 실패할 수밖에 없는 시도를 지속하는 파우스트는 그래서 바보다.

파우스트에 대한 메피스토펠레스의 비판에 대해 주님은 이렇게 말한다. "지금은 그가 온통 혼란 속에서 나를 섬기고 있지만, / 나는 그를 곧 밝음으로 인도할 것이다."(308-309행) 이렇게 말하는 주님에게 메피스토펠레스가 도발한다. "내기를 할까요? 당신은 결국 그를 잃고 말 겁니다. / 그자를 서서히 나의 길로 이끌도록 / 허락만 해 주신다면 말입니다."(312-314행) 메피스토펠레스의 내기 제안에 대해 주님은 "그가 지상에서 살고 있는 한, / 그건 네게 금지되어 있지 않다. / 인간은 노력하는 한 방황하기 마련이다."라고 말함으로써, 메피스토펠레스가 파우스트의 삶에 개입하는 것을 허락한다. 주님의 이러한 입장은 그가 인간을 어떻게 이해하는지와 관계가 깊다. 주님의 인간 이해는 『파우스트』의 유명한 구절 중 하나인 '인간은 노력하는 한 방황하기 마련이다.'에 담겨 있다.

이 구절은 '인간은 노력한다.'라는 문장과 '인간은 방황한다.'라는 두 문장으로 이루어져 있다. 독일어 표현에 따르면, 이 두 문장의 관계는 이중적이다. 두 문장은 '시간적'으로 연결될 뿐 아니라, 동시에 '인과적' 관계를 지닌다. 다시 말해 이 구절은 '인간은 노력할 때 방황한다.'라는 뜻이기도 하고, '인간은 노력하기 때문에 방황한다.'라는 뜻이 될 수도 있다. 이렇게 본다면 인간이 방황한다는 것은 그가 노력하고 있음에 대한 간접증거가 될 수 있으니, 파우스트의 인생이 방황의 과정으로 표현된 것은 오히려 그가 노력하는 인간임을 말해주는 것이기도 하다. 주님이 메피스토펠레스에게 파우스트의 삶에 개입하는 것을 허락한 배경에는 노력하는 인간에 대한 신뢰가 있었던 것이다.

이어서 주님이 다음과 같이 보다 적극적으로 말한다. "그래, 좋다, 네게 맡기겠다! / 이 정신을 그것의 근원으로부터 떼어내라. / 그리고 네가 그 정신을 움켜잡을 수 있다면, 그 정신을 / 너의 길 위로 끌어내려라. / 네가 다음과 같이 고백해야만 할 때면, 부끄러워해야 할 것이다. / 선한 인간은 어두운 충동 속에서도 / 올바른 길을 잘 알고 있다고 말이야"(323-329행) 이 부분을 주님이 메피스토펠레스가 제안한 내기에 응한 것으로 해석하는 사례도 있으나 『파우스트』의 텍스트를 꼼꼼히 읽어 보면 주님이 무언가를 걸고 (예를 들면 파우스트의 영혼을 걸고) 메피스토펠레스가 제안한 내기에 응하는 것으로 보기는 어렵다. 그런 표현은 주님과 메피스토펠레스의 대화 중 어디에도 나오지 않는다. 오히려 이 구절들은 인간의 본성에 대한 주님의 기본적인 신뢰가 표현되고 있는 것으로 보는 편이 옳다. 인간이 아무리 '어두운 충동 속에' 머문다 해도 인간은 결국 자신이 가야 할 '올바른 길'을 잘 알고 있다는 뜻이니까.

　이 '올바른 길'이 그리스도교적 의미의 올바른 신앙을 직접적으로 가리키는 것은 아니다. 그렇다 하더라도 이 같은 주님의 인간 이해는 괴테가 이미 십 대 후반에 경험한 펠라기우스의 신학적 인간 이해와 무관하지 않다. 괴테는 중병으로 라이프치히 유학을 중단하고 고향에 돌아와 있을 때인 1769년 9월 마리엔보른에서 열린 경건주의 공동체의 모임에 참여했다. 이 모임에서 그는 인간의 본성에 관한 기독교의 유서 깊은 논쟁을 경험한다. 기독교 주류를 대변하는 쪽에서는 인간이 '최소한의 선함'도 발견할 수 없을 정도로 타락했다고 보았다. 전적인 죄악을 본성으로 하는 탓에 인간에게는 자기 죄의 문제를 스스로 해결할 가능성이 전혀 없다. 따라서 하느님의 은총을 구하는 것 외에는 다른 방법이 없다. 그런데 아우구스티누스로 대변되는 이러한 주류 입장과 대비되는 견해가 있다. 여기서는 인간 본성의 내면에 '자그마한 싹'이 있다고 주장한다. 인간 본성이 죄악의 속성을 지니고 있다는 사실을 부정하지는 않지만, 그렇다고 해서 인간 본성을 '전적인' 타락과 부패로 이해하지도 않았다. 왜냐하면 인간 본성의 내면에 있는 '자그마한 싹'을 잘 틔우고 가꾸면 열매를 맺을 수 있다고 보았기 때문이다. 이러한 견해를 대변한 인물이 바로 펠라기우스다. 그는 '인간 본성의 선함을 그것을 만드신 분, 즉 하느님에 비추어 평가해야 한다.'고 주장했다. 인간이 하느님처럼 선하다고 주장하는 것은 당연히 아니다. 인간 본성에 있는 '자그마한 싹'은 창세기의 창조 이야기에 따라 '하느님은 인간을 자신의 형상에 따라 만드셨다.'는 사실을 가리킨다.『파우스트』에는 인간 본성에서 그 같은 가능성을 찾으려는 입장이 곳곳에 나온다. 가장 대표적인 것이 『파우스트』제2부 끝부분에서 죽은 파우스트의 영혼을 안고 올라가는 천사들의 대사이다. "항상 노력하며 애쓰는 사람을 / 우리는 구원할 수 있습니다."(11936-11937행)

다시「천상의 서곡」으로 돌아오자. 주님은 메피스토펠레스에게 파우스트의 삶에 간섭하도록 허락하는 이유를 설명한다. "인간의 활동력은 너무 쉽게 무기력해질 수 있고, / 걸핏하면 무조건 휴식만 취하려고 한다. / 그래서 나는 인간에게 저 친구를 붙여주려 함이니, / 그는 자극하고 활동하며, 그래서 악마로서 할 일을 해야 한다."(340-343행) 주님이 기대하는 바는 메피스토펠레스를 통해 파우스트가 '무기력'과 '무조건적 휴식'에 빠지지 않고 활동력을 유지하는 것이다. 주님이 원하는 것은 "영원히 작용하며 살아 있어서 되어 가는 것das Werdende"(346행)이다. 1829년 2월 13일 에커만과의 대화에서 괴테는 "하느님의 속성"은 "살아 있는 것" 속에서, 즉 "되어 가는 것 그리고 스스로를 변화시켜 가는 것" 속에서 작용한다고 말했다. 파우스트를 바라보면 주님이 기대하는 바는 지속적인 변화와 끊임없이 생동하는 형성이다. 그런데 하필 메피스토펠레스를 통해 파우스트에게 변화와 되어 감이 구현되길 기대하는 것은 역설적이다. 왜냐하면 주님은 메피스토펠레스가 "부정否定을 본성으로 하는"(338행) 존재라는 것을 알고 있기 때문이다. 메피스토펠레스가 파우스트의 삶에 개입하는 것은, '생성과

되어 감을 본성으로 하는 존재' 대 '모든 것을 부정하는 것을 본성으로 하는 존재' 간의 대결일 수 있다.

「천상의 서곡」에서 진행된 주님과 메피스토펠레스의 대화를 통해 파우스트를 바라보는 하나의 시각이 만들어진다. 활동력, 되어 감, 변화, 행동 등과 같은 요소의 중요성이다. 파우스트가 '짙은 안개'와 같고 '메마른 나뭇잎'과 같은 '말'의 세계를 떠나 '행동'의 세계로 향한다면, 이는 파우스트가 메피스토펠레스의 반대편에 자신을 세우는 것으로 이해할 수 있다. 파우스트가 로고스를 '행동'으로 번역하려고 할 때, 삽살개로 변신해 있던 메피스토펠레스가 파우스트를 향해 으르렁대며 짖는 것(1238-1240행)은 결코 우연이 아니다.

'행동'을 지향하는 파우스트의 삶은 이제 메피스토펠레스에게 내기를 유발한다. 삽살개로 변신해 있던 메피스토펠레스는 본래의 모습으로 등장하여 파우스트에게 자신을 소개한다. "나는 항상 부정하는 정신입니다! / 그것은 정당한데, 생겨나는 모든 것은 / 멸망하기 마련이기 때문입니다. […] 그래서 당신들이 죄악이니, / 파괴라고 부르는 모든 것, 요컨대 악이라고 부르는 것이 / 내 고유한 본질적 특성입니다."(1338-1344행) 어차피 소멸될 것이니 어떤 것도 생성될 가치가 없다는 극단적 허무주의를 대변하고 있는 듯하다. 이제 메피스토펠레스는 파우스트가 모든 형성을 부정하고 형성된 모든 것을 파괴하는 자신의 원칙을 따른다면 "어떤 인간도 아직 보지 못한 것"을 주겠다고 말하며 "계약"을 맺자고 제안한다.(1672-1674행) 이 제안에 대해 파우스트는 답한다.

"내가 언젠가 편안하게 안락의자에라도 눕게 되면,

나는 바로 끝장이 난 것이다. […]

내가 나 자신에 만족하게 되면 […]

그것이 나의 마지막 날이 되게 하자!

내기를 하자!"(1692-1698행)

이어서 파우스트는 확신에 차서 메피스토펠레스에게 말한다.

"자, 그럼 약속하자!

내가 어느 순간을 향하여

머물러다오! 너는 너무나 아름답구나, 라고 말한다면

그땐 네가 날 결박해도 좋다.

그때 나는 기꺼이 죽음을 맞이하리라! […]

나의 일생은 그것으로 끝나리라!"(1698-1706행)

학자로서 온갖 분야에서 열정적으로 학문적 노력을 기울였던 파우스트는 절망에 빠져 스스로 삶을 마감하려고 결심했었다. 그 랬던 파우스트가 극단적 허무주의와 절망의 원칙을 따르는 메피스토펠레스에게 이처럼 자신 있게 내기를 제안할 수 있는 이유는 무엇일까? 내기를 제안한 직후 파우스트는 메피스토펠레스에게 자신의 상태를 이렇게 표현한다. "사유의 실마리는 끊겨 버렸고 / 온갖 지식에 구역질을 느낀 지 오래야."(1748-1749행) "지식에의 갈망으로부터 치유되었음"(1768행)을 확신하는 파우스트는 그래서 이제 "오직 결코 쉬지 않는 행동"(1759행)을 추구하겠다고 강변한다. 쉬지 않는 행동을 향한 강렬한 욕구가 바로 절망적 허무주의자 메피스토펠레스와 내기를 할 수 있는 동력이다.

바로 이어서 파우스트는 "인류 전체에게 나뉘어 주어진 것"을 자신의 "내면의 자아에서 향유"하며, 인류 전체가 추구한 "가장 높은 것과 가장 깊은 것"을 자신의 "정신"으로 파악하겠다고 한다. 또 인류 전체의 "안녕과 괴로움"을 자신의 "가슴"에 쌓겠다고도 한다. 이러한 시도를 통해 자기 "자신의 자아를 인류 전체의 자아로 확대"하겠다는 자신의 의지를 밝힌다.(1770-1774행) '쉼 없는 행동'의 원칙을 구현하겠다는 선언이다. 이처럼 자아를 인류 전체로 확대하고 인류 전체를 자기 내면으로 온전히 품으려는 파우스트는 신을 대신하여 역사의 주인으로 등장한 근대의 계몽주의적 주체이다. 인류 전체를 자신의 내면 안으로 통합하며, 자신을 인류 전체로 확대하겠다는 파우스트의 이 선언은 그가 근대적 주체로서 품고 있는 무제한적 욕구의 표출이기도 하다. 이 욕구가 절망에 빠져 있던 파우스트에게 삶의 의지를 부여하고, 메피스토펠레스와의 내기를 가능하게 한 힘인 것이다. 하지만 파우스트의 이러한 무제한적 욕구에는 문제가 없을까? 파우스트는 인류 전체의 이상과 자신을 동일시하는 이 선언을 이렇게 마무리한다. "그러고는 인류 전체와 마찬가지로 마침내 나도 파멸할 거야."(1775행) 쉼 없는 행동의 원칙을 구현하려는 시도의 끝이 파멸이라니! 파우스트는 자신의 원대한 꿈의 비극적 결말을 예견한 것일까?

『파우스트』제2부의 거의 마지막 부분인 「한밤중」 장면에서 파우스트는 '근심'이라는 이름의 여인이 찾아와 그에게 입김을 불자 시력을 잃는다. 하지만 그는 시력을 잃었다는 사실 때문에 자신이 기획한 위대한 사업을 멈출 수는 없다고 확신한다. 그는 지금 거대한 간척 사업을 벌이고 있다. 간척 사업을 통해 그가 꿈꾸는 유토피아를 건설하려는 것이다. 시력을 잃은 그는 오히려 서둘러 사업을 완성하려고 한다. 그는 오직 "주인의 말"이 중요하다고 강조하면서 "연장을 잡아라, 삽과 괭이를 놀려라!"(11502-11505행)라고 사업의 완성을 독려한다. 시력을 잃은 것이 유토피아 건설에 방해가 되지 않는 것은, 이상을 향한 '정신'이 중요하기 때문이다. "이 위대한 일을 완성하는 데는 / 수천의 손 대신에 **하나의** 정신이면 충분하다."(11509-11510행)는 것이 그의 확신이다. 다음 장면인 「궁전의 넓은 앞마당」에서 보지 못하는 파우스트가 문설주를 더듬으면서 등장한다. 그가 이루기 원했던 사업을 진행하는 작업 소리가 들린다. 그는 만족해서 말한다. "저 삽질하는 소리 나를 진정 기쁘게 해 주는구나!"(11539행) 그가 이 소리를 듣고 기쁜 것은, 자기의 기획을 완성하기 위해 "파도에 한계를 정해 주며 / 침범할 수 없는 제방의 띠로 바다를 둘러싸는"(11542-11543행) 위대한 작업의 소리로 여겼기 때문이다. 하지만 독자들은 알고 있다. 이 소리가 수로를 파고 제방을 쌓는 소리가 아니라 무덤을 파는 소리인 것을. 메피스토펠레스는 파우스트가 등장하기 바로 전에 파우스트를 위한 무덤을 파도록 지시했고, 파우스트는 바로 이 소리를 들은 것이다. 메피스토펠레스는 "목소리를 낮추어" 방백으로 관객을 향해 말한다. "보고받은 바에 따르면 / 수로를 파는 것이 아니라 무덤을 파는 겁니다."(11558행) 메피스토펠레스의 말을 직역하면 이렇다. "보고받은 바에 따르면, 사람들은 땅을 파는 것에 관해서vom Graben가 아니라 무덤에 관해서vom Grab 말합니다." 메피스토펠레스의 말은 '땅을 파다'와 '무덤'이라는 독일어의 유사함을 활용한 일종의 언어 유희인데, 그의 말은 크게 두 가지 의미로 읽을 수 있다. 첫째는 파우스트의 인식이 잘못된 것임을 드러낸다. 파우스트는 자신이 기획한 거대한 사업이 완성되는 소리로 이해했지만, 실제로는 삶을 끝낸 그의 몸을 묻을 무덤을 파는 소리였다. 둘째는 불특정의 사람들이 '말하다'는 동사의 주어로 사용됨으로써 이 사실은 메피스토펠레스만 혼자 알고 있는 것이 아니라 다른 사람들도 알고 있다는 것을 암시한다. 파우스트는 '수천 개의 손'보다 '하나의 정신'이 더 중요하고, 오직 '주인의 말'이 중요하다고 여겼다. 하지만 그의 정신에 따라 거대한 간척 사업에 '수천 개의 손'을 동원해야 했던 사람들은, 간척 사업을 완수하기 위해 '땅을 파는 것'이 아니라 결국에는 '주인'의 '무덤'을 판 것이었다.

『파우스트』 제1부의 첫 장면 「밤」이 파우스트의 긴 독백으로 시작되었듯이, 제2부의 거의 마지막 부분인 파우스트의 죽음 장면도 파우스트의 독백(11559-11586행)으로 되어 있다. 파우스트는 자신이 기획한 거대한 간척 사업의 완성이 이제 눈앞에 있다고 믿는다. 파우스트는 거센 파도를 막아 주는 제방이 이제 "안쪽에 천국의 땅"을 만들어 줄 것으로 확신한다. 이 천국의 땅에서 "아이, 어른, 노인 모두"가 "활동하며 자유롭게" 그리고 "평등하게" 살아갈 수 있을 것이라 믿는다. 이러한 천국의 땅에서 살아가게 될 순간에 대한 기대와 확신 속에서 파우스트는 일생의 마지막 말을 쏟아낸다.

> "그 순간을 향해 나는 말해도 될 것 같아,
> 〈머물러라, 너 그렇게 아름답구나!〉
> 이 세상에서 살아간 내 삶의 흔적은
> 영겁의 시간 속에서 결코 소멸되지 않을 것이다.
> 이러한 드높은 행복에 대한 예감 속에서
> 나는 지금 최고의 순간을 향유한다."(11581-11586행)

　파우스트는 이 말을 하고 뒤로 쓰러진다. 어느 순간이 너무도 행복하고 만족스러워서 그 순간을 향해 '머물러다오! 너는 너무나 아름답구나!'라고 말하면 파우스트는 내기에서 지는 것이었다. 바로 그 말을 이 순간에 한 것이다. 이렇게 쓰러져 있는 파우스트를 보며 메피스토펠레스는 파우스트의 일생을 평가한다. "어떤 향락도 그를 충족시키지 못하고, 어떤 행복도 그에게 충분하지 않다."(11587행) 그렇게 파우스트는 끊임없이 새로운 것을 찾아다녔다. 그랬던 그가 이제 "하찮고 공허한 이 마지막 순간을 / 꽉 붙잡으려 하는"(11589-11590행) "가련한 자"(11589-11590행)가 되었다. 파우스트가 만족하여 그대로 머물러 있길 원했던 그 순간은 '하찮고 공허한 순간'에 불과했다. 보지 못하는 파우스트는 자신의 무덤을 파는 소리를 '천국의 땅'을 건설하는 거대한 기획이 완성되어 가는 소리로 오해했기 때문이다. 사실 이는 파우스트만 모를 뿐이다. 이 순간 메피스토펠레스는 파우스트와의 내기에서 이겼다고 확신한다. "나에게 그렇게 거세게 저항하더니, / 시간이 그의 주인이 된다, 백발의 노인은 여기 모래 속에 누웠구나. / 시계가 멈춘다."(11590-11593행)

메피스토펠레스는 정말 내기에서 이겼을까? 한 가지 분명한 것은 파우스트가 머무르라고 외친 순간은 아직 오지 않았다. '그 순간을 향해 나는 말해도 될 것 같아.'의 독일어 문장이 조심스러운 추측의 의미를 지닌 가정적인 상황을 표현하기 때문이다. 파우스트는 당장 눈앞에 있는 순간에 대해 확정적으로 머무르라고 말하는 것이 아니다. 파우스트 독백의 마지막 문장도 명료하지 않다. 그는 분명히 '최고의 순간'을 '지금' 향유한다고 말하지만, 이 역시 행복에 대한 '예감Vorgefühl' 속에서다. 아직 오지 않은 '최고의 순간'을 생각하며, 그 순간에 맛보게 될 그 엄청난 행복에 대한 '예감' 속에서 내 놓은 파우스트의 마지막 고백이다. 메피스토펠레스는 파우스트의 말을 잘못 해석했다.

그렇다 하더라도 파우스트가 현실을 바르게 인식하지 못한 것은 분명하다. '말'을 '행동'으로 번역한 이후 근대적 주체의 무제한적인 욕구를 대변했던 파우스트는 인식의 오류에 빠졌다. 파우스트의 오류는 합리적으로 사유하는 인간에 대한 신뢰로부터 출발해 새로운 세계를 만들어 가려던 근대적 주체의 기획에 대한 괴테의 조심스러운 비판이 아니었을까? 인류 전체를 자기 내면으로 온전히 품으려 했던 한 개인, 자신의 확신을 인류 전체의 것으로 확장하려 했던 한 개인, 그러한 개인이 기획한 '천국의 땅'의 완성을 예감하는 그 순간이 과연 '머물러라!'라고 명령할 만한 것인지 괴테는 묻고 있다.

사족

『파우스트』 제1부가 출판된 지 20년도 더 지난 1831년에 완성된 제2부에서 벌어지는 사건들은 제1부와는 비교가 되지 않을 정도로 다양하고 복잡하다. 그리고 이 사건들과 등장하는 인물들은 다층적으로 연결되어 있어서 그 의미를 읽어 내는 것 역시 간단하지 않다. 제1, 2부에서 벌어진 주요 사건들만 나열해 보면 이렇다. 제1부에서는 마녀의 부엌에서 다시 젊어지는 파우스트, 그레트헨과의 사랑, 그레트헨의 죽음과 구원 선언이 이어진다. 제2부에서 벌어지는 중요한 사건들은 다음과 같다. 궁정에서 벌어지는 화려하고 사치스러운 가장무도회, 「고전적 발푸르기스 밤」에서 벌어지는 요정과 괴물들의 축제, 인조인간 호문쿨루스의 탄생과 소멸, 이상적 아름다움의 현현인 헬레나의 등장, 헬레나와 파우스트의 결혼과 아들 오이포리온의 탄생 그리고 죽음, 파우스트의 전쟁 참여와 승리, 황제가 하사한 광대한 해안지대를 이상향으로 바꾸는 거대한 간척 사업의 시행, 간척 사업의 완수를 위해 희생되는 원주민들, 그리고 필레몬과 바우키스라는 노부부에 관한 이야기 등. 파우스트가 죽기 전 "머물러라, 너 그렇게 아름답구나!"라고 외치기까지 일어나는 일들이다. 이 외침은 파우스트와 메피스토펠레스 중 누가 내기에서 이겼는지 궁금하게 한다. 이 궁금증을 포함하여 『파우스트』에서 벌어지는 여러 사건과 인물의 의미에 관심이 있다면 『파우스트』에 관한 본격적인 연구서를 읽어 보길 권한다. 한 가지만 더. 제2부 1막에서 벌어지는 가장무도회에서 풍요의 신 플루토스로 가장한 파우스트가 마차를 타고 등장한다. 이때 무대의 맨 앞에 서는 것은 이 마차를 모는 아름다운 소년이다. 이 소년은 자신을 이렇게 소개한다. "나는 낭비입니다, 시문학입니다. / 나는 시인입니다. 자신이 가진 것을 낭비할 때 / 자신을 완성하는 시인입니다."(5573-5575행) '시문학'이 '낭비'라니! 온 정신을 집중하여 『파우스트』를 읽고 있는 독자는 당혹스럽다. 괴테는 다른 글에서 같은 말을 한 적이 있다. "시인은 자신에게 주어진 재능을 허비한다. 즐거움을 만들어 내기 위해서 말이다."(FA 3, 157) 『파우스트』를 읽는 것이 나의 무언가를 낭비하는 것으로 여겨질지라도 그리 억울해하지 않아도 될 듯하다. 누군가의 낭비로 『파우스트』가 생겨났기 때문이다. 『파우스트』를 온전히 이해하기가 어렵다 해도 가끔 즐거움을 맛본다면, 그것으로 낭비의 의미는 충분하지 않을까? 연구서를 읽어 보라는 권유는 그래서 사족일 뿐.

21

JOHANN WOLFGANG VON GOETHE

이별 이야기

괴테는 바이마르로 와서 공적인 삶을 시작한 이후 평생을 엄격한 시간 계획에 따라 하루를 지냈다. 그의 일기에 기록된 것을 토대로 재구성해 보면 그의 일과는 대체로 이렇다. 아침 6시경 일어나서 간단한 아침 식사를 하고 글을 쓴다. 8시경에는 비서들을 불러서 공적인 업무와 관련된 문서들과 편지를 구술해 준다. 이어서 아침 산책을 마친 후 제대로 차려진 아침 식사를 한다. 10시부터 오후 2시경의 점심 식사 시간까지는 자신이 진행하고 있는 연구와 집필에 집중한다. 점심 식사는 대개 손님들과 함께했고, 포도주를 즐겨 마셨다. 알려진 바에 따르면 괴테는 포도주를 좋아하기도 했고 잘 마시기도 해서 대략 하루에 세 병 정도를 마셨다고 한다. 점심 식사를 함께한 손님들과의 대화는 오후 늦게까지 이어지는 경우가 종종 있었다. 그렇지 않은 날에는 자신이 수집한 광물과 예술품들을 관리하거나 정원에서 시간을 보냈다. 프라우엔플란에 있는 그의 집에는 꽤 넓은 정원이 있어서 그곳에 다양한 종류의 식물을 심고는 이들의 성장과 변화 과정을 관찰하고 기록했

괴테하우스 뒤뜰의 정원

괴테는 프라우엔플란에 괴테하우스 뒤뜰의 정원에 다양한 식물을 심고 가꾸는 것을 즐겼다. 괴테는 몸과 마음의 휴식을 위해 이 정원을 찾았다. 그가 이 정원에 깊은 애정을 가졌던 보다 근본적인 이유는 다양한 종류의 식물을 재배하면서 그 식물들의 형태를 관찰하고, 그 형태들이 어떤 조건에서 어떻게 변하는가를 연구하기 위해서였다.

괴테의 연구실

괴테는 이곳에서 색채론을 위한 실험, 작품의 집필 등의 작업을 수행했다. 사진의 왼편에 문이 열려 있는 곳이 침실이다.

다. 저녁 시간은 자신만을 위해 사용했다. 이때 작품을 집필하기도 했다. 가족들과 시간을 함께 보내는 날이 아니면 밤 9시쯤 잠자리에 들어서, 자정이 될 때까지 책을 읽었다.

이처럼 규칙적이고 열정적으로 일에 중독된 사람처럼 살아가던 괴테도 이제까지의 삶의 방식을 바꿔야 할 경험을 하게 된다. 1823년 2월 중순 생명에 위협이 될 정도의 심한 병을 앓게 된 것이다. 일시적으로 의식을 잃기도 하고, 매우 심한 하복부의 통증으로 편히 누울 수 없을 정도의 상태를 겪었는데, 심장과 연관되었을 것으로 추정되는 이때의 육체적 질병은 이미 70대 중반이 된 그에게 육체적으로 그리고 심리적으로 결정적인 상실의 경험을 제공했다. 게다가 그는 이미 몇 년 전 회복이 어려울 정도의 심리적 타격을 받은 바 있었다. 1816년 6월 6일 아내 크리스티아네가 고통스러운 죽음을 맞이한 것이다. 아내와의 이별은 그에게 30여 년간 그를 행복하게 지탱해 온 삶의 토대가 무너짐을 의미했다. 그런데 이제는 그의 몸이 그렇게 된 것이다. 1823년의 봄 이후로 괴테는 바이마르를 벗어나는 여행은 거의 할 수 없을 정도가 된다. 1828년 6월에는 그의 절대적 후원자였던 영주 칼 아우구스트가 세상을 떠나고, 2년 후인 1830년 11월 괴테는 또 한 번의 충격적인 이별을 경험한다. 이제 막 마흔 살이 된 아들 아우구스트가 로마에서 세상을 떠난 것이다. 이제 이 세상과 최종적 작별을 하기까지 얼마 남지 않은 그의 인생은 점점 더 어둡게 채색되고 있었지만, 그는 이러한 슬픔을 겉으로 드러내지 않았다.

아들을 잃은 슬픔 때문이었는지 괴테는 1830년 12월 폐렴 증세로 피를 토하며 다시 한번 병마와 싸워야 했다. 이후 이 병증으로 부터는 다행히 회복했고, 『파우스트』 제2부 집필을 마무리하는 등 비교적 안정적인 상태를 유지하며 일상의 삶을 지속했다. 1831년 8월 26일의 일기다. "구름이 많고 비는 오지 않음. 아침 6시 반 바이마르로부터 출발." 아침 일찍 바이마르를 떠난 괴테는 오후 6시가 조금 지나 일메나우에 도착했다. 당시 괴테의 건강 상태를 생각하면 조금은 이례적인 일정이다. 바이마르를 벗어나는 일이 거의 없었기 때문이다. 괴테가 일메나우로 온 이유는 그가 너무도 사랑하던 장소를 다시 한번 방문하기 위해서였다. 키켈한 이다. 82번째 생일을 자축하기 위한 기획이었다. 자신의 마지막 생일이 될 것을 예감했던 것일까, 괴테는 특별한 애정을 품었던 이곳을 방문하기로 한 것이다. 일메나우에 도착한 괴테는 다음 날 "아침 4시 반에 일어"났다. 하늘은 완전히 쾌청했고, 보기 드물게 좋은 날씨였다. 그는 자신이 즐겨 걷던, 이제는 사람들이 괴테등 산로라고 부르는 길을 따라 키켈한 정상에 올랐다. 그리고 괴테오두막에 들러서 거의 50년 전에 자신이 기록해 놓은 시를 확인한다. 이날 일기에는 "1783년 9월 7일"(실제로는 9월 6일)에 이 시를 썼다고 기록하며, 자신의 젊은 시절을 떠올린다. 그러고 나서 그곳에서 3년 전 세상을 떠난 영주 칼 아우구스트를 회상한다. 50여 년 전 30대의 젊은 두 사람은 함께 이곳에 올랐었다.

8월 31일, 여행에서 돌아온 이후 괴테는 바이마르에만 머물렀다. 1832년 3월 16일 오후, 괴테는 마차를 타고 산책하러 나간다. 괴테의 주치의이자 친밀한 대화 상대이기도 했던 포겔Carl Vogel은 이날 있었던 일을 자세히 기록했다.(FA 38, 546-549) 3월 중순이었지만 날씨는 겨울처럼 차갑고 바람은 강했다. 괴테가 산책하는 데 어려움을 느끼자 바로 집으로 돌아왔다. 그는 식욕을 잃은 것 같았다. 그날 밤 괴테는 거의 잠을 자지 못했고, 잦은 마른기침으로 힘들어했다. 열은 점점 심해졌다. 괴테는 가슴부위의 통증 때문에 괴로워했다. 3월 16일, 괴테는 마지막 일기를 기록한다. "몸이 좋지 않아 하루 종일 침대에서 보냈다."

다음 날인 1832년 3월 17일, 괴테는 나흘 전 작성했던 편지를 구술하여 완성한다. 빌헬름 폰 훔볼트에게 보내는 편지였는데, 이것이 그가 남긴 마지막 편지가 된다. 이 편지는 주로『파우스트』제2부에 관하여 언급하고 있다. 이 작품에는 여전히 "빈틈"이 남아 있으며, 이러한 빈틈을 어떻게 "나머지 부분들과 연결할 것"인지에 대해 고민하고 있다는 내용이다. 이어서 그는, 자신이 "살아 있는 동안" 자신의 소중한 친구들에게 "이 매우 진지한 농담"을 전달해서 읽도록 함으로써 그들의 반응을 볼 수 있다면, 그것은 그에게는 "의문의 여지가 전혀 없는 무한한 기쁨"이 될 것이라고 쓴다. '매우 진지한 농담'은『파우스트』를 가리킨다. 괴테가 1831년 12월 1일 훔볼트에게 보낸 편지에서 밝힌 것처럼『파우스트』제2부는 완전히 봉인해 놓고, 자신이 살아 있는 동안에는 출판하지 못하도록 조처해 놓았다. 훔볼트를 비롯한 주변 사람들이 그 조처를 취소해 달라고 설득하였지만, 괴테는 자신의 결심을 굽히지 않았다. 그런데 마지막 편지에서 만일『파우스트』제2부를 친구들과 공유할 수 있었다면 얼마나 기뻤을까, 하는 마음을 드러낸다. 하지만 이 말은 봉인해 놓은 것에 대한 후회가 아니다. 괴테는 이 문장을 비현실화법을 사용하여 표현했다. 이는 자신의 '매우 진지한 농담'을 자기가 살아 있는 동안에는 공개할 수 없다는 현실의 표현이다. 공개할 수 없었고, 그래서 봉인해 놓은 것에 대한 후회를 표현하는 것이 아니라 공개할 수 없는 현실이 너무도 안타깝다는 마음의 표현이다. 그는 이어서 이렇게 쓴다.

"오늘은 실제로 정말 너무도 이상하고 혼란스러워서 이러한 확신이 듭니다. 이 진기한 축조물을 이루어 내기 위해 그렇게 오랫동안 추구해 온 나의 진실한 노력이 제대로 보상받지 못하고 해변에 버려질 것 같다는 확신 말입니다. 난파선이 조각난 채 해변의 모래사장에 놓여 있는 것처럼 말이에요."

삶을 마감하기 직전 괴테는 '진기한 축조물'인 『파우스트』 제2부가 외면받게 될 운명을 생각하며 슬퍼한다. 200여 년이 지난 후 그가 상상조차 하기 어려울 정도로 낯선 곳인 이 한반도에서도 그가 던진 '매우 진지한 농담'과 씨름하는 사람들이 생길 거라는 점을 조금이라도 예감할 수 있었다면, 괴테는 조금 더 편히 눈을 감을 수 있었을까?

3월 16일 이후 괴테를 사로잡고 있던 높은 열과 멈추지 않는 기침이 완화되었다. 하지만 일시적이었다. 3월 20일 심근경색이었을 것으로 추정되는 병세가 다시 그를 엄습했다. 이번엔 죽음의 그림자가 더 짙은 모습으로 훨씬 더 가까이 다가왔다. 이날의 상황을 포겔은 이렇게 기록한다. "참담한 모습이 나를 기다리고 있었다! 엄청난 공포와 불안으로 인해 오래전부터 단지 매우 절제된 자세로만 움직이는 데 익숙해 있던 고령의 노인은 쫓기듯 급박하게 침대로 옮겨졌다. […] 점점 더 죄어오는 가슴의 통증이 고문당하는 이 노인을 짓눌렀다. 그는 때로는 신음을 때로는 큰 소리를 내뱉었다. 얼굴은 일그러졌고, 안색은 잿빛이 되었다. 두 눈은 창백한 동공 속으로 깊이 파였고, 생기를 잃은 채 흐릿해졌다. 눈빛은 너무도 끔찍한 죽음의 공포를 드러내고 있었다."

1832년 3월 22일 11시 30분경 괴테는 침실에 있는 팔걸이의자에 앉은 채 죽음을 맞이했다. 그가 마지막으로 내뱉은 말이 "더 많은 빛을!"이었다는 전언이 있으나 이는 확인되지 않는다. 나흘 후인 3월 26일 프라우엔플란에 있는 괴테하우스 현관의 관대 위에 괴테의 관이 놓였다. 그는 바이마르에 있는 모든 종이 울리는 가운데 영주의 묘지로 옮겨졌고, 칼 아우구스트와 실러의 곁에 묻혔다.

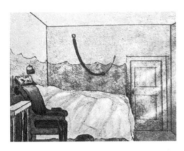

괴테의 침실

연구실과 바로 연결된 이 침실에 있는 팔걸이 의자에서 괴테는 삶의 마지막 순간을 맞이 했
다. 위에 있는 그림은 괴테가 숨을 거둔 1832년 3월 22일 그린 침실이고, 아래에 있는 사진을
2018년에 괴테 하우스를 방문했을 때 찍은 것이다.

사진 출처: (좌) Goethe, Sein Leben in Bildern und Texten, Frankfurt/M. u. Leipzig 1998, 370쪽

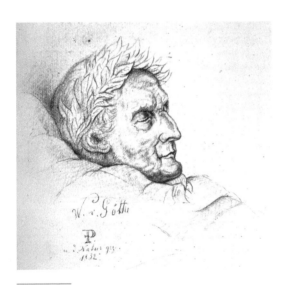

영면에 든 괴테

숨을 거둔 다음 날 침대에 뉘어진 괴테의 모습.

사진 출처: Goethe, Sein Leben in Bildern und Texten, Frankfurt/M. u. Leipzig 1998, 371쪽

역사적 공동묘지(상), 군주들의 묘(중), 괴테와 실러의 관(하)

오늘날 '역사적 공동묘지'라고 불리는 공동묘지의 안쪽으로 깊숙이 들어가면, 가장 높은 곳에 '군주들의 묘'가 있다. '군주들의 묘'는 칼 아우구스트의 요청으로 1823년부터 건축을 시작해서 1827년 완성했다. '군주들의 묘'에는 군주 가문 출신이 아닌 두 사람이 안장되어 있는데, 괴테와 실러가 바로 그 두 사람이다. 실러는 원래 1805년 숨을 거둔 후 야콥 공동묘지에 있는 안장실에 안치되었다가 '군주들의 묘'가 완성된 후 1827년 12월 16일 칼 아우구스트의 소망에 따라 이곳으로 이장되었다. 1828년 6월 14일 숨을 거둔 칼 아우구스트도 이곳에 안장되었고, 1832년 3월 22일 세상을 떠난 괴테도 그로부터 4일 후인 3월 26일 이곳에 안장되었다. 괴테는 실러의 곁에 머물기를 원했고, 그가 원한 대로 괴테와 실러는 죽은 후에도 나란히 곁에 눕게 되었다. 실러의 관은 지금 비어 있다. 1805년 실러가 안장되었던 야콥 공동묘지의 안장실은 개인별로 구분된 공간이 있는 것이 아니어서, 1827년 실러를 이장할 때 실러의 유골로 여겨지는 것을 분류하여 '군주들의 묘'로 옮겼다. 그런데 2006년부터 2008년까지 실시한 유전자 검사에서 이장된 유골은 모두 실러의 것이 아니며, 적어도 4명의 서로 다른 사람들의 유골임이 밝혀졌다. 실러의 관에 담겨 있던 유골은 다른 곳으로 옮겼고, 실러의 관은 빈 채로 '군주들의 묘'에 놓여있다.

괴테, 삶을 쓰다

괴테는 1795년 「문학적 과격공화주의_Literarischer Sansculottismus_」라는 글에서 자기 작품은 "시대에 의해" 규정 받는 "삶의 결과일 뿐"이라고 말한다. 이 말은 괴테가 시간이 흘러가는 대로 수동적인 삶을 살았음을 의미하지 않는다. 괴테는 모든 유기적 개체는 '결정되면서 결정하는' 특성을 지닌다고 여긴다. 여기에는 인간도 포함된다. 이는 모든 유기적 개체가 벗어날 수 없는 운명적 조건이다. 결정되면서 결정한다는 이 운명적 조건은 어떻게 작동할까?

1798/99년에 작성한 「관찰하기와 정돈하기_Beobachten und Ordnen_」라는 아주 짤막한 글에서 괴테는 이렇게 말한다.

"올바르게 정돈하기를 지향하는 사람은 자기 자신의 설비에 맞지 않는 어떤 낯선 것이 나타나자마자, 이 낯선 것 하나를 빠뜨리거나 고의로 잘못 배치하기보다는 전체적인 분류를 변경한다. 결합하기를 지향하는 사람은 자신이 만들어 놓은 연결을 기꺼이 해체하지 않는다. 그는 오히려 새로운 것을 부정하거나 인위적으로 낡은 것과 연결할 것이다."

두 부류의 사람이 있다. '정돈하기'를 지향하는 사람과 '결합하기'를 지향하는 사람이다. 그들은 '새로운 것'을 만나면 어떻게 반응할까? 사실 '새로운 것'은 항상 동시에 '낯선 것'이기도 하다. 익숙해서 낯설지 않다면 그것은 새로운 것일 수 없기 때문이다. 먼저 '결합하기'를 지향하는 사람은 새로운 대상에 대하여 모든 행위의 주도권을 자신이 쥐려고 한다. 이 사람은 자신이 지닌 기존의 내적 구조를 확고하게 결정된 것으로 여긴다. 따라서 그 구조에 맞지 않는 낯선 것, 즉 새로운 것은 부정해 버린다. 설혹 이 낯선 것을 받아들인다 해도 낯선 것이 지닌 새로움에 전혀 걸맞지 않은 기존의 낡은 구조에 억지로 끼워 넣는다. 이와는 달리 '정돈하기'를 지향하는 사람은 낯선 대상의 새로움을 인정한다. 이 새로운 대상이 자기 내면에 구축된 기존의 구조에 맞지 않을 때는 **자신을 변화시킴으로써**, 이 새로운 대상을 위한 설비가 자신의 내면에 새롭게 형성되게 한다. 낯선 것이 주는 새로움에 반응한다는 점에서 정돈하기를 지향하는 사람은 결정된다. 하지만 새로움을 지닌 낯선 것이 어디에 어떻게 자리잡게 할 것인가는 정돈하기를 지향하는 사람 스스로 결정한다. 낯선 것을 만나서 일어나는 **변화**는 따라서 **결정되는 것**이지만, 동시에 **결정하는 것**이다. 괴테가 자신의 작품을 '시대에 의해 규정받는 삶의 결과일 뿐'이라고 말한 것은 결정되며 결정하는 이 과정을 염두에 둔 것일 것이다.

괴테는 '정돈하기'를 자신의 삶의 원칙으로 선택했다. 삶의 매 순간 만나는 수천의 개별 존재들이 주는 자극에 반응하는 방식으로 자신을 바꾸어 간다. 낯선 것, 낯선 사람을 만나면 그는 그 낯선 개별 존재가 주는 낯섦을 못 본 척 하거나 무시하지 않는다. 오히려 이 낯섦이 의미하는 새로움을 인정하고, 이 새로운 낯섦의 행위에 대해 적절히 반응하기 위해 자신의 기존의 생각하는 방식을 바꾼다. 이런 식으로 수천의 개별 존재들은 괴테에게 흔적을 남긴다. 수천의 개별 존재가 흔적을 남기는 만큼 괴테는 새로워지고, 되어 감을 구현한다. 그가 세상을 떠나기 한 달 전쯤 자신의 작품을 괴테라는 한 명의 천재적 개인이 생산해 낸 것이 아니라, 괴테라는 이름의 '집단 존재'가 만들어낸 것이라고 고백한 것도 바로 이런 이유에서다. 그는 자신의 작품이 수천의 개별 존재들이 기여한 흔적들의 집적체임을 알고 있었고, 그렇기 때문에 일생동안 자신의 이름으로 남긴 작품은 모두 집단존재의 작품이라고 고백했다. 괴테가 말하는 집단 존재는 물론 파우스트가 말하는 인류 전체와 다르다. 파우스트는 인류 전체를 자신의 자아 안에 품으로써, 그리고 자신의 자아를 인류 전체로 확장함으로써 자기 자신을 신을 대신할만한 위치에 놓으려 한다. 하지만 괴테는 자신의 작품이 집단 존재의 작품이라고 말함으로써 매순간의 만남이 지닌 소중함을 표현한다. 그리고 모든 개별적인 만남에서 맞닥뜨리는 수천의 개별 존재가 지닌 고유성과 가치를 인정한다. 따라서 집단

존재의 작품인 괴테의 작품은 이렇게 이어진 그의 '삶의 결과'이
다. 수천의 개별 존재와의 만남의 흔적인 괴테의 작품은 삶을 쓴
것이다.

01 개인

괴테는 한 편지에서 이렇게 쓴다. "개인에 관하여 진술하는 것은 불가능하다." 그 누구도 다른 사람의 내면을 있는 그대로 파악할 수 없다. 한 개인의 내면은 오직 그 개인만의 것! 괴테가 인간을 어떻게 이해하는가를 드러내는 개인에 관한 이러한 생각은 젊은 시절부터 일관되게 유지되며, 한 인간의 형성과정이나 다른 개인과의 관계 맺기 방식에 관한 그의 생각에 중요한 출발점이 된다.

02 형성/교양

괴테는 인간을 포함한 모든 유기적 개체의 형성이 '결정하면서 동시에 결정되는' 방식으로 이루어진다고 여긴다. 모든 개체는 자기만의 고유한 단일성을 지니고 있다. 단일성을 지닌 개체는 외부에서 어떤 자극이 주어졌을 때 자신만의 고유한 방식으로 반응reaction한다. 이 반응은 외부에서 주어진 자극에 의해서 촉발된 것이기 때문에, 개체의 입장에서는 수동적으로 표출된 것이라 할 수 있다. 하지만 그러한 반응을 하기로 결정하는 것은 동시에 그 개체 자신이라는 것이 괴테의 생각이다. 다시 말하면 이 반응은 동시에 개체의 행동action이기도 한 것이다. 모든 개체는 행동과 반응을 동시적으로 수행한다. 이처럼 개체가 행동과 반응을 동시적으로 수행하는, 즉 '결정하면서 결정되는' 과정이 바로 형성이다. 인간의 교양과정도 이와 다르지 않다.

03 되어감과 자기 정체성

괴테는 '이 세상에서 변하지 않고 멈춰있는 것은 없다'고 생각한다. 인간도 당연히 예외일 수 없다. 모든 것은 '지속적인 운동 속에서 동요'하며, 그렇기에 '변화하지 않고 지속되는 것, 정지하여 있는 것, 이미 완결되어 있는 것'은 없다. 이렇게 생각하는 괴테는, 모든 개체

바이마르 일름 강변에 있는 셰익스피어 동상. 괴테는 자기에게 가장 많은 영향을 미친 세 명의 인물로 스피노자, 린네 그리고 셰익스피어를 꼽았다.

의 자기 정체성은 (실체와 같은) 변하지 않는 것에서 찾아서는 안 된다고 여긴다. "그냥 존재하는 것은 아무것도 없다. 이미 완성되어 있는 것도 없다. 모든 것은 항상 되어감 속에서 존재한다. 변화의 영원한 물결 속에는 그 어떤 정지도 없다." '되어감' 없는 '있음'은 없으며, 자기 정체성은 그래서 시간적 특성을 지닌다.

04 사랑

개인에 관한 괴테의 견해에 따르면, 누구라도 다른 사람의 내면을 알 수는 없다. 그것이 개인의 본질적 특징이다. 사랑은 서로를 정확히 알 수 없는 운명을 지닌 개인들의 만남이다. 그렇기 때문에 상대방의 내면을 알았다고 말하는 것은 오해일 가능성이 매우 높다. 괴테는, "아주 소수의 사람들은 다른 사람에게서 있는 그대로의 그를 사랑한다"고 말한다. 이러한 사랑은 자신이 상대방에게 "부여한 것만" 사랑하는 것, 상대방에게 "투사한 자기 자신"을 사랑하는 것과 다르다. '있는 그대로'의 상대를 사랑하는 것은 나와 너의 다름을 인정하는 것이고, 너와 내가 각각의 다름을 유지한 채 중첩되는 것이다.

05 진리

"내가 나 자신에 대한, 그리고 외부세계에 대한 나의 관계를 안다면, 나는 이를 진리라고 부른다." 서구의 전통에서 진리는 존재하는 것과 그 존재하는 것에 대한 인식이 서로 일치하는 경우를 가리켰다. 이와는 달리 괴테는 존재하는 것 자체에 대한 앎이 아니라, 존재하는 것에 대해서 지니는 '관계'에 대한 앎을 진리로 여긴다. 괴테가 말하는 진리로서의 앎은 자기 자신에 대한 앎도, 외부세계의 대상에 대한 앎도 아니며, 자기와 대상에 대한 관계에 관한 앎이다. 인간을 포함한 모든 것이 끊임없이 변화하고 항상 되어감 속에서 존재한다면, 앎의 대상을 파악하는 것은 불가능에 가깝다. 지속적으로 변화하고, 스스로를 형성해가는 하나의 대상에 대한 전체적인 앎은 '나 자신에 대한 나의 관계'와 '외부세계에 대한 나의 관계'에 관한 앎을 통한 그 대상에로의 끊임없는 접근을 의미할 뿐이다.

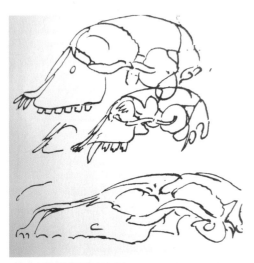

괴테가 그린 다양한 동물의 악간골.

06 자율적 예술

예술가는 창작과정에서 "대상의 깊이"와 "자기 자신의 감수성의 깊이"에 동시적으로 파고 들어야 한다고 괴테는 말한다. 괴테는 예술이 "하나의 독자적인 작은 세계"를 구축하고, "이 세계 안에서 모든 것을 자신만의 고유한 법칙에 따라 판단한다"고 말함으로써, 예술의 자율성을 주장한다. 자율적 예술은 예술가의 주관적 자의성으로부터도 자유로워야 하고, 동시에 대상의 기계적 재현에 제한되어서도 안 된다. 예술이 자신의 자율성을 구현하는 방법은 객관적 '대상의 깊이'와 예술가의 주관적 '감수성의 깊이'를 동시에 충족시키는 것이다. 이런 이유에서 괴테는 자율적 예술의 특성을 "초자연적인. 그러나 비자연적이지는 않은" 또는 "자연적인, 그리고 동시에 초자연적"이라고 규정한다.

07 정돈하기와 결합하기

'정돈하기'와 '결합하기'의 대비는 괴테가 생각하고 행동하는 방식의 기본적 특징을 잘 보여준다. 괴테는 말한다. "올바르게 정돈하기를 지향하는 사람은 자기 자신의 설비에 맞지 않는 낯선 것이 나타나자마자, 이 낯선 것 하나를 빠뜨리거나 고의로 잘못 배치하지 않고, 오히려 전체적인 분류를 변경한다. 결합하기를 지향하는 사람은 자신이 만들어 놓은 연결을 해체하려 하지 않는다. 그는 오히려 새로운 것을 부정하거나 인위적으로 낡은 것과 연결할 것이다." 새로운 대상을 대하는 두 가지 태도가 등장한다. '정돈하기'와 '결합하기'다. 이 두 가지 태도의 궁극적 차이점은 '낯선 것', 즉 새로운 대상의 행위능력을 인정하느냐 여부다. 먼저 '결합하기'를 지향하는 사람은 새로운 대상에 대하여 모든 행위의 주도권을 자신이 쥐고 있다. 이 사람은 자신이 지니고 있는 기존의 내적 구조를 결정적인 것으로 여긴다. 그렇기 때문에 그 구조에 들어맞지 않는 낯선 것은 부정해 버리거나, 이 낯선 것의 새로움에 전혀 걸맞지 않는 낡은 구조와 억지로 연결시킨다. 이와는 달리 '정돈하기'를 지향하는 사람은 낯선 대상의 새로움을 인정한다. 그리고 새로운 대상이 지닌 행위능력을 인정하고, 그 새로운 대상의 행위에 반응한다. 이 새로운 대상이 자신의 기존의 구조에 맞지 않는 경우에도 자신을 변화시킴으로써, 이 새로운 대상을 위한 설비가 자신의 내면에 새롭게 형성되게 한다.

괴테-하피스 기념비.
2000년 문화들 사이의 대화를 촉진하기 위해 마련된 국제 행사를 기념하여 바이마르 베토벤 광장에 설치되었다. 하피스는 14세기 페르시아의 시인이다. 서로 마주보고 있는 두 개의 의자로 동양과 서양의 관계를 형상화하였으며, 의자 뒤편 바닥에는 괴테의 『서동시집』의 시구가 인용되어 있다. "자기 자신과 타자를 아는 사람은/또한 여기서 고백할 것이다./동양과 서양은/더 이상 서로 분리되어 있지 않다고." 낯선 것, 타자, 다름을 대하는 괴테의 자세를 잘 보여준다.

08 관계

진리는 관계에 관한 앎이라는 생각, 모든 개체는 결정되면서 결정한다는 생각, 사랑은 다름의 중첩이라는 생각, 정돈하기의 방식을 선택해야 한다는 생각 등은 모두 괴테의 사유와 삶의 중심에는 바로 관계의 중요성에 대한 확신이 놓여 있음을 보여준다. 괴테가 '되어감'을 실재의 본질이자 실재의 존재 방식으로 여기는 것도 마찬가지. 정돈하기 방식이 새로운 대상의 행위능력을 인정하는 것에 볼 수 있듯이, 이 세계의 모든 존재가 서로의 행위에 대해 반응하는 관계 속에 있다면, 이 세계의 모든 존재는 지속적으로 변화해 갈 수밖에 없다. 이 관계는 항상 비로소 새로워지는 것을 가능하게 하며, 그렇기에 모든 것은 항상 되어감 속에 있다. 괴테에게 있어서 이 되어감을 가능하게 만드는 행위자는 관계 자체다.

바이마르 괴테 하우스의 노란 방. 괴테는 자기를 찾아오는 사람들을 이 방에서 만났으며, 이 방에 들어서는 사람들은 모두 '안녕Salve'이라는 말로 환영받았다.

괴테 생애의 결정적 장면

1749 8월 28일 정오 12시를 알리는 종소리와 함께 만인 강변에 있는 프랑크푸르트에서 요한 카스파 괴테와 카타리나 엘리자베트 괴테의 아들로 태어나다.

**1765
~68** 라이프치히에서 법학을 공부하지만, 의미있는 성과를 거두지 못하다. 피를 토하는 등 목숨이 위험할 정도로 폐렴이 악화되어 공부를 중단하고 열아홉 번째 생일인 8월 28일 고향으로 돌아오다.

괴테의 출생을 알리기 위해 아버지가 신문사에 보낸 공고문과 자서전 집필을 위한 괴테의 자필 메모, 프랑크푸르트 괴테 생가. (좌) 라이프치히 대학에 있는 괴테의 흉상. (우)

1769 건강을 어느 정도 회복하였고, 수잔나 카타리나 폰 클레텐베르크 부인이 후원하던 경건주의 공동체의 수련회에 참여하다. 펠라기우스에 관한 글과 고트프리트 아르놀트의 교회사를 읽다.

1770 슈트라스부르크에서 법학 공부를 다시 시작하다. 헤르더를 만나게 되고 제센하임에 사는 프리데리케 브리온과 사랑에 빠지다.

1771 법학 박사학위 논문을 제출하였으나 슈트라스부르크 대학 신학부의 반대로 출판은 하지 못하였고, 박사학위에 준하는 학위를 취득하다. 8월 말 고향으로 돌아온 후 「셰익스피어 축일을 기념하여」를 발표하고, 『강철손을 가진 괴츠 폰 베를리힝겐』을 출판하다.

1772 베출라에 있는 제국대법원에서 실습하였고, 샤를로테 부프를 가깝게 알게 되다.

1774 『젊은 베르터의 슬픔』을 출판하다

1774 『젊은 베르터의 슬픔』을 출판하다.

1775 처음으로 스위스를 여행하다. 칼 아우구스트의 초대를 받아 바이마르로 이주하다. 샤를로테 폰 슈타인 부인을 만나다.

폰 슈타인 부인의 묘비, 바이마르 역사적 공동묘지.

1776 일름 강변에 있는 정원집에 입주하다. 공국의 추밀원 위원으로 임명되었고, 이어서 1786년 이탈리아로 여행을 떠나기 전까지 국방부장관, 재무부장관 등 다양한 공직을 맡다.

1779 『타우리스의 이피게니에』를 산문판으로 초연하다. 영주 칼 아우구스트와 함께 두 번째로 스위스를 여행하다.

1782 아버지가 세상을 떠나다. 프라우엔플란에 있는 저택으로 이사하였고, 귀족 작위를 받다.

1784 인간에게도 악간골이 있음을 발견하다.

1785 『빌헬름 마이스터의 연극적 사명』을 집필하다.

1786 비밀리에 이탈리아로 떠나다

1786 칼스바트에서 휴양하던 중 9월 3일 이른 새벽 비밀리에 이탈리아로 떠나다. 이때 미완성 상태로 남아있던 작품들의 원고를 모두 가지고 가다. 연말에 『타우리스의 이피게니에』 운문판을 완성하다.

1787 『에그몬트』를 완성하다. 『타소』와 『파우스트』 작업을 계속하였고, 원형식물에 관하여 구상하다. 괴테가 이탈리아 여행을 하는 동안 실러가 바이마르에서 처음으로 체류하다.

1788 부활절 직후인 4월 24일 로마를 떠나 6월 18일 바이마르에 도착하다. 크리스티아네 불피우스와 사랑에 빠지다.

1789 프랑스대혁명이 발발하기 직전 『타소』를 완성하다. 실러가 예나대학의 역사학과 교수로 임용되다. 아들 아우구스트가 태어나다.

1790 『식물 형태변형론』을 발표하다.

'로마의 집', 괴테가 이탈리아 여행의 경험을 바탕으로 구상한 칼 아우구스트의 휴식처, 바이마르.

1791 프리즘 착상을 떠올리다

1791 프리즘 착상을 떠올리다. 색채론과 관련된 실험 결과를 모아서 『광학에 관한 기고. 제1편』 출판하다.

괴테가 사용했던 프리즘. 유리로 된 용기에 물을 채워서
사용했다.

1794 실러와 문학적 동맹 관계가 시작되다

1792 프랑스와의 전쟁에 참전하다.

1794 7월 20일 실러와 운명적인 만남에서 "원형식
물"에 관하여 논쟁하다. 실러와 문학적 동맹
관계가 시작되다. 실러가 주관하는 잡지인
『호렌』의 편집위원으로 참여하다.

바이마르 실러 하우스에 있는 실
러의 흉상.

1796 『빌헬름 마이스터의 수업시대』를 출판하다

1796 『빌헬름 마이스터의 수업시대』를 출판하다.

1797 세 번째로 스위스를 여행하다.

1798 잡지 『프로필레엔』의 출판을 시작하여 1800년까지 발행하다.

1799 실러가 바이마르로 이주하다.

1805 실러가 세상을 떠나다

1805 실러가 세상을 떠나다. 괴테는 "자신의 존재 절반"을 잃은 고통을 토로하다.

1806 『파우스트』 제1부 집필을 완료하다

1806 『파우스트』 제1부 집필을 완료하다(1808년 『파우스트. 비극 제1부』라는 제목으로 출판). 나폴레옹 군대에 의해 바이마르가 점령당하다. 크리스티아네 불피우스와 결혼하다.

1808 어머니가 세상을 떠나다. 에어푸르트에서 열린 유럽제후회의에 참여하고 있던 나폴레옹의 요구로 10월 2일 그와 면담하다.

1809 『친화력』을 출판하다.

1810 『색채론』을 출판하다

1810 『색채론』을 출판하다.

1811 『시와 진실』 제1부를 출판하다. (이후 제2부는 1812년에, 제3부는 1813년에, 마지막으로 제4부는 1830년에 출판)

1816 아내 크리스티아네가 세상을 떠나다. 『이탈리아 여행』을 출판하다.

1819 『서동시집』을 출판하다.

1821 『빌헬름 마이스터의 편력시대』 1판을 출판하다.

1828 괴테의 후원자 영주 칼 아우구스트가 세상을 떠나다.

1829 『빌헬름 마이스터의 편력시대』 개정판을 출판하다. 『파우스트. 제1부』가 브라운
슈바이크에서 초연되다. 이후 8월 29일 괴테의 80회 생일을 기념하여 바이마르
의 무대에도 올려지다.

1830 아들 아우구스트가 로마에서 세상을 떠나다.

1831 『파우스트. 비극 제2부』를 완성하다

1831 『파우스트. 비극 제2부』를 완성하다. 하지만 괴테의 바램에 따라 생전에는 출판되
지 않다. 8월 28일 82번째 생일이자 인생의 마지막 생일을 키켈한에서 보내다.

1832 3월 22일 11시 30분경 프라우엔플란에 있는 자신의 집 침실에 있는 팔걸이 의
자에서 삶의 마지막 순간을 맞이하다.

괴테국립박물관 바로 앞에 프라우엔플란에는 1992년부터 한 명의 거인이 있다. 바이마르 출신의 작가
발터 작스의 작품인데, 이 거인은 누구일까?

참고 문헌

FA = Frankfurter Ausgabe: Johann Wolfgang Goethe, Sämtliche Werke, Briefe, Tagebücher und Gespräche, 40 Bde., Frankfurt/M. 1985ff.

괴테 사전, 한국괴테학회 편, 한국외국어대학교 지식출판원, 2016.

괴테 사전 II, 한국괴테학회 편, 한국외국어대학교 지식출판원 2021.

뤼디거 자프란스키: 괴테. 예술작품 같은 삶, 호모포에티카 옮김, 한국외국어대학교 지식출판원 2017.

요한 볼프강 괴테:『젊은 베르터의 고뇌』, 김용민 옮김, 시공사 2014.

요한 볼프강 괴테:『예술론』, 정용환 옮김, 민음사 2008.

요한 볼프강 괴테:『문학론』, 안삼환 옮김, 민음사 2010.

요한 볼프강 괴테:『빌헬름 마이스터의 수업시대 1, 2』, 안삼환 옮김, 민음사 1999.

요한 볼프강 괴테:『친화력』, 김래현 옮김, 민음사 2001.

요한 볼프강 괴테:『색채론, 자연과학론』, 장희창, 권오상 옮김, 민음사 2018.

요한 볼프강 괴테:『시와 진실』, 윤용호 옮김, 종문화사 2006.

요한 볼프강 괴테:『빌헬름 마이스터의 편력시대 1, 2』, 김숙희 외 옮김, 민음사 1999.

요한 볼프강 괴테:『파우스트. 한 편의 비극 1, 2』, 김수용 옮김, 책세상 2006.

주일선: 개체는 결정되면서 결정한다. 실린 곳: 독어교육 23(2002), 615-652.

주일선: 자기준거와 타자준거의 동시성. 실린 곳: 헤세연구 15(2006), 180-199.

주일선: 태초에 행동이 있었다 - 괴테의『파우스트』1부. 실린 곳: 시를 사랑하는 사람들 33(2008), 306-314.

주일선: "이런 의미에서 그의 수업시대는 끝났습니다" - 빌헬름 마이스터의 자아인식과 형성. 실린 곳: 괴테연구 23(2010), 5-28.

주일선: '둘이 서는 하나의 무대' -『젊은 베르터의 슬픔』의 사랑 이해. 실린 곳: 독어독문학 150(2019), 39-65.

주일선: 관계: 경계와 경계 넘기 – 팬데믹 시대에 다시 읽는 괴테의 『색채론』. 실린 곳: 독어
교육 81(2021), 157-187.

주일선: 사랑: 다름의 중첩 -『친화력』에서 "흐릿하고 열정적인 필연성"이 지니는 의미. 실린
곳: 독일어문학 102(2023), 57-87.

Dieter Borchmeyer: Goethe. Der Zeitbürger, München 1999.

Dieter Borchmeyer: Goethe, Köln 2005.

Christoph Michel(Hrsg.): Goethe. Sein Leben in Bildern und Texten, Frankfurt am Main 1982.

Petra Maisak u. Hans-Georg Dewitz: Das Goethe-Haus in Frankfurt am Main, Berlin 2015.

Gisela Maul u. Ulrich Giersch(Hrsg.): J. W. von goethes Beiträge zur Optik und die Entwicklung
der Farbenlehre, Klassik Stiftung Weimar 2015.

Jürgen M. Pietsch: Goethes Gartenhaus am Stern, Spröda 2012.

Rüdiger Safranski: Goethe, Kunstwerk des Lebens, Biographie, München 2017.

클래식 클라우드 035

괴테

1판 1쇄 인쇄 2024년 10월 18일
1판 1쇄 발행 2024년 10월 25일

지은이 주일선
펴낸이 김영곤
펴낸곳 아르테

편집팀 정지은 박지석
출판마케팅팀 한충희 남정한 나은경 최명렬 한경화
영업팀 변유경 김영남 강경남 황성진 김도연 권채영 전연우 최유성
제작팀 이영민 권경민
디자인 다함미디어

출판등록 2000년 5월 6일 제406-2003-061호
주소 (10881) 경기도 파주시 회동길 201(문발동)
대표전화 031-955-2100 팩스 031-955-2151

ISBN 979-11-7117-859-9 04000
ISBN 978-89-509-7413-8 (세트)
아르테는 (주)북이십일의 문학·교양 브랜드입니다.

(주)북이십일 경계를 허무는 콘텐츠 리더

네이버오디오클립/팟캐스트 [클래식 클라우드 – 책보다 여행], 유튜브 [클래식클라우드]를 검색하세요.
네이버포스트 post.naver.com/classic_cloud
페이스북 www.facebook.com/21classiccloud
인스타그램 www.instagram.com/21_arte
유튜브 youtube.com/c/classiccloud21